国家级专业技术人员继续教育基地
专业技术人员知识更新系列丛书

上海金融科技人才发展研究

孟添 著

SHANGHAI JINRONG KEJI RENCAI

FAZHAN YANJIU

上海大学出版社
·上海·

图书在版编目(CIP)数据

上海金融科技人才发展研究 / 孟添著. —上海：
上海大学出版社,2020.12(2021.11重印)
ISBN 978-7-5671-4077-6

Ⅰ.①上… Ⅱ.①孟… Ⅲ.①金融—科学技术—人才培养—研究—上海 Ⅳ.①F832

中国版本图书馆 CIP 数据核字(2020)第 234639 号

责任编辑　傅玉芳
封面设计　柯国富
技术编辑　金　鑫　钱宇坤

上海金融科技人才发展研究

孟　添　著

上海大学出版社出版发行
(上海市上大路 99 号　邮政编码 200444)
(http://www.shupress.cn 发行热线 021-66135112)
出版人　戴骏豪

*

南京展望文化发展有限公司排版
江苏凤凰数码印务有限公司印刷　各地新华书店经销
开本 710mm×1000mm 1/16 印张 16 字数 262 千
2020 年 12 月第 1 版　2021 年 11 月第 2 次印刷
ISBN 978-7-5671-4077-6/F·199 定价 68.00 元

版权所有　侵权必究
如发现本书有印装质量问题请与印刷厂质量科联系
联系电话: 025-57718474

前　言

2011年,我就开始十分关注国内外互联网金融的发展,也经常与市里的相关委办以及一些企业进行交流与调研。那时,互联网金融是个十分新兴的领域,互联网金融这个名词非常新鲜也还没有被污名化。2013年,以余额宝的出现为标志,被称为中国互联网金融发展的元年。2017年左右,由于种种原因金融科技这个欧美舶来的词汇开始渐渐代替互联网金融,但其内核并未发生根本性的变化。2012年,我开始负责筹建上海大学上海科技金融研究所,那年末,上海大学上海科技金融研究所获学校批准正式成立。研究所由上海大学与上海金融业联合会共同建设,是一个校级研究机构。上海大学副校长唐豪担任所长,上海金融业联合会秘书长郝相君担任常务副所长,我担任主持工作的副所长。成立之初,研究所即制定了四大研究方向,其中之一就是互联网金融(后来的金融科技)。

在过去的近十年时间里,我们的研究团队持续对上海的互联网金融与金融科技领域进行跟踪研究,我亲自调研的相关企业也已经超过百家。我与上海金融业联合会、上海市互联网金融行业协会、上海市支付清算协会交流甚多,并利用业余时间参与了不少合作研究项目。作为来自高校的研究者,在行业协会的大力支持下,我带领一支由高校、行业协会与业界专家组成的联合研究团队,进行了大量的行业研究,主持编写了《上海互联网金融发展报告》(2015)(2016)(2017)(2018),《上海互联网金融人才发展报告》(2017)(2018)等,其中部分内容已公开出版;先后牵头起草了相关行业标准,如《上海市众筹与互联网非公开股权融资平台信息披露指引》《上海市互联网金融行业应用区块链技术健康发展指引》等;受上海市科委委托,主持完成了关于上海金融科技发展的软科学基金课题;受上海市金融办委托,主持完成了关于上海金融人才"十三五"规划的中期评估课题;受浦东新区金融局委托,主持完成了关于浦东金融科技产业发展的课题；并参与了上海市政府发展研究中心关于金融科技发展的上海市政府决策咨询课题的部分研究工作。

2019年8月，中国人民银行印发《金融科技（FinTech）发展规划（2019—2021年）》，明确提出未来三年金融科技工作的指导思想、基本原则、发展目标、重点任务和保障措施。10月，中国人民银行上海总部印发《关于促进金融科技发展 支持上海建设金融科技中心的指导意见》（〔2019〕67号）。12月9日，上海市政府常务会议决定，加快建设上海金融科技中心，会议研究制定《关于加快推进上海金融科技中心建设的实施方案》，将打造金融科技的技术研发高地、创新应用高地、产业集聚高地、人才汇集高地、行业标准形成高地和监管创新试验区。12月上旬，国家人社部专业技术人员继续教育基地（上海大学）与上海市互联网金融行业协会、上海金融业联合会共同举办了上海市人社局立项的上海市专业技术人才知识更新工程——金融科技发展与合规高级研修班，共有50余位来自银行、证券、保险及新兴金融机构的高级技术人员以及来自政府、金融企业等各类金融科技相关部门的高级管理人员参加了学习。我担纲了研修班课程研发的总设计与学术指导，最终研修班取得了预期的良好效果，反响热烈，好评如潮。上海市人社局又于2020年立项上海市专业技术人才知识更新工程——金融科技发展与创新高级研修班，计划于12月开班。这也激发了我撰写一本与金融科技相关的教辅书籍，分享相关研究积累的想法。

本书入选"专业技术人员知识更新系列丛书"，一方面得益于2017年上海大学获准设立成为国家级专业技术人员继续教育基地（人力资源和社会保障部人社厅发〔2017〕85号文），另一方面也受益于上海大学校领导、组织人事部领导对本项工作的大力关心与指导。

本书主要基于近十年来我在上海金融科技与互联网金融领域的研究积累，一方面是对过去八年相关研究的一个小结，另一方面也为今后该研究方向的规划梳理思路。本书主要围绕上海金融科技人才发展及产业发展的研究展开。全书共分为六章，第一章"导论"，介绍了研究的背景、对象、意义、方法、过程及创新点，同时对上海金融科技产业发展情况进行了较为全面的评述；第二章"文献综述与理论基础"，在介绍金融科技的概念及内涵、金融科技的国内外研究现状的基础上，对现有的金融科技人才的理论基础及相关研究进行了梳理；第三章"金融科技人才的界定、内涵及分类"，介绍了金融科技人才的界定与内涵、所需技能与素质以及分类，介绍了上海金融科技人才发展的基本情况；第四章"上海金融科技人才现状分析"，结合2017年及2018年的调研问卷结果，在介绍调研基本情况的基础上，对比分析了上海金融科技人才的结构、甄选及素质模型，分析了金融科技人才培养模式、薪酬满意度及行业信心指数，并对新型金融科技机构与传统金融机构金融科技部门人才发展的共性与差异性进行了分析；第五章"结论与建议"，介绍相关结论并针对当前上海金融科技人才发展存在的问题提出建议与对策；第六章"上海互联网金融发展解析（以2014～2015年为例）"，是一个补充与支撑的章节，介绍了2014～2015年间上海互联网金融的发展情况，并对上海互联网金融存在的问题进行了客观的研判与总结，有助于更全面地了解上海金融科技人才所处的环境与发展历程，更深入地理解上海金融科技人才所面临的问题与挑战。上海金融科技人才发展研究主要通过对上海100余家新型金融科技机构与传统金融机构金融科技部门以及千余名从业人员展开问卷调研，多次召集上海金融科技机构人力资源负责人开展研讨交流，以对上海金融科技人才发展的相关问题进行深入探讨并提出对策建议，希望能够比较客观地反映上海金融科技人才发展的情况与趋势，并有针对性地提出上海金融科技人才发展的相关建议和对策。

近十年来在金融科技领域的研究深耕与本书的顺利完成得到了很多单位和人员的帮助与支持。在此，要感谢上海市科委、上海市金融局（原上海市金融办）、上海市互联网金融行业协会、上海金融业联合会、上海市支付清算协会和浦东新区金融局、静安区金融办、黄浦区金融办、财金通教育等机构，要感谢共同参与过相关研究的专家团队及科研人员，要感谢参与调研的100余家新型金融机构和传统金融机构、广大从业人员，由于他们的大力支持和积极参与，才得以形成如此丰富宝贵的数据、素材与研究积累；要感谢来自上海大学上海科技金融研究所的研究团队，帮助完成了本书中大量的文献检索、数据整理、统稿、编辑、校对、修订等工作，他们分别是：祝波、蒋丰一、瞿悠、金洁颖、邵梓嘉、陈楚、朱文娣、姚玉冰等；也要向参与本书编辑的上海大学出版社戴骏豪社长、傅玉芳编审等各位工作人员表示感谢，他们为此付出了辛勤的劳动和汗水，保证了本书高质量的编辑与出版。金融科技是一个新兴领域，发展日新月异，为了尽可能帮助读者与学员们扩展视野、更新知识，本书在撰写过程中参考了大量国内外相关专著、教材、文献和案例资料等，所有引用部分，都已尽量在参考文献中一一列出，但仍有可能有所疏漏，在这里一并请大家指正与谅解。同时也向这些参考文献的作者致以诚挚的谢意。

本书虽然力求全面、客观,但由于时间仓促,加之本人能力水平有限,书中定有不足之处,恳请读者谅解并给予批评指正,以使本书有机会得到修改与完善。希望这本书能够为上海市金融科技产业的可持续发展贡献力量。

2020 年 11 月

目 录

第一章　导论 …………………………………………………………… 1
　第一节　研究背景 …………………………………………………… 1
　第二节　研究对象 …………………………………………………… 2
　第三节　研究意义 …………………………………………………… 3
　第四节　研究方法与创新点 ………………………………………… 7
　第五节　上海金融科技的发展评述 ………………………………… 9

第二章　文献综述与理论基础 ………………………………………… 12
　第一节　金融科技的概念与内涵 …………………………………… 12
　第二节　金融科技的文献综述 ……………………………………… 24
　第三节　金融科技人才的文献综述 ………………………………… 40
　第四节　相关理论基础 ……………………………………………… 46

第三章　金融科技人才的界定、内涵与分类 ………………………… 54
　第一节　金融科技人才的界定与内涵 ……………………………… 54
　第二节　金融科技人才所需技能及素质 …………………………… 56
　第三节　金融科技人才分类 ………………………………………… 57
　第四节　上海金融科技人才基本情况 ……………………………… 58

第四章　上海金融科技人才现状分析 ………………………………… 59
　第一节　上海金融科技人才调研基本情况 ………………………… 59
　第二节　上海金融科技人才结构 …………………………………… 64
　第三节　上海金融科技人才甄选 …………………………………… 68

第四节　上海金融科技人才素质模型 …………………………… 77
　　第五节　上海金融科技人才培养模式 …………………………… 82
　　第六节　上海金融科技人才薪酬满意度 ………………………… 95
　　第七节　上海金融科技人才行业信心指数 ……………………… 102
　　第八节　两类金融机构差异性与共性分析 ……………………… 106

第五章　结论与建议 ………………………………………………… 125
　　第一节　基本结论 ………………………………………………… 125
　　第二节　发展建议 ………………………………………………… 127

第六章　上海互联网金融发展解析（以 2014～2015 年为例）…… 143
　　第一节　互联网金融发展概述 …………………………………… 144
　　第二节　我国互联网金融发展情况 ……………………………… 148
　　第三节　上海金融业发展情况 …………………………………… 161
　　第四节　上海互联网金融发展情况 ……………………………… 164
　　第五节　上海互联网金融发展展望及相关建议 ………………… 186

参考文献 ……………………………………………………………… 198

附录　中央及上海关于金融科技、互联网金融发展的相关政策汇编 …… 209
　　1. 关于促进本市互联网金融产业健康发展的若干意见（沪府发
　　　〔2014〕47 号）………………………………………………… 209
　　2. 关于促进互联网金融健康发展的指导意见（银发〔2015〕
　　　221 号）………………………………………………………… 213
　　3. 金融科技（FinTech）发展规划（2019—2021 年）（银发〔2019〕
　　　209 号）………………………………………………………… 219
　　4. 关于促进金融科技发展　支持上海建设金融科技中心的指导
　　　意见（〔2019〕67 号）………………………………………… 232
　　5. 加快推进上海金融科技中心建设实施方案（沪府办规〔2020〕
　　　1 号）…………………………………………………………… 239

第一章
导　论

第一节　研究背景

2019年1月17日,中国人民银行、国家发展改革委等八部门联合印发《上海国际金融中心建设行动计划(2018—2020年)》,明确上海将建成包括金融科技中心在内的"六大中心",并将以金融科技为新动力加快形成支撑有力的创新体系[①]。2019年8月22日,中国人民银行印发《金融科技发展规划(2019—2021年)》,进一步从国家金融管理部门层面对金融科技发展工作做出了总体部署。

2020年1月8日,上海市政府办公厅正式印发《加快推进上海金融科技中心建设实施方案》(以下简称《实施方案》)。《实施方案》立足于上海雄厚的金融和科技实力,牢牢把握新一轮科技革命契机,提出力争用五年时间,将上海打造成为金融科技的技术研发高地、创新应用高地、产业集聚高地、人才汇集高地、标准形成高地和监管创新试验区,将上海建设成为具有全球竞争力的金融科技中心的总体目标。根据上海市政府办公厅对《实施方案》政策的解读[②],《实施方案》主要从五个方面提出了以下工作举措:

一是全速推进金融科技关键技术研发。积极推动大数据、人工智能、区块链、5G等新兴技术深入研发攻关,推动技术创新与金融创新的融合发展。深化芯片、算法、云计算等基础技术攻关,提升金融创新的基础技术支撑能力。统筹

[①] 《加快推进上海金融科技中心建设实施方案》政策解读,上海市政府办公厅,发布时间:2020-01-19,http://www.shanghai.gov.cn/nw42229/20200823/0001-42229_1423292.html。
[②] 《加快推进上海金融科技中心建设实施方案》政策解读,上海市政府办公厅,发布时间:2020-01-19,http://www.shanghai.gov.cn/nw42229/20200823/0001-42229_1423292.html。

布局安全、稳定、高效的信息基础设施,积极争取国家级金融科技重大项目和平台在沪落地。

二是全面提升金融科技应用水平。提高金融科技服务实体经济能力,增强民生领域金融服务的获得感和满意度。持续深化金融市场科技应用,不断优化各类支付结算服务,着力推动智慧银行建设,大力发展智能投资管理服务,深入推进保险产品服务创新,利用科技创新进一步丰富金融供给,提升金融资源配置效率。

三是全要素促进金融科技产业集聚。大力吸引金融机构和大型科技企业在沪设立金融科技子公司、金融科技研发中心、开放式创新平台,加快形成金融科技企业集群。

四是全力推进金融科技监管创新试点。积极探索金融科技监管创新,支持中国人民银行在上海组织开展提高支付结算监管能力的试点。进一步完善长三角监管协同,推动长三角地区金融科技监管信息共享。建立金融科技风险防范机制,在上海设立中国金融市场交易报告库。强化金融消费者权益保护,建立健全适应金融科技发展的消费者权益保护机制。

五是全方位营造一流金融科技发展环境。打响上海金融科技国际化品牌,每年在沪举办全球金融科技峰会和展会,在陆家嘴金融城设立金融科技展示平台。推进跨部门数据共享,依法有序丰富金融科技数据资源。

在加强金融科技人才培养部分,《实施方案》提出推动上海地区产、学、研联动,加强金融科技的人才队伍规划和引进,完善人才管理、培养和激励机制,加强交流合作等四点指导意见,从政策上为上海金融科技人才培养创造了有利条件。同时,根据《实施方案》的内容,上海将进一步加大对金融科技人才的支持力度,鼓励广大金融科技人才积极申报上海市各类人才计划,切实营造公平竞争、有序规范的市场环境,为新兴金融科技产业发展提供健全的法制保障。

第二节 研 究 对 象

本书在充分考虑上海扩大金融开放程度及建设上海金融科技中心这一背景的基础上,主要聚焦上海金融科技产业,研究该产业发展中的人才问题,研究上海金融科技人才应该如何发展,从而进一步推动上海国际金融中心、全球科技创新中心和金融科技中心三者之间的协同建设。

首先,金融科技产业主要涵盖了依托相关技术如互联网、物联网、人工智能、生物识别、大数据、云计算、区块链、虚拟现实等,实现资金融通、支付及相关中介服务的各类业态。大力发展金融科技是加快上海国际金融中心建设的重要动力,也是把握新一轮科技革命赋能金融领域的历史契机。

其次,要区分金融科技和科技金融这两个截然不同的概念。金融科技是指可以为金融服务带来创新的新科学技术手段,通过利用这些新技术去创造新的金融业务模式、金融应用、流程或产品,从而对传统金融市场、金融机构乃至金融服务方式产生深远影响。而科技金融则是为科技创新创业企业的发展、高科技企业发展以及科技成果转化的不同阶段提供各类金融服务的体系,包括财政资金、风险投资、科技贷款、科技担保、多层次资本市场、债券市场、科技保险以及科技服务平台等多方面构建的科技金融生态系统。

第三节 研 究 意 义

金融科技是一个新兴领域,尚处于发展初期,金融科技人才应该如何发展更是一个新问题。本书将从金融科技的产业与人才两个维度展开研究,在产业框架中探讨上海金融科技人才的发展现状、问题与挑战、对策与建议。

一、研究上海金融科技产业发展的意义

上海基于其金融与科技发展的独特优势,瞄准发挥关键作用的金融科技产业,充分发挥上海金融科技产业的集群效应。通过构建金融科技产业生态,突破金融科技产业发展的瓶颈问题,保障现代金融的安全发展,提升金融为实体经济服务的能力,促进长三角高质量一体化融合发展。

(一)研究上海金融科技产业发展,为上海国际金融中心和科创中心的建设提供有力支撑

首先,上海是国家"一带一路"倡议和长江经济带的重要交汇点,具有较强的资源整合优势,是我国最具活力、对外开放程度最高、最具有创新能力的城市,因此通过构建金融科技产业生态,有利于促进上海形成具有国际竞争优势

的金融科技产业集群。

目前,上海正在积极建设具有全球影响力的科创中心与国际金融中心,这两个中心紧密互动,相辅相成。一方面,可以借助新兴科学技术手段来提升上海金融市场服务能力和效率,从而助力上海建设国际金融中心;另一方面,可以通过提升金融服务的能力和效率,促进各类科技企业的快速发展,从而促进科创中心的建设。

金融科技产业对长三角经济一体化发展的引领作用凸显。长三角区域一体化发展属于国家战略,到2020年,将基本形成创新引导的区域性产业体系和协同创新体系。科技创新与产业联动发展,特别是科技产业的协同发展,需要"现代金融"的强有力支持,而"金融科技"能够为现代金融发展提供有力的技术支持,并且引领金融发展的方向,能够快速提升金融服务实体经济的水平。因此,金融科技产业的协同发展对于区域性高质量一体化发展具有重要意义。

(二) 研究上海金融科技产业发展,快速提升我国的金融服务能力和服务效率,大力发展我国金融的监管技术水平,对金融风险进行有效的防范与化解

金融科技对金融服务的引领作用至关重要。随着新技术的不断发展与应用,全球的金融科技产业正迅猛发展。金融科技并不是简单意义上金融与科技的叠加,其核心在于利用具有创新性的科学技术手段,如大数据、云计算、区块链以及人工智能等来改善或创新传统金融服务及产品,推动金融业服务效率不断提升,交易成本不断降低,不断拓宽金融业发展的广度与深度,从而有利于推动我国金融业建立以科技创新为核心,产业创新、金融创新、商务模式创新、管理创新等多领域相互融合、相互合作、多要素联动的创新金融生态体系。

2015年12月31日,国务院印发《推进普惠金融发展规划(2016—2020年)》[①],《规划》明确提出,一方面,要建立健全多层次的金融服务供给体系,充分发挥传统金融机构和新型业态的作用,积极引导各类普惠金融服务主体,借助互联网等现代信息技术,创新金融产品并降低交易成本;另一方面,要落实好普惠金融的国家战略,金融科技是该过程中主要的驱动力量。金融科技借助其在数据获取、处理以及技术层面的优势,能够在为用户提供小额、分散的,全面

---

① 国务院印发《推进普惠金融发展规划(2016—2020年)》,新华社,发布时间:2016-01-15, http://www.gov.cn/xinwen/2016-01/15/content_5033105.htm。

化与个性化相结合的金融产品和服务的同时,有效防范金融服务过程中可能产生的风险,并减少交易、人工等成本,从而为我国普惠金融事业的发展起到重要的支撑作用。

在当代经济体系新常态下,进一步扩大我国金融开放程度的具体措施和时间表已经正式发布,因此,需要加快发展金融监管技术,有效防范和化解金融风险。在新一轮扩大金融开放的背景下,我国逐步取消金融业对外资所有权比例的限制,这是中国金融深化改革和进一步对外开放过程中的重要举措之一。新一轮扩大金融对外开放,对于金融监管能力提出了更高的要求和标准,需要进一步提升金融监管手段和能力,有效防范和化解金融风险,维护金融稳定。

（三）研究上海金融科技产业发展,抢占金融科技发展先机,增强金融科技产业的国际竞争力

随着新技术的不断发展与应用,人才获取全球化、业务拓展全球化和资本流动全球化,金融科技迎来了最好的时代。金融与科技的融合与发展符合历史潮流。近年来,为抢占先机,获得先发的竞争优势,欧美发达国家以及日本、韩国、新加坡等都在密切关注金融科技的发展,加强对相关领域的调查与研究。上海的金融科技的发展起步及发展程度与欧美发达国家相近,对于我国而言,这可能是一次弯道超车赶超欧美的历史机遇。因此,大力发展金融科技产业对上海国际金融中心建设以及未来上海所需面对的全球竞争具有十分关键的战略意义。

金融是建设现代化经济体系的核心,而科技创新是推动经济高质量发展的第一动力。因此,金融和科技的有机结合与协同发展,能够进一步促进宏观经济的整体健康向上发展。推动金融科技快速发展并形成金融科技产业,无论是从国际、国家层面看,还是从长三角层面看,对金融科技产业的发展进行研究都尤为重要。首先,从长三角层面来看,形成具有国际竞争力的金融科技产业集群,对实现长三角经济高质量一体化发展具有重要战略意义。在长三角一体化发展上升为国家战略的背景下,围绕并聚焦金融服务实体经济的目标,通过加强与各要素市场平台联动、深化长三角地区金融机构之间的协同,提升服务实体经济水平,构建协同化服务体系,有力助推长三角区域内一体化高质量发展。金融科技产业是科技产业的重要分支,金融科技产业在长三角地区的协作发展,引领和代表着整个科技产业的发展。其次,从国际及国家层面来看,长三角地区作为我国最具活力、开放程度最高、创新能力最强的地区之一,其同时也是

我国"一带一路"倡议和长江经济带的重要交汇区域,要通过科技金融创新链构建和联动发展长三角金融科技产业,形成具有国际竞争优势的金融科技产业集群。因此,本研究将有助于进一步提高长三角金融科技产业的国际竞争力,从而有助于上海在新一轮全球产业竞争中抢占先发优势,助力上海推进国际金融中心建设与具有全球影响力的科创中心建设,具有重要的战略意义。

二、研究上海金融科技人才发展的意义

从全球来看,金融科技及相关产业发展面临的最大挑战是人才问题。目前金融科技尚处于初期发展阶段,具有行业发展迅速、业态发展多元化等特点。经过几年的迅猛发展,金融科技已逐渐渗透到金融相关的各个行业,科技创新给金融产品或金融服务模式带来了巨大变革,也给金融科技的从业人员带来了前所未有的挑战。这不仅对相关人才提出思维方式变革的新要求,而且需要其掌握大数据、人工智能、云计算、区块链、网络安全、经济学、金融学、管理学、心理学、营销学等各类技术、技能与跨界知识。金融科技产业的发展需要各类新型的复合型人才,需要多学科之间的相互交叉与融合,形成与以往非常不同的人才队伍结构。在解决金融科技具体问题时,需要金融科技人才能够利用多学科知识和技能进行综合审视,需要其具备知识迁移能力,需要其能够进行创造性思考。现实情况是既懂金融又掌握各类信息技术的人才稀缺,很多岗位上的员工并不能完全胜任金融科技的相关岗位,并不能完全适应新需求与新变化,人才匮乏已成为阻碍金融科技发展的瓶颈。基于此,必须改变现有的人才培养模式,加快金融科技人才队伍建设的步伐,为金融科技的飞速发展储备更多不同层次的人才。

上海在建设国际金融中心和金融科技中心的过程中,呈现出更强的金融科技人才需求,但目前上海金融科技人才仍存在较大缺口。一方面是因为金融科技需要的是复合型人才,这对人才培养产生了较高要求;另一方面是因为金融科技行业的迅猛发展,对人才的需求也迅速增大,短期内很难通过政策投入与市场培育立竿见影地解决人才短缺问题,亟须系统研究与顶层设计。2018年9月,普华永道发布《2018年中国金融科技调查报告》,指出国内金融科技人才缺口已超过150万人,且国内有77%的受访金融企业认为其在招聘或留住复合型金融科技人才方面有困难。同时,Michael Page(中国)发布的《2018年中国金融科技就业报告》指出在其调研的金融科技企业中,92%的受访金融科技企

业发现目前国内正面临严重的金融科技专业人才短缺的问题,有85%的企业表示招聘人才困难,45%的企业表示难以找到符合职位要求的人才。由此可见,上海要成为金融科技中心,人才的聚集、培育和发展是最重要的环节。本书将系统性地分析上海金融科技产业发展中的人才队伍建设存在的问题与挑战,为上海金融科技人才的健康发展提供有力的研究支撑。

第四节 研究方法与创新点

一、研究方法

本书主要通过文献资料法、问卷调查法、实地调研法和专家评审法,对金融科技的内涵进行了界定,分析了金融科技未来发展趋势,同时梳理了上海金融科技人才的现状及其未来发展需求,从而为上海构建金融科技人才培育模型提出建议。

通过文献资料法,梳理目前关于金融科技产业及人才发展相关方面的政策、规划以及相关研究。

通过问卷调查法,对金融科技机构及其从业人员进行问卷调研,整合2017年及2018年两年的问卷调查结果并对其进行数据分析,系统深入研究上海金融科技人才的现状。问卷调查覆盖范围广,不仅针对新型金融机构和传统金融机构人力资源负责人,还专门针对金融科技从业人员开展问卷调查,且问卷调查基本覆盖当前金融科技的各个业态。最终,基于问卷结果总结金融科技人才所需相关技能及基本素质,梳理金融科技人才发展的突出问题,进而对上海金融科技人才发展趋势和培养方向提出进一步的发展策略。

通过实地调研法,选取具有代表性的不同业态的金融科技企业以及金融科技相关研究机构进行实地走访调研,收集金融科技人才发展与培养相关建议。通过专家评审法,给出上海金融科技人才发展的相关建议。邀请上海金融科技领域知名的学者、专家就上海金融科技人才培养模式进行讨论,最终形成完整的上海金融科技人才发展的研究内容。

二、研究过程

第一阶段,进行文献资料梳理,形成文献综述和理论基础,界定金融科技内涵。现有的关于金融科技人才的研究泛泛指出了当前金融科技人才供需上存在缺口，高校培养应当从多方面加强对于金融科技人才的培养，金融科技企业要加强员工金融风险意识。总体上，现有的对于金融科技人才研究的资料较少，且形不成体系，理论指导意义不大。

第二阶段，进行问卷调查、实地走访和电话访谈，摸清上海金融科技人才发展的现状和问题。问卷调查之前，专门邀请新型金融科技机构、传统金融机构业务负责人、人力资源专家，上海市金融科技行业协会、上海金融业联合会金融人才专委会相关专家，围绕上海金融科技人才发展的热点与相关问题开展研讨，在此基础上，进一步完善调查问卷。本次调查问卷可分为两大种类或四大部分：两大种类是指机构问卷和从业人员问卷；四大部分为企业基本信息、企业人才现状、人才甄选、人才培养与提升。问卷力图通过不同维度考察上海金融科技人才基本情况、金融科技人才所属机构的人才招聘和人才培养模式、科技人才的从业满意度和对行业发展信心程度以及个人职业发展需求等。其中，金融科技人才基本情况主要包括人才构成、人才来源、人才紧缺情况及人才流向等。同时，与2017年问卷相比，2018年的问卷中增加了薪酬满意度和信心指数以及人才选拔公平等调研部分。本次问卷调查分别针对金融科技企业与传统金融企业金融科技业务的人力资源负责人以及金融科技从业人员展开。此外，对于未能完成问卷调查的机构，专门进行了电话访谈。

第三阶段，通过专家评审法，形成最终研究成果。邀请上海金融科技机构和传统金融机构人力资源负责人、金融科技领域知名学者组成专家组，就研究内容和所反映的问题以及上海金融科技人才培养的具体建议等方面进行研讨，根据专家组意见进行反复修订后成书。

三、研究创新点

第一，当前关于金融科技的系统研究主要集中在关于金融科技业态、模式、创新技术等方面的研究，业内对于金融科技人才逐渐开始投入更多的关注，关于上海金融科技人才的系统研究基本上还没有，本书开创性地对上海金融科技人才发展的现状与问题进行系统性的梳理与研究，将新型金融科技机构和传统金融机构金融科技部门的人才进行对比，从多个维度来研究金融科技人才的发展以及素质培育问题。

第二，本书针对上海金融科技人才发展现状进行了深入的调研，对上海金融科技人才发展中存在的问题进行梳理与剖析,并提出了建设性的意见和建议,有利于引发金融科技行业对于人才培养与发展的高度关注,有利于促进上海金融科技人才培养体系的完善以及人才结构的优化,有利于上海金融科技人才发展的顶层设计。

第五节　上海金融科技的发展评述

本书基于前期对上海金融科技产业的研究[①],在2018年也对上海金融科技的发展情况作出了较为全面的评述,并就其中存在的问题提出了相关对策及建议。关于上海金融科技发展情况的评述主要包括以下几个方面:

一、上海金融科技产业发展优势明显,瓶颈问题突出

目前,上海金融科技发展的业态类型较为全面,其中部分业态处于领先地位,各业态均有代表性优秀企业。从整体来看,上海金融科技产业在产品驱动、市场驱动方面的优势十分明显。首先,上海国际金融中心建设作为国家战略为上海金融科技发展提供了深厚的市场基础;其次,上海自贸区的建设为上海金融科技的先行先试与监管探索提供了强有力的市场环境支持;同时,上海具有全球影响力的科创中心建设为上海金融科技发展提供了多方面的业务创新空间。此外,上海金融人才的集聚为上海金融科技人才的快速储备提供了可能;另一方面,上海地处长三角地区的龙头区位,这一优势为上海协同长三角相关省市发展金融科技,特别是与浙江杭州优势互补,形成长三角区域金融科技产业联动与集聚,提供了极为便利的先天条件。

从全球视角来看,上海的金融科技的发展处于部分领先状态,仍有较大的发展空间。目前,上海金融科技发展的优势主要集中在用户群体规模庞大以及市场广阔上,其创新主要依靠商业模式的变革,更多偏向产品驱动与营销驱动。以第三方支付领域为例,随着支付宝从杭州迁移到上海,上海集中了全国三分之二以上的第三方支付业务,为上海在第三方支付业务方面带来了一定的领先

---

① "上海金融科技发展对策研究"(上海市科委科技创新行动计划软科学研究重点项目),孟添主持,2017年。

优势。

但上海金融科技发展优势明显的同时,其瓶颈问题也十分突出。

(一)在技术原创性方面,没有可靠的数据与相关材料足以支持上海保持领先地位

首先,如何实现"0到1"的创新,上海金融科技发展仍需在这一方面不断探索。其次,金融科技产业的发展,需要产品驱动、营销驱动与技术驱动,但上海在金融科技产业领域欠缺平台优势与龙头企业,技术驱动相对不足导致上海金融科技产业发展节奏方面显得有些缓慢,并且金融信息系统开发维护等基础领域的大型专业机构发展也相对滞后。

(二)产业结构不尽合理

从整体的产业结构看,新兴初创型企业与第二梯队企业的实力有待加强,其尚未达到一定规模,上海金融科技产业的合理布局与结构还未形成,仍需不断调整和规划。

(三)创新氛围有待提升

上海的政府在金融科技方面的管理高效规范,但有关部门对创新的容忍度、容错度还有待提高。在金融科技创业初期阶段的资本市场发展方面,上海仍需要通过不断提供更好的营商环境,从而更高效地驱动创新。

(四)人才供给大大滞后于金融科技的发展需要,导致供不应求

作为复合型人才,金融科技人才的培养周期相对较长,如何通过有效利用上海现有的大量金融人才,将其转化为金融科技人才,是目前上海亟须解决的问题。上海金融人才集聚的优势尚未在此得到有效发挥,这一问题如能解决,将大大缓解上海金融科技人才不足的现状。

二、上海金融科技处于快速发展阶段

目前,上海金融科技发展处于从金融压抑释放的初级阶段向以场景化大数据为核心的技术驱动阶段转变的过程中。初级发展阶段主要是通过对传统金融渠道的升级,实现金融机构之间信息共享和业务融合,最具代表性的包括互

联网的基金销售、P2P网络借贷、互联网保险。而在技术驱动发展阶段,主要是通过大数据、云计算、人工智能、区块链等新型技术来改变传统的金融运作方式与业务模式,为提升金融服务效率提供可能。

上海金融科技的核心技术正快速发展。目前,人工智能与区块链已经成为上海金融科技发展趋势的两大主要方向。大数据、云计算、区块链以及人工智能等正在改善或创新金融服务、金融产品,助力金融业提高服务效率,减少相关成本,不断拓宽金融发展广度与深度。这有利于上海金融业建立围绕科技创新为核心,推动多领域融合、多要素联动的创新金融业态。

上海金融科技的发展正引导各类普惠金融服务主体创新金融产品,同时金融科技借助其在数据获取、处理以及相关技术层面的优势,为用户提供全面化与个性化相结合的金融产品和服务有效控制风险,降低各类成本,从而落实普惠金融的国家战略。

三、上海金融科技发展始终兼顾创新和规范的平衡

上海作为国际型特大城市以及国际金融中心的特有定位,既要考虑金融科技的快速发展,又要考虑金融体系的稳定。因此,上海一直从微观审慎角度和行为监管角度出发,评估金融科技对金融业的影响,对金融科技和现有金融业务保持一致的监管标准,总体上保持谨慎的态度。同时,在支持与鼓励相关的金融科技创新方面,始终兼顾创新与规范的平衡。上海金融监管人才队伍实力较强,监管科技发展已有一定基础,为监管科技中心的发展提供了有利条件。在创新与规范不断平衡的环境下,上海支持金融科技发展的政策制定和落实需要一个相对较长的过程。

第二章
文献综述与理论基础

第一节 金融科技的概念与内涵

一、金融科技的概念

就目前全球金融科技产业整体发展情况而言,其基本已经步入正轨,并呈现出行业发展迅速、业态多元化等特点,但就各国具体情况而言,金融科技行业的发展仍普遍存在着明显的差异。与此同时,关于金融科技的内涵界定,学者之间存在不同的看法,目前仍未对其形成较为统一的认识。

关于金融科技较为广泛的定义来自金融稳定理事会(Financial Stability Board,FSB),其2016年发布关于金融科技的专题书,指出金融科技(Fintech)是指技术带来的金融创新,它能创造新的业务模式、应用、流程或产品,从而对金融市场、金融机构或金融服务的提供方式造成重大影响。高盛认为,金融科技公司是那些以科学技术为基础,专注于金融产品与服务价值链上一部分或多部分的公司;维基百科中指出,金融科技是指那些能够通过技术提高金融服务效率的公司所组成的经济产业。2017年5月15日,中国人民银行公布金融科技委员会成立,旨在加强金融科技工作的研究规划和统筹协调。在对金融科技的定性上,中国人民银行指出,"金融科技是技术驱动的金融创新"——"金融科技还是金融为主"。2019年8月22日,中国人民银行印发《金融科技(FinTech)发展规划(2019—2021年)》,指出:金融科技是技术驱动的金融创新。旨在运用现代科技成果改造或创新金融产品、经营模式、业务流程等,推动金融发展提质增效。

综上所述,目前国内外学界对于金融科技的概念并未形成普遍共识,金融科技不论是其内涵或是外延,均处于不断发展变化的过程当中。但可以肯定的是,金融科技强调了科技对金融创新、金融服务和效率产生的显著影响,金融和科技的紧密结合形成了众多新的金融业态。

本书认为要对金融科技、互联网金融、网络替代金融等与科技金融概念进行辨析。

(一) 关于金融科技与科技金融

依据研究的相关文献和背景，本书认为金融科技是借助技术创新，持续优化金融服务并提高其运作效率的一种新的产业形态。金融科技是金融与科技结合后孕育出的新的金融物种。信息技术等科技手段作为一种推动当代金融变革的新手段和基本力量，同金融有着密不可分的联系。两者具有共同的基因即数字。金融业向科技进化是有序的发展进程，是金融必然的发展结果。金融科技主要体现在以下两方面：一是创新金融技术(FinTech视角)，利用科技手段结构化金融业务流程，通过将相关业务流程的重要节点设成独立的专业模块，并提供精细化分工基础上的专业外包服务。在此情况下，原来在金融机构内部的业务流程被单独拆解为独立的专业模块，成为外部专业服务体系，例如：身份认证、平台交易、智能投顾、大数据信贷风控、贷后管理及催收、IT运营服务等。二是利用新技术手段开展新型金融业务模式(TechFin视角)，利用大数据、区块链、人工智能、生物识别等技术构建新金融业务平台，将原来金融机构内部的业务分类拆分出新兴的独立的业态，例如：第三方支付、网络借贷、网络财富管理、个人金融服务、区块链金融、互联网金融等。

而科技金融则是指利用金融创新、高效、可控地服务于科技创新创业的金融业态和金融产品。国内对科技金融的首次完整定义由赵昌文(2009)提出，他认为科技金融是指促进科技开发、成果转化和高新技术产业发展的一系列金融工具、金融制度、金融政策与金融服务的系统性、创新性安排，是一个体系。房汉廷(2015)定义科技金融是运用金融手段促进科技创新，把科技转化为具体的某种商业模式的创新活动，是一个创造价值的过程，是促进科学技术与资本、创新要素进行深度融合的一种范式。张明喜、魏世杰和朱欣乐(2018)提出，科技金融是科技和金融的融合过程，表现为知识、信息、劳动和资本等要素相互作用，进而资本化的过程，具有动态性、创新性、社会性和阶段性的特征。田文佳(2018)认为一个完善的科技金融体系，需要政策性引导基金、投资基金、科技银行、科技保险、科技担保、多层次资本市场等多个方面共同构成；并认为科技金融是科学技术发展和金融创新的结合体，是为科技研究开发、科技企业培育、科技成果转化、科技成果产业化发展、高科技企业发展等提供金融支持的一系列金融相关的创新性安排;科技金融通过优化对科技资源和金融资源的配置,产生一种协同效应,从而促进金融资本朝科技产业方向集聚,进一步促进科技产业的蓬勃发展。孟添等(2020)认为科技金融的发达程度,决定了一个城市、一个区域乃至一个国家的高科技企业的发展动力和活力。科技金融的参与主体涵盖政府、科技企业、金融机构、投资机构、金融市场、社会中介机构等。科技金融主要应用于包括财政资金、各类投资基金、科技贷款、科技保险、科技担保、多层次资本市场、债券市场及科技服务平台在内的多个领域(见图2-1)。

科技金融的主要价值是通过优化对科技资源和金融资源两者之间的配置,减少科技企业与金融机构之间存在的信息不对称问题,为科技创新企业提供有价值的资金支持与保障。科技金融可以从四个维度展开,形成一个相互关联的系统,四个维度分别是:政府维度、科技维度、金融维度和市场维度。其中,政府维度主要是政府提供金融科技政策、财政资金、公共平台等;科技维度主要是科技创新主体的创新过程、科技创新的孵化与科技创新的引导;金融维度主要是各类金融领域的支持与金融创新机制;市场维度主要是金融的市场化发展与科技的市场化产业。国务院印发的《"十三五"国家科技创新规划》中明确了金融科技的性质和作用,并且强调要推进各具特色的科技金融专营机构和服务中心建设,集聚科技资源和金融资源,打造区域科技金融服务品牌,鼓励高新区和自贸试验区开展先行先试。

本书认为,科技金融与金融科技存在着明显差异,包括参与主体、目标、实现方式及产品呈现方式等。科技金融的主体主要是银行等各类金融机构,而金融科技的主体有金融科技公司、传统金融公司、监管科技公司等以及其共同形成的金融科技体系。科技金融的主要目标和任务是借助金融服务创新来推动实体经济特别是科技中小企业的发展,帮助初创型科技企业实现创新创业,而金融科技的主要目标在于将金融与科技相互融合,一方面,借助科技的手段提高金融业的整体服务效率,另一方面,运用新型技术手段探索新金融服务模式,推进普惠金融建设。两者的实现方式不同主要体现在:金融科技的创新是借助科技的升级,助力金融服务,其具体产品包括第三方支付、大数据风控、金融云、区块链金融、互联网征信、AI金融等;而科技金融的创新则是借助金融产品的研发帮助科技型中小企业的培育与成长,其具体产品包括科技信贷、政府担保、科技保险、投贷联动、引导基金、创新创业债、知识产权证券化等。

第二章 文献综述与理论基础

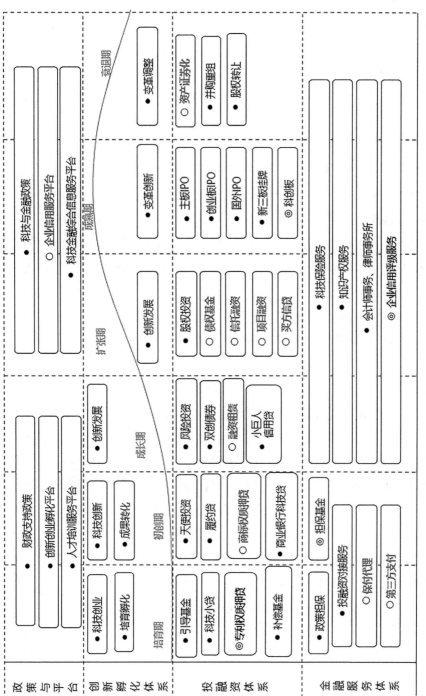

图 2-1 科技金融生态圈

本书认为,金融科技的本质是金融,金融科技必须为实体经济服务。金融科技是通过技术降低金融机构的各类成本,包括营销成本、运营成本、风控成本等,其中最主要的是风控成本。也就是说如何通过技术来帮助金融机构提升风险识别与风险定价的能力。

(二) 关于金融科技与互联网金融

在金融科技这一概念引入国内之前,互联网金融这一概念作为中国原创在国内盛行一时。由于"余额宝"的推出,作为标志性事件,2013年被广泛认为是中国互联网金融的元年。互联网金融最早由谢平(2012)提出,并为大众所认识。但在互联网金融发展迅猛的同时,其暴露出的风险与问题愈发严重,特别是网络借贷行业出现的鱼龙混杂与劣币驱逐良币现象,互联网金融逐渐被污名化。在此过程中,"金融科技"这一词汇也成为"互联网金融"的替代者,开始被业界、学者及社会大众所认可。

关于互联网金融的概念,学术界至今还未形成明确的统一认识。谢平(2012)提出:在互联网的大量普及和现代信息科技的快速发展下,可能出现一种既不同于存在商业银行等中介机构的间接融资,也不同于在资本市场上直接融资的融资模式,该新型融资模式称为"互联网金融模式"。吴晓灵(2012)关于互联网金融的认识则是,就互联网金融的本质来说,其实它仍是互联网、大数据、云计算、移动支付等现代信息技术在金融领域的广泛运用,其本质还是金融,要遵守金融市场的法律条规,从这个意义上讲,不存在互联网金融。正如曾刚(2018)所指出的:"目前关于互联网金融这个概念的定义并不清晰,它的外延还在不断扩大,互联网金融的内涵很难界定,因为它服务的对象和交易模式各不相同,统一在一个框架下很难。"本书结合前期研究并发布的《上海互联网金融发展报告(2015)》[①]、《上海互联网金融发展报告(2016)》[②],梳理当前关于互联网金融的定义,可归纳总结为以下三类较流行的说法:

(1) 模式论。万建华(2012)提出互联网金融是信息时代的一种金融模式。李麟、冯军政(2014)指出,互联网金融是一种新兴的商业模式和营利模式,将在商业银行未来长期发展中扮演鲇鱼的角色。互联网金融模式将改变商业银行

[①] 《上海互联网金融发展报告(2015)》(执行主编:孟添),上海交通大学出版社2015年版。
[②] 《上海互联网金融发展报告(2016)》(执行主编:孟添),上海交通大学出版社2016年版。

的价值创造和价值实现方式，导致商业银行支付功能边缘化，重构已有融资格局，挑战传统的金融中介理论。

（2）业态论。侯维栋（2013）在陆家嘴论坛上提出，互联网金融是充分利用互联网技术对金融业务进行深刻变革后产生的一种新兴的金融业态。上海市政府（2014）发布的《关于促进本市互联网金融产业健康发展的若干意见》中指出，互联网金融是基于互联网及移动通信、大数据、云计算、社交平台、搜索引擎等信息技术，实现资金融通、支付、结算等金融相关服务的金融业态，是现有金融体系的进一步完善和普惠金融的重要内容。

（3）狭义广义论。马云（2013）认为互联网企业从事金融业务的行为称为"互联网金融"，而传统金融机构利用互联网开展的业务称为"金融互联网"。《中国金融稳定报告（2014）》提出，互联网金融是互联网与金融的结合，是借助互联网和移动通信技术实现资金融通、支付和信息中介功能的新型金融模式。广义的互联网金融包括作为非金融机构的互联网企业从事的金融业务，也包括金融机构通过互联网展开的业务。狭义的互联网金融仅指互联网企业开展的、基于互联网技术的金融业务。

根据2015年7月28日中国人民银行、工业和信息化部、公安部、财政部、国家工商总局、国务院法制办、中国银行业监督管理委员会、中国证券监督管理委员会、中国保险监督管理委员会、国家互联网信息办公室联合印发的《关于促进互联网金融健康发展的指导意见》（以下简称《指导意见》）中的规定，互联网金融是传统金融机构与互联网企业（以下统称"从业机构"）利用互联网技术和信息通信技术实现资金融通、支付、投资和信息中介服务的新型金融业务模式。从互联网金融的实际应用来看，目前，互联网应用场景和互联网前沿技术与金融业务的深度融合已经逐渐趋于成熟，相关技术在金融产品、业务服务等方面产生的影响愈加深远。互联网金融除在个人应用场景大幅提升了各类金融服务效率以外，《指导意见》同时指出，互联网金融在促进小微企业发展和扩大就业两个方面发挥了现有金融机构难以替代的积极作用，为大众创业、万众创新打开了大门。因此，促进互联网金融的健康发展，有利于提升整个金融行业服务的质量和效率，有利于进一步深化金融改革、促进金融创新发展，有利于提高我国金融行业对内对外开放程度，构建多层次金融体系，为我国金融市场快速发展奠定基础。作为新型金融模式，互联网金融的发展既需要市场的不断驱动，政府的鼓励创新，也需要相关法规及监管政策等共同助力，从而促进其向好发展。

因此，互联网金融是网络和金融相结合的新兴领域，其主要是基于平等、开放、协作、分享的互联网精神，依托互联网及移动通信、大数据、云计算、社交平台、搜索引擎等技术，实现资金融通、支付及相关中介服务的新兴金融模式。

国内对于金融科技与互联网金融的辨析认识存在一个不断发展的过程，主要可以分为三个不同层次：

一是传统金融机构融合互联网。从20世纪80年代开始，金融业开始与发展中的互联网技术不断接触融合，互联网商业模式发展迅速，简单的传统金融业务开始逐步移向线上，网上银行的出现是典型代表；进一步，随着网络使用率的提高和移动网络的普及，传统金融机构开始在网上搭建金融服务平台，并推出更多的金融理财产品。1996年，《科技经济市场》刊发的《综合经济信息》最早提到了网络银行等传统金融机构与互联网相融合的业态。

二是互联网＋金融。随着互联网技术的高速发展，也带动了许多依托于互联网的新兴金融业态的萌芽与高速成长，如互联网支付、P2P借贷、股权众筹、虚拟货币等。谢平(2012)首次明确提出了互联网金融的概念，并对其模式进行了一定的探讨，认为以互联网为代表的现代信息科技将对现有金融模式产生颠覆性的影响。

三是金融科技的融合创新。在"Fintech"概念引入的前提下，国内学者就互联网金融和金融科技的关系进行了一定研究，廖理(2016)认为Fintech似乎比互联网金融一词更强调了包括互联网技术在内的各种科学技术与金融的结合，更强调技术的升级和变革，而互联网金融则更偏向于应用模式和使用场景。《中国金融科技发展报告(2017)》直接指出：金融科技是互联网金融的高级阶段。李文红(2017)认为互联网金融和金融科技均体现在将新技术手段用于优化和创新金融服务，但金融科技更强调科学技术对传统金融业务的支持，互联网金融则注重互联网技术对于金融业务发展的正面影响。陆岷峰和黄百卉(2019)同样认为互联网金融的实质是互联网企业运用技术手段涉足金融业务，而金融科技实质是一些科技企业利用大数据、人工智能、区块链等为代表的技术运用于金融领域，为金融提供技术服务。

本研究认为，金融科技与互联网金融的不同在于，互联网金融是互联网和金融相结合的新兴金融领域，主要是基于平等、开放、协作、分享的互联网精神，依托互联网及移动通信、大数据、云计算、社交平台、搜索引擎等技术，实现资金融通、支付及相关中介服务的新兴金融模式;而金融科技所指的技术,则是包括互联网技术、大数据、人工智能、区块链、云计算、生物识别等新兴技术手段,互联网金融中的互联网技术显然包括在这些科技当中。从这个意义上说,互联网金融仅仅是金融科技的一个组成部分。

(三) 关于金融科技与网络可替代金融(Alternative Finance)

根据剑桥大学联合课题组发布的《驾驭潜能——2015年亚太地区网络替代金融基准报告》的定义,网络替代金融是通过传统金融系统以外的互联网市场为个人和企业提供替代性金融服务的渠道和活动。网络替代金融(或称之为创新金融,Alternative Finance)由英国人提出,由于中小企业风险较高,商业银行通常不愿意为其提供相应的贷款,导致这些企业在其发展过程中经常面临资金缺口,因此P2P网络借贷、股权众筹、产品众筹等网络金融服务业务应运而生,这些新的金融业务被视为网络替代金融,其使出借人与消费者、中小企业借款人直接对接,为创业公司及创意产业等提供风险资金,并以新的方式帮助个人与机构进行调配资产、投资借贷等活动。根据剑桥大学研究开发的工作分类,网络替代金融活动由P2P个人信贷、P2P企业信贷、P2P房地产信贷、票据交易、股权模式众筹、股权模式房地产众筹、奖励模式众筹、捐赠模式众筹、利益分享众筹、资产负债表个人信贷、资产负债表企业信贷等形式构成。可见金融科技的含义涵盖的范围要远远大于网络替代金融所涵盖的含义,金融科技不仅包含对传统融资渠道的拓展,还包括由于新技术的产生导致金融业务的解构,和对金融业务本身带来的改革升级等。

二、金融科技细分领域的内涵

(一) 关于区块链

Nakamoto(2009)在《比特币:一种点对点的电子现金系统》中首次提出区块链的概念,认为区块链是比特币的底层技术,是指借助分布式技术通过去中心化和去信任的方式以达到集体维护一个可靠的、可跟踪的分布式数据库的技术方案。关于区块链的定义,目前国内外学者并未对其形成较为权威的统一意见。Melanie(2015)认为区块链是去中心化公开账本,所有资产都可以在该账本上进行注册、储存以及交易,除此之外,还能对任何形式的资产进行记录、追踪、检测和转移，保证信息的安全性和准确性。袁勇等（2016）认为从狭义上来说，区块链是一种去中心化共享总账，保证数据区块通过链条形式组成特定的结构，并且不受篡改和伪造；从广义上来看，区块链是一种全新的去中心化基础架构与分布式计算范式，具有去中心化、时序数据、集体维护、安全可靠等特征。

区块链技术的去中心化、信息公开透明、不可篡改性、分布式存储、集体维护性、容错性、可追溯性等特点，使区块链技术具有共识机制、非对称加密、智能合约等三大保障，在重塑金融、保障数据安全以及供应链服务等场景中均可体现。区块链应用为整个金融业务体系重组提供可能，使整个金融业务体系得到进一步完善，在保障数据安全，做到数据可靠能追溯，甚至改变社会对金融行业的固有认知等方面有很大裨益，能在一定程度上重构金融业务的秩序。

目前，国内金融机构正逐步探索将区块链应用于真实业务场景之中，其中，在具有跨域信任、多交互环节、存在上下游分布协作及集成性等特征的中低频业务场景中，区块链技术显示出更大的应用潜力，在商业银行票据业务、支付结算业务、跨境支付业务等金融服务领域，区块链技术已经得到了应用实践。

在商业银行票据业务方面，区块链的去中心化可以帮助票据价值实现点对点的传递，使票据传递的效率高效化；区块链的不可篡改性、公开透明性使传统纸质票据"一票多卖"的现象和电子票据在实现打款和背书之间无法实现同步的问题被有效避免；区块链的高容错性分布式以及非对称加密算法大大降低了传统票据业务流程中的人为操作失误的风险；区块链的可追溯使票据市场的交易双方建立互信降低交易成本，从而提升票据市场的风险控制能力和监管能力，可靠性大大加强。将基于区块链的智能合约应用在票据业务中，可以规范票据业务的操作流程、优化交易过程、提高交易结算流程。

在支付结算业务方面，区块链的点对点交易应用，可以有效减少双方交易过程中的中间环节，解决传统支付结算过程中存在的对账烦琐等问题，同时降低交易成本和减少交易时间；依托智能合约，实现实时对账处理，大幅降低机构之间的交易对账成本以及争议解决成本，显著提升服务效率，明显改善用户体验。

在跨境支付业务方面，区块链的分布式交易，可以为国内外企业的跨境支付提供快速清算业务，省去不必要的环节，减少交易流程和时间，同时借助智能合约减少操作风险，使跨境支付业务更加快捷便利。

（二）关于大数据征信与风控

关于大数据征信与风控，目前国内外没有明确的内涵界定。吴晶妹（2015）认为，现代征信与传统征信不同，前者是以大数据为核心的互联网征信；其还将互联网征信定义为以金融、IT技术和互联网跨界融合，通过海量互联网数据采集并直接应用的信用管理服务。

张健华（2015）从狭义角度对互联网征信进行定义，认为互联网征信是通过采集个人或企业在互联网交易、服务过程中的行为数据，并借助大数据、云计算等金融科技手段对信息进行评估的活动。邓舒仁等（2015）则从广义的角度入手，认为互联网征信除了包括行为数据，还包括通过采集个人或企业在享受互联网金融服务过程中所产生的信贷数据以及线下渠道采集的公共信息等数据，从而对用户的信用进行评估的活动。

本书认为，大数据征信与风控是指借助大数据、人工智能等技术，对海量数据进行收集、挖掘、分析后用于证明一个人或企业的信用状况，并以此进行金融风险识别与定价，提升风控能力。

相对于传统征信与风控，大数据征信与风控具有如下几个明显的特征：

一是信息来源更广泛。不同于传统征信以银行信用数据为主，来源较为单一并且数据采集周期长，大数据征信的数据除了来自传统征信中获取的信贷履约信息等内圈信息，还来自部分方便可获取的外圈信息，可以实时获取采集，更加直观地用于个人、企业的信用评分，使数据来源更为多元化、全面化。

二是覆盖范围更广泛。借助大数据技术对个人、企业建立多维度的信用评价体系，通过大数据挖掘增加了广度和深度，使个人、企业的互联网消费、借贷行为均有迹可查，从而避免传统征信中弱势群体因数据获取渠道受限而导致的信用评级低或无法信用评级的问题，拓展了以往征信能覆盖的受众。

三是信用评估体系更完善。传统征信的信用评估体系主要使用历史信用数据反映未来信用情况，具有滞后性，其较弱的时效性导致信用数据不能实时反映个人、企业的信用评分。大数据征信利用多个信用评估模型从多个维度进行分析，进一步完善信用评估体系，从而使信用评估结果更加准确。

四是风控管理更高效。传统征信系统的风控模型往往是依据滞后的数据进行构建的，评估风险的有效性较差，本身也存在一定的结构性风险。而大数据征信下，征信机构可以获取较高时效的数据，风险识别可实时跟踪，从而建立实时有效的风险管理模型,提升风险的控制管理能力。

(三) 关于云计算

2006年8月9日,"云计算"由Google的首席执行官Eric Schmidt在搜索引擎大会上首次提出。美国国家标准与技术研究院(NIST)认为云计算是一种模式,借助云计算,用户可以做到随时随地按需要从可供配置使用的计算资源共享池中获取他们所需的资源,资源共享池中的资源包括网络、服务器、存储器、应用程序及服务等。

云计算在金融服务领域的应用以及相关影响表现在以下两个方面:

一是降低金融风险,减少损失发生。云计算的应用能够使金融机构获取IT资源的途径更为多元化、全面化,使IT资源具备更高的可扩展性,帮助金融机构随时随地动态地获取其所需的IT资源,并且可以根据内部的实际需求的波动变化自动或手动调整云平台上的IT资源,使资源的效用最优化。同时,云计算也帮助金融机构更好地建立针对内部IT系统故障的灾备计划。另一方面,云计算可以提供可灵活扩展的IT资源,当出现突发的不可预知的用户需求暴发增长时,金融机构能够运用云计算具备充分的IT资源应对突发情况的发生,从而避免因为用户需求达到机构所设阈值而对机构产生损失。

二是降低运营成本提高效率。传统金融机构获取信息的主要方式为向外部上游供应商采购大规模的IT基础设施及人力资本服务,内部技术团队在外部信息的基础上开展关于集成运维和二次开发等工作,由此构成金融机构自身的信息资源池,从而支撑金融机构开展各项服务业务。基于云计算的规模效应和专业化分工的特点,金融机构获取云计算服务的成本可以大大降低,云计算服务商安排专业人员对IT基础设施进行集体维护,对于金融机构而言,无须再耗费大量的财力、人力资本为机构配置和维护大量计算基础设施;另一方面,金融机构可以根据实际需求使用云端平台上的IT资源,并按机构实际使用情况进行付费,由此规避过度配置(IT资源利用效率不足)和配置不足(IT资源过度使用)的问题,从而提高金融机构对IT资源的使用效率,有效降低公司的运营成本。云计算极大地简化了金融机构的IT运营管理,云计算服务提供商通过将信息资源打包,为金融机构直接提供现成可用的解决方案,相较于原有的由金融机构内部技术团队提出的解决方案,云计算对IT信息资源的开发管理时间大大缩短,成本大大降低。

(四) 关于生物识别

孙冬梅、裘正定(2001)认为,生物识别技术是基于每个人不同的生理或行为特征具有普遍性、唯一性、稳定性和可采集性的特征,从而进行的自动身份鉴别的技术。根据目前已有的生物识别技术,可以根据不同的生理特性和行为特征分为语音识别、指纹识别、人脸识别、虹膜识别等技术。其中,指纹识别技术是生物识别技术中发展最早的技术,它是将人与指纹一一对应,每个人的皮肤纹路在断点和交叉点上都存在明显的不同,因此,每个人的指纹均呈现唯一性并且不会随内因或外因而变化。因此通过将一个人的指纹和预先保存的指纹数据进行比较,就可以对指纹进行身份鉴定。目前指纹识别技术已经较为成熟,被广泛应用于日常的网络支付、银行开户等应用领域。

生物识别目前已经在金融领域等得到广泛应用。首先,生物识别可应用于远程开户,当用户在银行和证券公司进行线上远程开户时,生物识别技术中的人脸识别和指纹识别等技术得到运用,其主要对用户的身份进行审核,通过对比用户的特征进行验证,这在一定程度上免去了用户去相关营业厅线下办理业务的麻烦,提高了审核效率和减少了操作时间。其次,人脸识别技术和指纹识别技术在转账支付领域同样得到广泛应用,人脸识别和指纹识别可以帮助用户在无须密码的情况下,进行"刷脸"支付或指纹支付,这在一定程度上保证了转账结算的快捷性。此外,生物识别还应用于保险理赔领域,用户可以借助人脸识别进行身份验证获取理赔信息,系统根据人脸识别结果以及受赔人的理赔记录,利用大数据和云计算快速智能化地完成保险理赔流程,减少中间环节,并且为保险公司降低人力成本,方便用户快速获得保险理赔,提升客户体验。

(五) 关于人工智能

关于人工智能的界定,目前学界尚未统一。《人工智能:一种现代的方法》(Stuart R.& Peter N. 2004)将人工智能定义为:计算机系统履行那些只有依靠人类智慧才能完成的任务。Nilsson(1982)说人工智能是一门关于知识学习的学科,是关于如何表示知识以及怎样获取知识并学会使用知识的科学。郭凯明(2019)认为人工智能指的是可以引领新一轮的科技革命以及产业变革的通用技术,其可以改变传统的生产方式,并可以催生出新的业态和模式。

人工智能在金融领域的应用大致可被分为大数据智能和智能识别等。

大数据智能主要包括大数据征信与风控、智能投顾。首先,大数据征信与风控主要是指通过大数据技术构建模型对借款人进行风险评估和风险预警:一是在金融机构的事前风控预警环节,借助大数据分析对用户的资信水平进行评估;二是依托反欺诈体系,对交易行为进行实时的风险监测。大数据征信与风控带来了全新的征信产品设计理念和先进的信息数据处理方式,使征信人群的覆盖范围更加广泛、应用的金融场景更加丰富、信息使用维度更加多元、信用评估体系更加完善。其次,智能投顾最早源于美国,并被称为"Robo-Advisor",学界和业界并未形成统一权威的定义。Schueffel(2017)认为智能投顾是自助式在线财富管理服务,通过投资组合管理的算法,低成本和高效率地向用户自动提供投资建议。国外智能投顾发展较早,2008年Betterment、Wealthfront等智能投顾公司陆续成立。相比于国外,中国的智能投顾起步较晚,2015年是中国智能投顾发展的元年。国内学者姜海燕等(2016)认为智能投顾是指借助大数据、云计算等信息技术及人工智能,将现代投资组合理论等分析方法与机器学习方法进行有效结合,通过自动计算出优质的资产投资组合,为投资者提供有效的投资建议。

智能识别技术在金融领域的应用主要集中在图像识别和生物识别两个方面。首先,图像识别技术是利用计算机对图像进行处理、分析和理解,以识别各种不同模式的目标和对象的技术,主要包括人像识别和物品识别,其中人像识别主要应用于安全检查、身份核验等,物品识别主要应用于商品流通领域。其次,生物识别技术是借助计算机并结合光学、声学、生物学等相关理论,同时利用人体特定的指纹、虹膜等具有个人特色的生理特征以及音色、音调、体态、步态等行为特征,对人的身份进行识别。目前,生物识别技术在金融领域的应用正逐渐呈现出由单一技术向多元化、多模式的综合应用转变的趋势。

第二节 金融科技的文献综述

一、金融科技的文献综述

(一)对金融科技认识的研究

关于金融科技的概念界定方面,金融稳定理事会(FSB)(2016)发布的《金融科技的描述与分析框架报告》第一次从国际层面提出金融科技的定义,认为金融科技是指科学技术带来的金融创新,通过运用大数据、区块链、云计算、人工智能等新兴前沿技术带动金融创新,对金融市场以及金融服务业务供给产生重大影响的新兴业务模式、新技术应用、新产品服务等。国内外学者对金融科技的含义进行了研究,主要归纳如下。

一是认为金融科技是借助科学技术的进步对传统金融服务产生影响的一种形式,即科技影响金融。Nicoletti(2017)认为金融科技作为一个产业,是通过使用大数据、人工智能等新技术来支持金融服务并通过提供具有创新性服务的业务模式,对传统金融服务产生威胁性的业务。Dong(2017)认为金融科技是利用大数据、人工智能、计算能力、密码学以及互联网的普及,通过这些技术之间的强大互补性将科技应用于从支付到融资、资产管理、保险和咨询等服务中的技术,并且认为以金融科技为动力的实体可能会变得更有竞争力,是传统金融中介、市场和基础设施的替代品。《2016中国金融科技发展概览》提出,金融科技是指科技在金融领域的应用,旨在借助创新金融产品和新型服务模式去改善用户的体验感、降低交易双方的交易成本,从而更好地提高服务效率,去满足用户对金融的需求。王昊(2017)认为金融科技就是通过技术创新对金融服务的形式进行转型升级,包括对其相应的业务服务流程和产品等进行技术升级,从而对当代金融市场以及金融机构产生深远的影响;金融科技通常凭借大数据、云计算、人工智能等技术,对支付领域、融资领域以及投资领域等相关业务进行开发。易宪容(2017)认为金融科技是在大数据背景下利用人工智能、区块链等现代科技通过评估和量化的方式对信用的风险定价,从而改变金融市场的信用关系,进而打造出新的金融业态。徐晓莉、杜青雨(2019)认为金融科技是借助科学技术手段推动金融体系的改革创新,属于技术驱动型下对金融业的创新,在创新过程中,同时产生新的金融业务模式、技术以及服务,金融科技的核心在于利用新技术创新和再生产金融产品与服务。

二是认为金融科技是金融和科技有机结合形成的。许多奇(2018)认为金融科技是金融和科学技术的融合发展,是科学技术领域和金融服务领域交互作用产生的破坏性创新,不仅给金融服务的发展带来重大动力,而且迫使传统的金融市场不断创新发展。李淼(2016)则认为金融科技是一种商业模式,是由金融与科技两个领域的碰撞融合而生成的,是深刻而广泛的,涉及行业运行的每一个子系统,科技的融入使得金融更有效率,其目的在于使科技为金融的发展注入活力和能量,促进金融行业进一步发展和进步。董昀、李鑫(2019)在研究金融科技发展脉络时,将金融科技视为金融与科学技术相互融合而催生的新模式,认为金融科技是信息收集、传输以及存储分析过程中科学技术手段不断进步,从而创造出新的业务模式、产品以及新的业态,对金融市场造成重大冲击,使金融和科技不断地融合发展。

(二)金融科技在相关领域影响的研究

金融科技围绕科技与金融相融合,并利用新兴的信息科技改造和创新金融产品,因此以金融行业和金融业务服务模式这一核心前提,金融科技在许多金融业务领域实现了富有特色的创新应用,并产生一定的影响。

一是金融科技在支付清算领域的影响。吕家进(2017)分析了金融科技创新给支付清算行业带来的新机遇和挑战,认为商业银行支付清算业务应积极拥抱科技创新,同时要坚持风险底线,保持效率与安全之间的平衡,要推进跨界合作,与非银行支付机构实现共赢发展。由Friedrich H.等(2017)45人组成的研究小组在探讨区块链对支付清算领域的影响中,得出金融科技手段区块链技术为跨境交易支付降低了对账成本以及其他相关的中介成本,从而改善了跨国货币支付的整体流程,有助于跨境贸易的高效运转。丁华明(2018)认为金融科技推动了支付业态的全面升级,借助金融科技可以提升支付清算等金融服务的可得性,从而有利于普惠金融的发展;金融科技还可以提高支付清算的工作效率,提升整个业务流程的公开透明度。同时,金融科技还会对监管体系带去一定的挑战,从而导致潜在风险的增加。卢志强、葛新锋(2018)认为传统跨境支付存在耗时长、支付清算成本高、安全性较低等问题,而区块链技术作为金融科技手段,支付领域是其应用的主要领域,其去中心化、信息透明化、安全性等优势有助于改善传统跨境支付业务中存在的问题,实现了跨境支付所有权的传输,显著提高了支付清算业务的效率。姜增明、陈剑锋和张超(2019)认为借助区块链等金融科技手段,实现支付结算过程中交易确认和结算同时进行,大幅度减少结算周期,同时若基于金融科技的智能合约,可以进一步简化操作流程,降低成本,大幅减少操作风险。Moon W Y. & Kim S D.(2016)认为作为一种提供高效金融服务的新兴范式,金融科技是基于新的金融服务模式和科学技术手段,同时结合有效的IT技术来实现新模式。随着金融科技的发展,它对传统的基于银行的支付结算进行了改进,提高了便利性和高效性,但同时也发现一些基于金融科技的支付平台在支付流程、交易结算等方面存在高度的异质性。Carney M.(2017)在 G20 峰会上发表讲话,认为金融科技带来支付、清算以及结算的变革,分布式账本等新兴技术会显著提高支付、清算和结算过程中的准确性、安全性,同时提高运作效率,减少相关成本的支出。Gomber P et al.(2018)在分析金融科技革命对金融业服务产生的影响中,认识到金融科技革命的主要目标之一是加快国内支付结算的效率,并认为这对于银行以及监管者而言是一个日益重要的公共政策问题。Anjan(2019)相信金融科技最大的颠覆性潜力在于影响支付系统。新货币市场工具的出现对货币政策具有重大影响,在金融科技的帮助下,数字货币最终将取代现金,问题只在于各国央行能在何时以何种形式接受这些货币作为支付系统的一部分。

二是金融科技在传统商业银行领域的影响。Schatt D.(2014)认为移动互联网和新兴技术的发展带来的金融创新不断改变人们的消费方式、支付方式以及商业经营模式,传统银行业首次面临被金融科技颠覆的局面,金融科技发展下,金融市场格局正在被重塑,传统银行需要不断改革创新进行转变。周嫣然(2019)基于金融科技日益蓬勃发展的趋势,并结合我国商业银行在转型过程中所面临的挑战与困难,提出了商业银行应该借助金融科技手段促进自身未来转型发展。王新华和肖波(2017)提到目前客户身份识别在人工智能、大数据等金融科技手段的支持下,提高身份识别的精准性和高效性,有利于帮助商业银行在远程开户、支付结算以及业务管理等业务中提高工作效率,可以大大缩短工作时间以及节约一定的人力成本,从而有利于银行等金融机构的办事能力。Vives(2017)认为金融科技的影响已经开始在银行和资本市场得到有效凸显,从金融科技的发展对效率、银行市场结构等方面的影响入手,研究金融科技对银行的影响,认为金融科技可以帮助银行在对贷款申请者进行审查筛选时更高效地评估其信用可靠性,从而有助于银行的信贷业务。张德茂等(2018)认为传统商业银行在技术进步背景下,面临着严重的动能增长不足的问题,因此,对于传统商业银行而言,其亟须加快在金融科技方面进行创新,为其未来经营发展提供转型动力。同时,他们提到金融科技赋能传统商业银行的关键在于如何把握商业银行的长期战略目标,帮助传统商业银行转型发展。商业银行在金融科技赋能下,从传统的提供"经营资金"的金融产品和服务的金融机构转变为提供"经营数据"为主的数字化转型银行,两者的结合,充分发挥了金融与科技在各自领域的优势,为金融机构的发展提供了强有力的支撑。孙娜(2018)认为,金融科技在商业银行领域的应用日益广泛,目前商业银行均开始借助金融科技推动自身转型升级,在金融科技的加持下,商业银行的客户体验、服务效率、交易成本等方面均得到明显改善,丰富了商业银行金融产品的内容,增强了商业银行的核心竞争力。邱晗、黄益平和纪洋(2018)在研究金融科技对传统银行行为的影响中,通过实证分析发现金融科技的发展会对银行的负债结构产生影响,导致银行负债成本增加,银行选择高风险的资产损失,同时导致银行的借贷利率减少,从而变相地推动了利率市场化。谢治春、赵兴庐和刘媛(2018)从商业银行战略转型入手,研究金融科技对其战略转型的影响,通过案例研究发现,金融科技借助商业银行的外部环境和内部能力来驱动其转型升级,并且对于不同规模的商业银行,金融科技对其战略转型的驱动力存在较大差异。王聪聪等(2018)认识到金融科技在银行业的应用日益广泛,两者不断融合,金融科技下智慧化、数字化的银行服务系统的不断完善健全使得银行的金融服务效率得到大幅提高,从而与互联网金融共同形成新的金融生态环境。Das(2019)认为随着金融科技的发展,非银行实体通过向传统商业银行提供技术服务或直接提供第三方电子支付服务,与银行之间既存在合作又存在竞争的关系。同时,借助金融科技手段,新型贷款模式和融资模式正在兴起,为传统银行的升级转型提供了发展方向。

三是金融科技在资本市场领域的影响,主要聚焦在量化交易角度。方浩文(2012)认为量化交易的市场饱和度较低,仍有较大发展空间,但是发展过程中,量化投资在向投资者提供规避风险和套利的服务的同时,也会带来一定的风险,对证券具有助涨助跌的作用。郭喜才(2014)认为我国的量化交易近年来发展迅速,不同的量化投资工具和形式层出不穷。基于量化交易的频繁交易和持仓短的特点,其目前主要应用于我国的股指期货市场,有利于帮助投资者获得稳定收益,目前,其主要投资者为机构投资者。乔政(2019)探究了量化投资在金融市场上的应用,发现程序化投资模式能够极大地减少投资者情绪波动的影响,避免投资者在市场极度狂热或悲观的情况下做出非理性的投资决策,避免交易决策受到跌宕起伏的情绪干扰,从而避免临时情绪波动导致的错误决策。同时,系统性的交易、资金和仓位管理有利于投资的组合优化管理和风险控制,增加收益。Geranio(2017)认为股票交易所正在探索区块链在其多个业务条线中的应用,特别是交易后的活动,由于区块链的分布式账本技术对股票交易的作用主要在于降低交易对手方风险和交易后成本,从而增加了股票市场的流动性和透明度,同时金融科技的发展也受到监管部门的高度关注。

四是金融科技在产业升级转型方面的影响。朱俊杰等(2017)通过实证分析认为金融科技发展对于产业内和产业间的结构升级均具有长期均衡的关系,金融科技发展有利于增强产业发展的竞争力。陆岷峰、徐阳洋(2019)研究分析了金融科技产业发展的战略,认为金融科技产业是传统产业转型升级的重要方向,我国应加强金融科技产业发展有利于区域经济高质量发展,而发展金融科技产业需要掌握趋势,了解区域经济的优劣势,然后因地制宜地制定相关发展政策,做到一省一策、一区一策,检验金融科技产业发展的标准是金融业流程是否优化、成本是否降低、风险是否可控,并在此基础上提出了相关的政策建议。陈德余、汤勇刚和张绍合(2018)研究产业结构转型升级、金融科技创新同区域经济发展之间的影响时发现,金融科技创新对产业结构转型升级具有明显的驱动效应,同时,产业结构转型升级也会反向促进金融科技创新的发展,从而推动经济的发展,三者之间互相影响。

五是金融科技在其他业务领域的影响。王新华和肖波(2017)认为金融科技手段之一——人工智能在金融领域的应用主要集中于智能投顾、身份识别、量化交易以及保险科技等领域,应用人工智能将对提升我国金融市场的竞争力产生深远影响。苏宇等(2019)认为个人的信息具有个体化和特殊化,因此,个人信息存在一定程度的身份识别能力,可以根据个体的独特性进行身份识别,但针对不同类型信息的识别能力存在个体差异化,不同外界环境条件以及技术水平的参差不齐对于识别信息的能力也有着明显的差异,会导致身份识别的效果呈现出一种参差不齐、动态变化的现象。此外,信息还存在结合性识别的问题,个人信息可以由匿名信息和公开信息结合识别产生。关于在保险理赔领域的应用,唐金成和刘鲁(2019)将保险科技界定为是保险同人工智能、物联网、区块链、大数据以及云计算等技术相结合,通过对保险产品、保险理赔等领域深入探究从而打造科技赋能保险新态势。周延礼(2017)认为目前保险科技在保险市场中得到广泛关注,传统的保险公司积极谋求升级转型之路,提高自身优势,依托大数据云计算等平台的互联网保险公司应运而生,呈现出保险市场的多元化局面并催生出保险生态的新模式。在可持续发展方面,Robert(2019)认为金融科技与其他绿色产业技术以及数字化农业的集成在可持续发展方面发挥着重要作用,因为它可以缓和发展与环境的关系并增强环境和社会可持续发展之间的协同作用,提高营利能力不需要额外利用自然资源。

(三) 金融科技监管的研究

随着科技企业持续发力，金融科技创新层出不穷，金融科技行业蓬勃发展。同时也伴随着行业风险的集聚，金融科技监管需求愈发迫切。金融科技监管逐渐成为学术研究的热点，众多学者力图指出在此背景下金融监管存在的问题及解决途径。

杨东(2017)认为随着金融科技的不断发展，许多新兴金融业态的产生将资金供给者和资金需求者更加紧密地联系起来，有利于解决中小微企融资难问题，能够有效推进普惠金融的发展。与此同时，金融科技也带来了一系列风险和挑战。一方面，传统的金融监管无法准确界定新生业态的合规性；另一方面，不同于传统金融监管下的信息披露制度，金融科技所需的大量信息和数据无法被直接监管，可能会引起金融数据和信息的安全问题。不少学者研究了国外金融科技的监管，以此作为比较和借鉴，提出对我国金融科技监管的建议。廖岷(2016)基于全球金融科技监管视角研究全球金融科技的发展现状，发现各国对金融科技的监管措施各不相同，缺乏一个统一的监管体系和制度，因此各国之间监管合作应对力度不大，但是目前国际金融科技发展合作趋势开始显现，预计金融科技的国际治理和双边合作将得到有效的推进，在未来金融科技监管的全球合作中，各国将厘清各自的监管职责范围，将各种金融科技活动纳入现有监管体系之中，同时通过采取激励措施推动金融科技创新，建立并发展健康的金融科技生态体系。杨春雨(2017)借鉴了新加坡、澳大利亚、日本、印度和我国香港特别行政区等创新金融监管经验，认为监管机构应在以驱动金融创新发展的基础上，正确处理金融安全和提高服务效率两者之间的平衡，可充分借助金融科技手段去提高监管水平，保证监管的效率，降低金融风险的同时促进行业发展。张健(2019)通过研究美国金融科技监管情况，发现美国针对金融科技发展中存在的风险问题，采取审慎宽松的监管政策，并且鼓励金融科技创新。同时，通过健全的法律制度，维护金融科技的健康向好发展，完善的征信系统是美国金融科技发展的重要保障。建议我国应当借鉴美国的经验，妥善处理稳定与创新之间的关系，把握好金融科技监管力度，加快监管的法制体系建设和相关征信的完善。吴烨(2019)认为我国理论界忽视了金融科技监管权的多元特性，一味强调对金融机构行为合法性的监管，这并不适应于金融科技监管需求。因此，我国在金融科技监管上应该在借鉴英美先进立法经验基础上，在我国既有的监管体系框架中,将原则监管的概念引入监管体系中,形成"规则+原则"两者相结合的风险监管机制,从而为我国金融科技监管发展过程中监管权力的收放自如,实现法律规范与市场发展两者的平衡。谭书卿(2019)指出目前我国的监管制度不管是在监管模式、监管理念还是在监管主体三个方面均存在不足,因此,传统的监管制度应该及时转型升级以适应金融科技的快速发展,进一步解决金融创新与风险监管之间的问题,不断完善我国的金融监管体系,从而有利于我国金融市场的发展。对此,应借鉴国外关于"监管沙盒"的实践与经验,有效解决我国传统监管存在的问题,从而在严格控制风险的基础上与金融机构合作互补,实现创新与监管双赢。

(四)金融科技未来发展的研究

近年来,金融科技已经在不同的领域应用并实现了迅猛增长,且这种发展趋势毫无疑问还会持续。中国人民银行广州分行课题组(2018)从中美两国的金融科技发展历程中寻求发展前路,认为中美两国的金融科技公司与金融机构之间的合作都在不断加强,并且金融科技发展过程中都表现出一定的风险外溢性,而关于金融科技领域的监管两国目前都处于相对强化监管的阶段;不同的是,中美两国在金融科技发展过程中,在创新主体、服务对象以及金融领域应用等方面仍存在着不同之处,两国在金融科技方面又分别有着各自的优势,美国相比于中国在金融科技发展中底层技术创新优势明显,而中国金融科技发展过程中呈现的优势在于规模化应用以及市场需求增量明显。

一些学者对我国金融科技的发展现状与前景持乐观态度。严圣阳(2016)认为,我国金融科技的创新与发展同互联网金融有着密不可分的联系,加上目前国内对金融科技行业的投资热情高涨,认为金融科技有着良好的发展前景,并且通过不断加强金融服务基础设施建设、强化金融创新和金融科技监管,才有利于我国金融科技快速健康地发展,使金融科技更好地服务人们生活。黄余送(2017)认为新的计算技术和信息处理技术的不断演进,将对金融行业发展产生持续、深入的影响,而金融行业发展快速演变也将进一步推动金融科技行业演变,最终出现"金融产业发展驱动金融科技发展,金融科技发展推动金融产业模式演变"的良性循环格局。

另一些学者则认为金融科技在发展历程中仍不可避免地会遭遇到一些挑战。朱太辉和陈璐(2016)就从风险和金融稳定的角度出发,提出 Fintech 具有的开放性、互联互通性、科技含量更高的特征,会使得其面对的风险更加隐蔽、潜在的风险更复杂、技术风险更突出,潜在的系统性、周期性风险不可忽视。於勇成和赵阳(2019)同样认为金融科技在带来便利的同时也因其具有的复杂性、内生性、独特性、不平衡性、难控性等新型特征带来了新的风险,并且由于金融科技具有数字化和网络化的特点,在产生风险的同时,也扩展了风险传导的路径和方向,提高了风险的传播速度和传播范围,因此需要加强监管和防范,减少风险的产生。

综上所述,国内对于金融科技的认识处在一个不断发展的过程。虽然不同学者对金融科技的定义并不完全统一,但大多认为金融科技是将科技与金融相融合,并利用新兴的信息科技改造和创新金融产品和金融业务服务模式。在此基础上,金融科技存在着不同的创新路径,在蓬勃发展的同时,机遇与挑战共存。随着人工智能、区块链、云计算等技术的不断发展,金融科技有着广阔的应用研究前景;但与此同时,金融科技的高速发展也使得监管制度产生不适应,难以跟进。因此,要推进金融科技在国内健康快速发展,需要兼顾创新与规范的平衡,如何将两者有效结合是一个值得探究的方向。

二、金融科技细分领域的文献综述

(一) 关于区块链

许多学者对区块链的研究主要集中在区块链的作用与价值方面。首先,区块链的发展促进了数据共享,助力了金融创新。韩梅(2016)认为金融科技为金融服务的创新与变革带去了技术支持,其中区块链开始受到银行等金融机构以及高科技公司的广泛关注,开始得到大量应用。在社区共治、提升协同效率方面,赵超(2020)发现区块链的技术特性与粤港澳大湾区协同创新共同体的构建需求高度契合,可以有效解决痛点问题并有助于提高创新资源的投入效率,助推大湾区实现高质增量式发展。在产品追溯方面,李保东、叶春明(2020)针对汽车供应链面临的缺乏信任、溯源难度大及信息共享效率低等问题,运用区块链技术,选用以太坊作为系统的开发平台,通过实例对溯源系统进行展示,证明了区块链溯源系统与传统的溯源方式相比,产品数据的安全性和溯源效率等方面具有明显优势。在信息安全与征信体系方面,庄雷(2019)认为将区块链技术用于当代数字征信体系中,可使社会信用治理在优化环境、扩大价值范围、降低成本等方面实现优化。易宪容和郑丽雅(2019)提出,在数字货币环境里,区块链技术对信用风险进行计量,有别于传统的信用风险评估。何峰、耿欣(2016)认为区块链具有的去中介化、不可篡改性、可追溯的特征,有助于完善金融基础设施推动重塑金融的发展。乔海曙和谢姗珊(2017)也认为区块链技术驱动为金融创新带来了全新的变化,并且对金融市场的发展甚至整个金融体系的构建产生重大的影响。

还有些学者基于区块链的基本原理及特征,结合各种场景对区块链的应用展开研究。刘思璐和李华民(2019)将区块链技术用于征信平台,能够有效优化现行金融征信系统,并提升全链条融资的运行效率。靳景玉和赵瑞(2019)认为绿色金融有助于生态及宏观经济的可持续性健康发展,而区块链技术可在完善监管、减少信用风险、促进金融创新和信息共享等方面助力绿色金融发展。韩俊华(2019)等提到,区块链技术是推动大数据发展的基础设施,是金融科技风险监管、匹配大数据的关键技术。

一些学者在研究区块链作用的同时还指出其存在的问题。沈翔宇等(2020)认为在技术架构方面,目前大多数区块链项目首选以太坊和hyperledger为开发平台,但以太坊存在难以自定义数据结构、通信协议和共识算法的问题,hyperledger存在难以触及数据层和网络层定义的问题,很大程度上制约了区块链的应用,因而中国区块链的平台建设有待进一步推进。赵洋(2016)发现区块链技术的发展过程中,不仅受限于技术水平层面,还在一定程度上受到传统观念的约束和信息共享以及跟人隐私保护等多方面的冲突影响。李燕等(2019)发现区块链在信息安全、运行效率等方面存在不足。朱岩、张艺等(2020)按照等级保护三级测评标准的要求,通过对分布式对等网络、分布式账本、共识机制和合约计算层几项核心技术进行评估,来检验比特币、以太坊和超级账本这几种区块链系统是否达标,发现区块链系统在身份鉴别、安全审计、数据完整性等方面未能满足测评要求。针对这些问题,学者们也提出了自己的看法和建议。针对技术架构方面的问题,沈翔宇等(2020)认为可通过开发自主可控的国产区块链开发平台以完善传统开发平台的短板以适应不同场景区块链的运用。针对区块链受到观念、信息共享、隐私保护等限制的问题,赵洋(2016)提出可以通过出台相关政策法规,加强研发和监管等手段来改善外部环境。针对区块链信息安全、运行及身份鉴别、数据完整性方面的问题,李燕等(2019)认为可以在系统吞吐量、共识机制和匿名性等方面进行有效改进。朱岩、张艺等

(2020)则认为通过对区块链进行等级保护标准的制定和评测可为我国信息基础构架和社会信息系统合规管理提供支持。

(二) 关于大数据征信与风控

目前对于大数据征信与风控的研究主要集中在大数据征信的发展和作用、大数据征信及风控实际应用的研究、大数据征信的风险监管和建议上。卢芮欣(2015)基于大数据时代特征从技术和业务模式、监管和保障机制等几个方面对征信进行了论述分析。林平(2014)在对大数据征信的基本特征进行比较研究的基础上,分析了大数据对我国征信市场的影响,并提出了相关政策建议。赵大伟(2017)在《大数据技术驱动下的互联网消费金融研究》中探讨了大数据技术在征信方面对我国金融行业发展及互联网消费产生的影响。

一些学者将大数据征信及风控与具体的金融平台以及地区结合加以研究。刘新海(2014)介绍了阿里巴巴集团的大数据战略和征信体系建设情况,并与现有的央行征信体系进行比较。叶文辉(2015)对芝麻信用的运作模式进行介绍:基于大数据、云计算等技术互联网个人信用信息数据库,以"芝麻信用分"为核心提供个人信用评分服务。2018年3月19日,由中国互联网金融协会作为牵头单位,与八家征信机构联合设立的百行征信有限公司在深圳成立。百行征信成为中国人民银行批准的唯一一家有个人征信业务牌照的市场化个人征信机构。屈宇飞、叶子晟等(2019)介绍了"政府＋市场"双轮驱动框架,其中,央行征信中心主要服务于传统金融机构,而百行征信主要为互联网金融领域提供征信产品和服务。两者共同构建"政府＋市场"双轮驱动的征信框架,形成"错位发展、功能互补"的个人征信市场格局。麻文奇(2016)从大数据征信的背景出发,分析了大数据分析技术及其总体架构,最后以广东省中小微企业信用信息和融资对接平台为实例,探讨大数据分析在中小微企业信用融资方面的应用。刘新海、宫建华(2018)发现,我国企业之间的互保联保现象,使得单个企业的风险与行业的风险紧密联系,该文从担保圈风险的特点和现状入手,提出使用大数据技术实现担保圈风险控制的模型构想。

与此同时,一些学者也提出了大数据征信存在的风险和问题。首先,大数据征信的运用依赖于高质量的数据来源,余丽霞、郑洁(2017)以芝麻信用为例,发现在互联网征信过程中存在数据共享阻碍、应用场景缺乏、监管不严、用户数据信息保护风险等问题。李雪梅(2020)认为我国政府数据开放还处于起步阶段,在相关配套法律制度、政府数据开放机制、工作人员综合素质等方面与发达国家相比存在一定差距。杨亚仙、庞文静(2020)认为我国的征信体系发展起步较晚,并且目前存在着一些问题,如各机构在进行数据收集和存储模式方面并没有统一的行业标准,因此数据一致性低,统一覆盖的用户人群较少,同时数据来源渠道单一,数据维度较为单一。所拥有的个人征信信息远远不能满足当前互联网金融行业的业务增长需要。李真(2015)认为大数据信用征信尚处于初级阶段,顶层设计、法律框架以及行业发展规范远未成熟。

近年来信息泄露事件频发,大数据征信收集数据的信息安全问题也受到学者们的关注。罗建雄和封玉莲(2019)指出,大数据技术在给征信业的发展带来新机的同时,也在信息安全问题上提出挑战,大数据征信市场机制、法律监督机制及安全保护机制需进一步完善。刘晓(2019)通过研究发现我国大数据征信面临用户敏感数据保护的问题。鞠卫华(2017)介绍了征信发展的过程和特点,认为大数据征信存在隐私信息保护问题和数据安全保护问题。

面对上述提出的数据来源质量、信息安全风险等问题,许多学者提出了应对措施。针对数据来源问题,李雪梅(2020)提出可以通过加强法律建设、完善数据开放机制和加强复合人才培养的方法来解决数据开放不足的问题。杨亚仙、庞文静(2020)提出从明确信息采集范围、加快行业集合、多元化征信场景和提升个人征信意识几个方面解决数据单一的问题。关于信息安全问题,景欣(2020)通过对比国内外互联网征信中个人信息保护制度的差异,提出了以立法为导向、规范数据的合理采集与使用、加强行业自律及监管、完善救济机制等具体措施。刘晓(2019)通过总结国际上用户敏感数据保护的经验,提出建立相应保护机制的建议。鞠卫华(2017)提出从提升技术水平、加强人才培养、完善监管体系方面来加快大数据征信的发展。贾拓(2018)通过参考国内外征信机构案例,对传统征信和大数据征信的模式及特点展开研究,并建立企业信用动态评估模型,针对大数据征信过程中存在的问题,提出了树立正确的大数据征信理念、加快完善相关法律法规、加强监督并加大引导等措施。针对数据处理的技术性问题,许多学者对大数据算法的可行性进行研究,吴晖、韩海庭(2020)等提出了一种基于倾向评分的信用评估模型解释方法,利用该通用框架可以对大数据征信的黑盒模型进行解释性分析。关于顶层设计、框架不完善的问题,刘颖、李强强(2016)通过对蚂蚁金服的分析得出,当务之急是要鼓励金融科技征信发展并加快其征信系统建设。刘桂荣(2018)提出建立并完善金融科技征信机制的具体方法有：加大征信宣传，制定数据标准，建立数据信息沟通机制，健全相关法律法规，完善征信机构体系，创新开发金融科技征信评估技术和评估模型等。

（三）关于云计算

目前的研究主要集中在云计算与相关产业的应用前景上。在教育领域，崔跃华（2020）指出，通过将图书资源由分散走向整合，由知识收藏转为知识开放，云计算技术为读者提供更匹配的阅读内容，颠覆了传统的图书馆管理模式。在卫星导航领域，陈雄川等（2020）介绍了云计算技术的发展为大规模基准站网数据处理提供了高效的计算平台。在医药医疗领域，胡婷婷等（2019）指出，可以通过建立以电子档案、远程干预为主的模式，借助云计算平台，有效监测糖代谢指标，控制血糖情况以降低糖尿病患者患病风险。

在金融领域的应用方面，薛莹、胡坚（2020）认为云计算技术能够为金融机构提供统一平台，在信息安全、监管合规、数据隔离和中立性等要求下，有效整合金融市场的多个信息系统，消除信息孤岛，为金融机构推进业务改革创新提供有力支撑。宋立志（2011）把云计算看作是一种突破性的科学技术、创新的商业运作模式以及全新的基础架构管理方法，借助云计算，能够把IT信息、应用、数据以及高度虚拟化的管理作为服务为用户提供帮助，从而为当代金融业的发展提供全新的、数字化的解决方法。侯建林（2013）认为未来云计算将作为一种新型模式助力于我国金融市场发展从而推动整个经济的增长。具体而言，在支付领域，才华（2015）认为云计算有助于资源的内部整合和外部联动，推动创新产品的快速孵化，帮助金融支付业务以及相关商务模式方面更好地整合资源，从而推动整个金融支付生态系统的良性发展。在物流领域，李佳和靳向宇（2019）通过研究发现，随着贸易体系全球化发展的推进及全面标准化、物联网技术的升级，以云计算为基础的智慧物流体系在对外贸易发展中不断得到深层次运用。王应贵、刘浩博等（2020）以高盛银行的云计算架构为例论述了云计算在未来银行的应用，云计算技术的应用使得越来越多的核心业务电子化、规模化和简单化，降低了风险，简化了流程。在监管科技的应用方面，范云朋、尹振涛（2020）提出依托云计算技术可以帮助监管体系增强数据分析能力和数据收集储存能力，从而进一步有助于整个监管科技的快速发展，使其达到规模化。

随着云计算的快速发展和应用，越来越多的学者开始关注云计算存在的问题。一方面,云计算带来了信息安全问题,翁晓泳(2020)认为云计算用户通过云平台进行数据共享时面临数据不可控和敏感数据泄露的风险。另一方面,针对云计算技术所需电子资源的应用上,翟玲等(2019)提出当前云计算中存在电子资源均衡分配方法接受率较低、平均节点和平均链路带宽利用率以及负载均衡度较差等问题。除此之外,云计算还带来了多重风险,俞勇(2019)在《金融科技与金融机构风险管理》中提到,云计算作为一种基础技术,也是金融机构风险管理的基本工具,而由此带来的操作风险、技术风险、信息安全风险、合规风险等越发受到关注。

还有些学者针对问题提出了意见和建议。针对信息安全问题,翁晓泳(2020)认为传统通过数据加密上云的方式在灵活性和执行效率方面存在弊端,提出了基于区块链的模型和实现方案,可以借助区块链的去中心化和不可篡改等特点解决上述信息泄露等问题。针对电子资源分配不均的问题,翟玲等(2019)提出了一种基于改进蚁群算法的电子信息资源均衡分配优化方法。为了降低云计算中外包数据审计算法计算和通信成本,郑英姿等(2019)提出了一种快速的云数据审计算法,该方法可应用于移动智能端与4G网络的场景。为应对多重风险方面,王磊和赵晓永(2019)认为,在云计算环境里,安全、可信任的组合方案设计是云计算环境下提供巨量服务,却依然能够实现资源灵活配置、按需提供的关键。俞勇(2019)提出通过加强金融科技的宏观、中观、微观层面的监管来防范金融科技带来的各项风险。

(四) 关于生物识别

一些学者主要研究生物识别在各领域的应用。在教育领域,关德君(2020)指出人脸识别技术可用于考试系统,可有效避免替考、作弊等问题。刘晶晶(2020)提出人脸识别技术也可用于高校图书馆,可以代替传统的校园一卡通,提升管理效率和便捷性。在交通运输领域,曾宪文(2020)提出可将生物识别技术应用于全流程智能自助登机过程中,提高出行效率,实现快速出行。在通信领域,亢保元等(2019)提出,在无线通信技术中的身份认证,主要是基于口令和智能卡,在多云服务器环境中的安全性保障存在缺陷,而每个人的生物特征是独一无二的,因而生物识别技术可以大大提高身份认证安全性。

在金融领域的应用方面,邓建鹏、李雪宁(2019)通过研究国外监管沙盒的实践应用,发现有公司测试生物识别技术在分布式账本技术平台上的应用,消费者通过人脸识别、指纹识别等技术进行支付、登录并验证身份。此外还可以借助面部识别技术对公司的财务顾问开展相应的风险分析评估。陶俊(2016)主要论述了静脉纹识别、人脸识别、手写签名、声纹识别等生物识别技术在银行自助机上的应用,从而为客户提供更为安全、体验更佳的身份认证机制。吴彩霞(2018)发现,近些年来,生物识别作为电子身份认证技术不断得到完善,凭借其便捷性高、安全性强、可靠性好等优势,越发得到业界人士的认可。当下,越来越多的金融服务业务都采用生物识别技术来辅助完成相关交易。周亮等(2019)在《安全高效的生物识别外包计算方案研究》中提出,生物识别技术在网络电子服务环境中,尤其是一些支付和识别场景,得到了越来越多的应用。

还有一部分学者结合具体的案例对生物识别在金融领域的研究进行了分析。叶纯青(2015)对阿里巴巴将在智能开户中引入的人脸比对系统进行了详细的介绍。吴彩霞(2018)指出,目前在国内,生物识别技术在转账、取款、支付结算和保险理赔方面都有了一定程度的应用,如我国平安保险、泰康在线已将人脸支付识别投入应用到投保业务中;百度钱包也在2014年发布了"拍照付""刷脸付""声纹支付"等付款方式。此外,王新华等(2017)指出生物识别在远程开户方面的应用也很突出,如新韩银行的新用户可直接利用静脉识别技术自动开户。

在应用风险分析上,许多学者针对生物识别可能出现的问题进行了研究。一方面,生物识别在技术上存在不足,陈婷(2020)指出传统的生物认证技术容易受到主动攻击;另一方面,在数据安全保护方面及监管上力度不足,潘琦敏(2016)提出生物识别在技术上良莠不齐、在安全监管上尚未完善并且对于数据安全的重视程度及保护力度不够。

针对上述问题,一些学者提出了自己的见解和看法。针对传统生物技术易受攻击的问题,陈婷(2020)通过结合区块链技术,提出了一种适用于金融大数据领域的跨域认证模型。董晓露等(2019)利用切比雪夫多项式的半群特性、混沌特性,提出了一种基于切比雪夫混沌映射和生物识别的口令认证密钥协商方案。针对安全监管方面的问题,方雨嘉(2014)认为在金融风险管理理论和实践中,与之相对应的金融支付风险防控体系也应该得到快速发展创新。潘琦敏(2016)针对上文提出的几点问题提出了规范技术市场、打破技术瓶颈、引导多技术融合以及出台监管办法等建议。商希雪(2020)认为我国关于生物识别方面信息收集以及相关制度设计应围绕以下四个维度探讨:一是法律规范体系的结构化安排;二是规制框架的样本参照方案;三是立法内容的多维规制层面,涉及企业安全责任、市场交易规范、信息主体权利等方面;四是提前的司法救济模式。

(五)关于人工智能

一些学者从人工智能在不同产业的应用方面进行研究。从整体角度来看,袁野(2019)等人基于内容分析法,通过供给、需求和环境三个维度对我国东部、中部、西部以及中国整体的人工智能政策出台状况进行分析研究,得出从上述三个维度出发,环境类政策的覆盖大于供给类政策,最后是需求类政策。从我国不同地区的政策实施状况来看,国家整体、中部和西部更注重环境类政策实施,而东部地区更注重供给类政策实施。具体而言,在医学领域,张宏娜、程艳丽(2020)指出人工智能可应用于消化系统疾病的内镜检查中,医师仅需按要求采集相应图像或录制检查影像,AI系统即能迅速作出相应诊断。林深、郑哲(2020)提出可以借助人工智能精确整合面部特征进行冠心病的预测。在航天领域,郝晓龙、白鹤峰(2020)等提出人工智能在航天领域的应用主要集中在星上数据处理与解译、自主任务规划、自主故障检测、多星协同以及空间机器人等方面。在教育领域,王彦琦、张海等人(2020)指出可利用人工智能搭建终身教育网络"金课"模型以提升终身教育网络课程质量。在金融领域,中国人民银行武汉分行办公室课题组(2016)梳理了人工智能在金融领域应用的现状,指出人工智能在投资顾问、交易预测、提供便利服务等方面实现了应用。梁丽雯(2016)介绍了利用面部识别技术帮助客户投资的人工智能技术。叶纯青(2017)认为未来AI可能重新定义财富、货币使用以及价值观念。夏诗园(2020)认为借助人工智能,监管部门可以实时监控金融业务全过程的内部系统和产品,识别违规行为提供更为准确的运营模式和结果预测。郭晗(2019)从促进分工多样化、改善传统要素质量、新要素供给和促进全要素生产率提升等视角出发,分析了人工智能助力中国经济结构转型升级的内在逻辑,并提出人工智能作为引领新一轮市场变革的基础技术,正逐步成为当前中国经济的新增长动力。在金融领域的具体应用中,王应贵、刘浩博等人(2020)在研究数字金融在金融服务业的应用中提到,中国工商银行在流程化的运营部门中依靠人工智能提升业务效率。在解决小微企业融资问题上,周雷、邱勋等人(2020)基于对840家小微企业的调查发现,降低融资成本是人工智能在赋能小微金融业务中关注程度最大的点,并且发现人工智能的应用确实可以大幅降低小微金融业务中人力和运营成本,同时人工智能下的智能风控体系的建立可以大大降低风控成本。

随着人工智能的普及,一些学者也关注其中引发的问题。在未来就业方面,高奇琦(2017)认为可以一方面通过征收智能税以补偿失业者、另一方面通过失业者的学习或进修达到其个人的发展两种方法应对由于人工智能造成的失业。中国人民银行武汉分行办公室课题组的韩飚等(2016)指出,首先,由于人工智能在金融领域的广泛应用,投资顾问、信用评级、临柜等岗位的人员需求会大大减少,可能会导致全球金融业的裁员潮。其次,在信息安全方面,一方面,人工智能在收集客户信息时可能侵犯到个人隐私,造成信息泄露,另一方面,与人工智能有关的基础设施也易受到打击侵犯。此外,在金融稳定方面,人工智能通过算法进行投资决策,可能会出现大量相同的投资行为,给金融市场带来冲击。

针对上述问题,一些学者提出了自己的看法和建议。针对未来就业方面,高春明、于潇等人(2020)基于劳动力供给的视角提出未来人工智能的就业创造效应会引致劳动力需求的增大,使未来劳动力市场呈现"有岗无人"而并非"有人无岗"的状态。针对人工智能的安全性问题,高奇琦(2019)认为在未来人工智能将越来越强调其安全性,并将不断智能化以帮助发展中国家解决其历史性难题,虽然短期内直接的频繁交互可能会诱发新的冲突,但长远来看,人工智能的发展有助于增进人们的进一步了解。师博(2019)提出,要切实解决人工智能和产业格局"东强西弱"的问题,走出产业化和商业化水平不高的困境,才能将人工智能促进经济结构转型升级的积极效应最大化地发挥出来。

第三节 金融科技人才的文献综述

一、金融科技人才的内涵

学术界与业界对人才的内涵有较统一的明确界定。王通讯和雷祯孝(1979)认为人才学学科研究十分必要,并认为当代人才应具有远大的目标、善于创新并且具有英勇气魄等内在因素。雷祯孝和蒲克(1979)则首次提出关于人才的相关概念,并将人才定义为"用自己的创造性劳动成果,对认识自然改造自然,对认识社会改造社会,对人类进步作出了某种较大贡献的人"。叶忠海

(1983)根据自己的认知对人才的定义进行了相应补充,认为人才是"在各种社会实践活动中,具有一定的专门知识、较高的技能和能力,能够以自己的创造性劳动,对认识、改造自然和社会,对人类进步作出了某种较大贡献的人"。彭文晋(1985)则提出对人才的发展认识,认为"人才"的外延与内涵会伴随着时代和历史的发展不断改变,但人才与知识劳动者两者的概念已紧密联系,绝大多数人才是知识劳动者,认为掌握现代的科学知识、具有良好的文化素养是成为现代人才的必要条件。王通讯(1985)提出了人才与非人才的一种区分方式,并从对待现实的态度、情绪特征与理智特征三个方面加以概括。《中共中央、国务院关于进一步加强人才工作的决定》(2003)中对人才的内涵进行了全面的解释:"只要具有一定的知识和技能,能够进行创造性劳动,为推进社会主义物质文明、政治文明、精神文明建设,在建设中国特色社会主义伟大事业中作出积极贡献,都是党和国家需要的人才。"而在《国家中长期人才发展规划纲要(2010—2020年)》(2010)中,对人才给出了权威定义:"人才是指具有一定的专业知识或专门技能,进行创造性劳动并对社会作出贡献的人,是人力资源中能力和素质较高的劳动者。"并指出"人才是我国经济社会发展的第一资源"。

在金融业发展的发展过程中,人才同样是至关重要的因素,《国家中长期人才发展规划纲要(2010—2020年)》中指出人才是经济社会发展的第一资源。学术界对于金融人才的认识同样随着金融业的发展不断变化。史济鸿(1983)认为金融人才是指从事金融行业并且德才兼备、具有真才实学及专业知识等特质,在不同金融岗位作出贡献的人。张增山和王庆书(2009)认为金融人才指能够坚持国家政策方针、具有一定的金融知识(如金融学知识等)、具备应有的金融业务技能、在其工作岗位上为经济建设作出贡献的人。张成虎等(2011)提出金融人才需要系统学习金融学专业,能够胜任金融相关的工作;同时,需要具备经济学、经济法、心理学等与其具体工作有关的专业知识,具备扎实的自然与人文科学基本素养,具有出色的沟通能力、理解学习能力等,能够对各类具体问题进行分析与解决。黄佳(2015)则认为金融人才是指具备扎实的金融知识,具备相关业务技能,能够胜任相关的金融服务工作,并对社会的发展有贡献的人。张锦伟(2019)列举了"金融高端人才"应具备的六个标准,涵盖全面的素质素养、完备的知识储备、较强的数学功底、过硬的外语和计算机能力、思维创新、洞察力和解决问题能力等方面。

随着现代科学技术的发展,科学技术对我国社会进步和整个宏观经济增长的影响作用不断加大,而科技人才作为科学技术传导发展中必不可缺的重要一环,同样是学者研究的焦点。罗瑾琏和李思宏(2008)指出科技人才的一种通常看法,认为科技人才是一类从事系统性科学和技术知识生产、促进、传播及应用等相关工作并作出一定贡献的人才。朱火弟(2010)提出高层次科技人才应具备"较高的理论知识水平及实践操作能力,并能不断进行自我更新与经验积累,所从事的工作具有较强的专业性,对所属领域前沿有敏锐的洞察力和积极主动的探索精神"。《"十三五"国家科技创新规划》将科技人才定义为"具有专业知识或技能,拥有科学的思维方式和创新能力,从事科技创新活动并为科学技术事业或经济社会发展作出贡献的劳动者。"

伴随着金融科技的不断发展,目前我国对金融科技人才的需求愈发急迫,对于金融科技人才的讨论随之增多。但是,还没有学者或机构对于金融科技人才给出一个明确的界定。孙健和丁雪萌(2019)提出金融聚集能够增进科技人才的开发效率,其主要需要做到完善金融市场环境的经济基础,深化并推进区域间的金融活动及合作,优化和创新金融体制。王小燕等(2020)分析了金融科技行业对人才的需求特征,认为金融科技行业需要复合型、创新型、应用型的人才,同时金融科技人才应当形成与发展学习能力、人际交往能力、专业能力和创新能力。

综上所述,已有对于人才、金融人才、科技人才的内涵界定研究较为完备,但对于金融科技这一新兴领域,学术界尚未对与其相适配的人才做出精确的定义。目前,对于金融科技人才的研究较少,因此在金融科技发展迅速的背景下,加大对金融科技人才的研究具有重要意义。

二、人才的文献综述

(一) 人才发展研究

人才发展对于国家核心竞争力具有极其重要的作用。在广泛的各行各业人才竞争中,人才对于流动方向的选择以及人才所能够因地制宜发挥的作用均与人才发展体系息息相关,因此人才发展的相关研究得到了国内学者的广泛关注。目前学术界对于人才发展的研究主要集中于人才发展相关路径研究、人才发展制度及政策环境研究、人才发展战略研究等方面。

在人才发展相关路径研究方面,陈洪转和舒亮亮(2012)认为学术界对人力资源相关问题的研究经历了从人才、科技人才到创新型科技人才的转变。王仰东等(2014)通过分析对地区引进人才计划提出建议,认为应综合考虑产业结构和人才需求特点,加强在识人、引人和管人等方面的分工与协作,以此进一步优化人才结构,提升人才引进效果。张豪和张向前(2016)总结了日本在技术创新方面的人才发展成功经验,提出三个方面适应驱动创新的科技人才发展机制,包括在大力引进国外科技人才的同时注重本土人才的发掘,通过建立官、产、学三者相合作的教育培养机制促进青少年的科研及成果转化能力,重视对科技人才的研发成果、健康保障体制建设等。

在人才发展制度及政策环境研究方面,卓玲和陈晶瑛(2011)对企业创新型人才激励模式以及目前创新型科技人才激励存在问题展开讨论,对于构建创新型人才激励机制提出提高创新型人才收入水平和福利待遇、实施多元化激励相结合模式、加强文化精神激励的力度、提供富有挑战性的工作、用成就激励、营造自由创新的氛围、完善奖励制度等建议。林泽炎(2013)分析我国人才激励和保障机制的主要问题,提出了人才激励和保障的方法论与战略方向,分别对六种不同类型人才提出了具有针对性的人才激励和保障制度的战略选择,并探讨了人才激励和保障的配套制度建设。贺岚(2015)从协同创新模式框架的构建和人才发展的客观需求角度对人才发展机制进行讨论,分析了平台培育机制、使用机制、激励机制与评价机制四大人才发展机制。司江伟和陈晶晶(2015)构建了包含经济环境、政治环境、文化环境、社会环境、生态环境五个一级指标以及城镇居民人均可支配收入等 27 个二级指标的"五位一体"人才发展环境评价指标体系,并以此对深圳、武汉、青岛、南京四市的人才发展环境进行评价研究,验证指标体系的合理性与可行性,提出"五位一体"人才发展环境评价指标体系实施步骤。王见敏等(2019)将人才发展环境划分为三类,分别从人才类型结构维度选择六个指标评价人才结构、选择人均 GDP 等四个指标评价经济发展、选择住房指数等八个指标评价人才服务与生活,以贵州省为例分析人才发展环境,基于 AHP 分析法构建人才发展环境综合评价指标体系,并发现提升专业技术人才与高技能人才规模、发展经济总量、提升人均 GDP、加大固定资产投资规模、扩大人口净流入规模等是优化贵州省人才结构环境的可行举措。

在人才发展战略研究方面,王先玉和刘展(1995)对银行现代人才发展战略角度出发作出思考,提出人才战略要从使命出发,人才战略任务应当包括制定优秀人才标准、设计人才体系、建立科学健全的用人机制、选拔配备优秀人才、制定人才长期连续培养计划等。王明杰(2005)认为成功的人才战略需要具有多维开放的视野,他对多个发达国家的人才战略进行比较,从人才培养、人才吸引、人才使用三个角度展开分析,发现不同国家的人才战略各有特色,而又具有人才战略与经济社会发展战略的一体化、引进与培养双管齐下、政策引导与法制制约的运行机制三方面的共性。张向前等(2006)从人力资源数量、人力资源素质、人力资源流动三个维度,分别选取社会从业人数与固定资产投资、普通与专业技术人员、教育科研投资额与基本建设投资、社会新参加中专毕业生数以及国内生产总值作为指标进行回归分析,并结合相应经济学理论,指出区域经济发展必须因地制宜采取对应的人才战略。邹凤华(2009)分析中小型国有企业青年工作现状,通过调研得出影响企业青年凝聚力的因素,从共同愿景、心理契约两方面探讨增强企业青年凝聚力的方式,从加强思想建设、建立畅通沟通渠道等角度提出青年人才战略理论体系。季晶(2016)等对主要发达国家的科技人力资源开发战略展开讨论,从管理层面、执行层面和工作培训角度研究科技人力资源开发战略与政策,总结提出包含重视人才、坚持进一步引进海外留学科学家、加强国内科研平台建设、重视女性科技人员、开辟市场竞争导向的人才自由流动渠道等建议的科技人才发展战略启示。

(二) 人才制度研究

对于人才制度的概念尚没有统一的定义,相关研究一般从促进人才发展的制度创新入手。林忠伟(1994)分析了广西少数民族山区由于存在经济落后、人才流失和"老、少、边、山、穷"复合结构这三点人才制度创新的特殊性,且以凌云县为例,提出了对人才制度改革的思考,并积极落实经济上"外引内联"的横向结构,促进竞争机制的形成,打破传统"靠关系"的旧观念以解决选用人才机制的问题。尹璐(2004)结合中国国情,提出在人才制度创新方面应注意以下几点:首先,做到具体情况具体分析,针对不同类人才采取不同的选人用人机制;同时,在物质和精神方面双管齐下,健全收入分配制度、福利制度和奖励制度等,鼓励多元化分配体系的建立;接着,应当充分发挥市场机制,促进人才配置最优化,削弱现存带有计划色彩的制度障碍;最后,应采用多样化人才评价机制力求人才选拔的公平公正。叶国文(2005)研究我国从党管干部到党管人才制度的变迁,指出社会基本制度变革对党管人才制度的影响以及创新制度与机制、整合人才资源的重要性。王辉耀(2013)指出我国高层次人才发展存在人口老龄化、高层次人才匮乏、高层次人才流失的问题,根据国外经验,提出出台针对性人才计划、调整移民制度、加大留学生吸引力度、扩宽高层次人才吸引渠道等建议,并对完善人才落地配套措施提出相应建议。

(三) 人才素质模型研究

McClelland 于 1973 年最早提出"能力素质"的概念,由此对于人才素质模型的相应研究不断涌现。Boyatsiz(1982)提出素质洋葱模型,将人才素质分为不同的层次,提出七个人才素质核心要素并将其由内而外排列。Spencer(1993)从特征的角度提出素质冰山模型,指出素质表现于知识与技能、社会角色、自我形象、个性、动机五方面,并认为知识与技能与工作所要求特质直接相关,可直接进行观察和测量,而其余四项则相对难以度量。除国外的经典理论模型之外,国内对于人才素质模型的相关研究同样十分重视,李璞(2009)试图依据各高校不同的特点,针对高层次人才能力素质的特定要求,界定不同层次人才的内涵和满足条件,建立高校高层次评价指标体系,对不同层次人才的综合素质进行定性和定量相结合的评价。廖志豪(2010)对创新型科技人才的素质体系进行结构化、系统化研究,并选取 87 名创新型科技人才作为样本展开实证研究,构建了创新型科技人才素质模型,并据此提出相关建议。朱永跃等(2012)对产业集群创业人才所需素质展开相关研究,从心理资本、关系资本和能力资本三个维度构建产业集群创业人才素质模型。在此基础上设计产业集群创业人才素质调查问卷并对问卷调查数据进行验证性因子分析,其结果支持产业集群创业人才素质模型的理论建构,并显示模型具有较高的拟合度和稳定性。朱春玲和刘永平(2014)在探究创新型人才素质模型理论的基础上,提炼创新型人才素质的五个分析维度,通过从文献中提炼关键词的方式对其进行衡量,构建企业创新型人才素质立体模型。曹晔华和周荣庭(2015)运用文本分析法、专家访谈法和归纳分析法,对科技传播人才应具备的素质进行归纳提炼和统计分析,列举出科技传播人才素质维度,并通过问卷调研进行量表的开发,借助因子分析法研究与分析新媒体环境下的科技传播人才素质,最终构建新媒体环境下的科技传播人才素质模型。王刚等(2016)对文化产业创意人才素质展开研究,构建文化产业创意人才素质调查问卷,选取北京等 11 个城市的文化产业创意人才进行调查,对所得数据作相关分析,并利用结构方程对结果进行验证,最终得到由创意基础、创意能力、创意人格三大维度共 13 项素质词条所构成的文化产业创意人才素质模型。陈权等(2017)选取人格、创新、情商、领导力、管理素养与科学素养五个维度，基于 25 个影响因子构建拔尖创新人才素质结构框架，并采用层次分析法对其权重进行确定，形成了基于 AHP 的拔尖创新人才素质模型。

第四节 相关理论基础

一、金融科技理论基础

（一）经济增长理论

在古典经济增长理论阶段，大量经济学家将关注点放在经济增长上，William Petty 最早对人的经济价值进行探索，并指出人的经济价值取决于这种能力所需要的成本和其能够带来的收入。此后经济学家 William Farr 指出人的经济价值与年龄和社会等级有关，死亡和疾病会损坏人的价值而导致财政损失，因此城市改革和公共卫生运动可以有效增加人的经济价值和公共财力。Adam Smith 是在古典经济学时期最早提出人力资本概念的经济学家。在《国民财富的性质和原因的研究》中，Adam Smith 提出在经济增长中劳动、土地和资本三要素的作用，其中人力资本定价模型为：工资＝普通工资＋收回投资成本＋投资利润。Say 将人看作是累计资本，他提出的模型为：人力资本的报酬＝工资＋资本利息，他还提出生产三要素，即商品的价值是由劳动、资本和土地决定的。Ricardo 在经济增长的影响因素研究中，认为资本的不断积累和劳动投入的不断增加是必不可少的条件。之后 Marshall 以 Smith 的经济增长理论为基础，加入了教育和知识两个因素，指出投资教育有利于经济增长。古典经济学家普遍认为经济增长受劳动力、资本两个外生变量的影响，同时初步提出了人力资本的作用。

在新古典经济增长理论中，Solow 以柯布籖道格拉斯函数为基础构建了索洛模型，他指出劳动力和资本具有相互替代性，同时指出经济增长中劳动力的作用并不仅仅包含劳动力数量的增长，并且包括劳动力素质的提升。这为后续经济学家研究人力资本要素起到了非常重要的作用。

（二）金融中介理论

资金融通有三种方式：第一种在没有金融市场和金融机构的环境下，资金在借贷双方进行转移。这种方式会产生诸多问题,如交易成本、信息不对称等,也会带来诸多风险。第二种是为了克服交易成本和信息不对称等问题,融资过程可以通过有组织的金融市场进行,借款人可以发行融资证券(股票和债券),让贷方通过购买债券来获得资金。这种直接融资的方式在一定程度上克服了信息不对称和交易成本的问题,但这种方式难以成为借款人最佳或唯一的借款方式。第三种方式是通过金融中介实现资金的融通。金融中介在资金的供求与需求者之间架起一座桥梁。Gurley & Shaw 指出金融中介机构在信用创造过程中(或促使储蓄者和借款者之间的信贷循环过程)起着关键作用。金融中介理论是伴随着金融的发展不断健全、完善的,现在已经形成较为完善的理论体系,对我国金融体系的改革具有重要的指导意义。

金融科技显著的特点是金融中介转向信息中介,即去中介化和信息、资金、生产、流通等新型的产融融合,如众筹、P2P 等作为信息中介平台而存在。

(三) 金融发展创新理论

金融发展理论是在深入探讨金融体系与经济增长之间的关系中形成的。Gurley & Shaw 在 1955 年发表的《经济发展的金融方面》和 1956 年发表的《金融中介的储蓄——投资过程》文章中,率先研究金融和经济的关系。经过众多学者不断对该领域的研究,逐渐孕育了金融发展理论,1973 年 Mckinnon 的《经济发展中的货币与资本》和 E.S.Shaw 的《经济发展中的金融深化》的相继问世,标志着该理论的正式形成。该理论强调了金融在经济发展中的核心地位,尤其是在 Mckinnon 的《经济发展中的货币与资本》一书中,其首次提出金融抑制可能是存在政府对金融实行严格管制,使得资金不能实现最优配置、资源无法充分利用,从而导致金融与经济发展的恶性循环。Shaw 提出,在发展中国家政府需要取消对金融活动的过多干预,使得金融深化与经济发展能够形成良性循环。在金融科技发展的过程中,新技术、工具和产品不断改善原有金融发展的生态关系,促进金融市场的发展。

Joseph(1912)在《经济发展理论》中提出创新的概念,探讨技术创新在经济发展中发挥的作用,并提出经济学意义上的创新类型:引入一种新产品;采用一种新生产方法;开辟一个新市场;获取一种原料的新来源;实现一种新的企业组织或管理形式。他的创新理论主要包含以下几个基本观点:第一,创新是生产过程中内生的;第二,创新是一种"革命性"变化;第三,创新同时意味着毁灭;

第四，创新必须能够创造出新的价值；第五，创新是经济发展的本质规定；第六，创新的主体是"企业家"。这为金融创新奠定了理念基础。虽然金融创新已经是经济学的研究热点，但其概念仍未达成共识，是一种具有复杂意义且广泛的研究领域，因此此后在对金融创新的研究中产生了多种分支，如 Silber 的约束诱导型金融创新理论、Kane 的规避型金融创新理论、制度学派的金融创新理论、Hicks & Niehans 的交易成本理论等。

Silber 主要是从供给角度来探讨金融创新的，指出金融创新是微观的金融组织为了寻求最大的利润采取的一系列创新行为。Kane 主要是从金融市场角度出发，表示市场中的经济个体为了寻求最大利润会采取一些规避市场机制约束的行为，比如说有意识地绕开政府的管制从而获得最大利润的行为。制度学派的金融创新理论主要以 Davies、Sylla、North 等学者为代表，他们认为任何因制度改革而变动的金融体系都可以称之为金融创新。Hicks & Niehans 提出金融创新的主导因素是降低交易成本。

虽然西方创新理论纷繁复杂，但几乎所有学派都认为，金融创新是一种由需求诱发，并由利益驱动的金融现象，所以金融创新往往伴随着一种新的金融产品或服务的产生，同时能够带来丰厚的利润。因此，金融创新得到了普遍认可，并成为人们不懈的追求。不论是产生新的金融产品，还是新的金融形式，金融科技都是一种典型的金融创新。

(四) 溢出效应理论

溢出效应相当于经济学意义上的外部效应，某一组织在进行某项活动时，不但产生了预期的效果，还对其他外部产生了没有预期的效果。溢出效应在空间上呈现出具有梯次性特征的核心与外围结构。溢出效应可能是技术溢出效应、经济溢出效应、资本市场的溢出效应或者知识的溢出效应。

技术溢出强调技术在企业之间的转移，即先进技术被同行业其他公司利用或再加工。技术溢出包括国际技术溢出、国内技术溢出、行业间技术溢出、行业内技术溢出四种形式。对 FDI 技术溢出含义的解释，最早是由 Kokko(1994) 提出的，他认为跨国公司的对外直接投资会产生技术溢出效应，从而引起东道国技术或生产力的进步，但跨国公司子公司又无法获取全部收益的现象。

经济溢出是指某一区域经济快速增长，会对其他部分或整体之外的组织产生影响。经济发展水平和现代化程度相对较高地区与经济发展相对不发达的地区之间进行资本、人才、技术等要素的转移,提高资源配置的效率。

资本市场间的溢出理论是指资本市场受到外部影响,与其他资本市场的变化有关系,会受到其他资本市场的冲击,Ross(1989)最先对这类状况做了比较系统的钻研,开启了国外学者探索波动溢出效应的大门。

知识溢出效应的产生是知识溢出和知识传播的扩散方式。知识溢出过程具有连锁效应、模仿效应、交流效应、竞争效应、带动效应和激励效应,提高了整体的竞争优势。

科技金融同样存在溢出效应。科技金融资源在某地集聚,形成了科技金融资源的集聚效应,达到一定程度后,科技金融资源开始在空间上对外梯次性转移,依次形成一种外围型结构。

(五)产业集群理论

构建金融科技产业生态圈与产业集聚的重要性可以借鉴波特钻石理论模型(见图2-2)说明,该理论提出在某个行业取得国际成功的可能性程度是该国禀赋资源要素、需求条件、关联和辅助性行业以及企业战略、结构和同业竞争四个方面综合作用的结果。在四大要素之外还存在两大变数,即机会和政府,这是另外两个能够产生重要影响的变量。以下将从这六个层面加以分析。

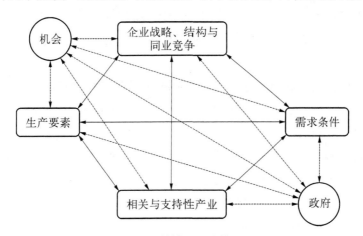

图2-2 波特的钻石理论模型(1990)

1. 禀赋资源

禀赋资源表示一个国家或者地区的要素状况,其中要素包括人力资源、天然资源、知识资源、资本资源等。从禀赋资源方面分析上海的情况,在天然资源方面,上海缺乏矿产和生物资源,但是上海具有有利的区位优势,是重要的贸易和航运中心,对第三产业的发展有着重要的支撑作用。在资本资源方面,上海聚集众多的金融机构,投资机构、中介机构齐全。在人力资源方面,上海拥有众多高校,每年会向社会输送大批高精尖人才。从人力资源、资本资源方面来看,上海具有充足的禀赋资源条件。

2. 需求条件

需求条件是国内消费者对于某一行业产品或者服务的需求。波特理论强调国内需求在刺激、提高国家竞争优势中具有重要的作用。新时代条件下,人们在金融理财等方面有了更多的需求,要求智能化和便捷化的操作促使金融和科技结合得更加紧密。为满足消费者的要求,需要促进金融科技快速发展,促使金融科技创新。金融科技生态圈能够形成集群效应,促使生态圈中的企业更好地协同、竞争发展,为金融科技的发展创造良好环境。

3. 关联和辅助性行业

关联和辅助性行业考虑到国内市场中,即是否存在具有国际竞争力的供应商和关联附注性企业。如果在国内存在符合上述条件的供应商和关联性企业,则该行业具备取得国家竞争优势的条件。随着新兴科技的发展,金融与产业融合更加紧密,而这也大大提高了消费者的体验,同时降低了成本。目前已有一批金融科技企业在上海聚集,例如支付宝、陆金所、腾讯、光大云付、网易金融等。上海正在通过金融科技生态圈吸引更多的企业来沪聚集。

4. 企业战略、结构和同业竞争

企业战略、结构和同业竞争是指企业组织、管理的结构和发展方向,以及国内市场竞争环境。某一个行业是否有竞争,与企业的竞争优势之间存在紧密关系,一般来说,激烈竞争环境会倒逼企业内部改革,通过提高生产效率、降低生产成本来提高竞争优势,从而变成更规范的国际企业。众多国内外金融机构聚集上海,营造了上海激烈的同业竞争环境,在这种环境下,企业必须通过长期战略制定、产品创新、服务效率提高保证自己不被市场淘汰,这为上海金融科技产业生态圈的构建创造了良好环境。

5. 机会

机会的出现具有随机性,可能会影响以上四点因素发生变化。金融科技的发展会在很大程度上影响中国经济市场的平稳转型。国内经济发展目前的重点任务是内需调整,金融科技能够通过重新分配金融资源,调整金融系统的原有体系,配合发展需要。

6. 政府

政府在钻石模型中具有重要的影响。主要因为:政府的责任在于为企业发展创造良好的环境,能够提供企业发展所需要的资源。上海构建金融科技生态圈具有重要的现实意义,同时构建生态圈的过程离不开各级政府的全面支持。

推动上海金融科技生态圈的构建,实现产业集群对于金融行业的发展十分重要。通过波特钻石理论分析,建设上海金融科技生态圈所需的各个要素已到位。

(六) 长尾理论

2004年10月,"连线"杂志主编Chris Anderson在"长尾"一文中首次提出"长尾"(the long tail)这一概念。

传统的"二八定律"认为企业绝大部分的利润来自最重要的20%的客户,而身处长尾的80%客户为企业提供的收益极小。而在存储和流通的渠道足够大的情况下,长尾理论对"二八定律"的挑战在于,80%的非重要客户形成的"长尾"能够带来巨大的收益。相对而言,传统金融机构更遵从"二八定律",其主要为大企业服务,对小微企业的服务不足;而依托互联网建立的智能化金融服务系统使服务每个客户的边际成本递减,甚至为零,打破"二八定律",由科技支撑的金融服务为对价格极为敏感、数量众多的"长尾客户"提供了更好的服务可能,也为普惠金融提供了成本收益平衡的可能。因此,根据长尾理论,应当重点关注80%的零散客户群,在传统金融机构占据小部分优质客户的前提下,部分金融科技公司可致力于为大部分的"长尾客户"提供服务,并以此获取收益(见图2-3)。

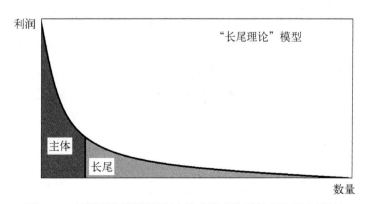

图2-3 长尾理论模型图示(上海大学上海科技金融研究所制)

二、人才理论基础

(一) 人才资本理论

现代人力资本理论经过古典经济学时期、新古典经济学时期和现代人力资本思想三阶段发展而来。20世纪60年代，Schultz提出人力资本理论，他的人力资本理论认为物质资本指的是物质产品包含的资本，包括厂房、土地等固定资产以及货币等实物资本；而人力资本则以人才自身的形式体现，包含生产者教育培训所花费的支出以及在受训同时面临的机会成本等的总和，同样可以看作人才自身所熟知的专业知识、掌握的劳动技能、身体健康的情况等素质之和。他在《人力资本投资》演说中指出"人的知识、能力、健康等人力资本的提高对经济增长的贡献远比物质、劳动力数量的增加要重要得多"。该理论试图用人力资本的增长和投入来解释某些经济现象，开始将人力资本作为经济增长的外生变量进行研究。之后也有大量的经济学家不断在此领域进行探索，直到20世纪80年代，Lucas & Romer在经济增长理论中将人力资本纳入，其在经济增长模型中新增人力资本这一内生变量，这种做法凸显了人力资本因素的重要性。对于人力资本的认识更为深入和细致，不仅包括劳动力的数量和技术水平，还包括在教育、技能、健康等方面的花费。

(二) 人才素质理论

Clelland(1973)提出人才素质理论，他以工作业绩表现进行区分，对突出者和普通者进行对比分析，总结出直接影响工作绩效的七种个人特质，并将这些特征定义为人才素质。他认为如动机、个性、自我形象及价值观等七种素质能够带来可衡量的业绩表现，并可以采用特定的标准加以测评，通过合理的培训与开发对其加以改善提高。人才素质理论研究侧重于业绩突出者的个人素质，并通过与业绩普通者的对比找出业绩突出者的不同特征，因此有助于进行人员筛选，找出更为突出的人才。英国职业标准计划(1988)将素质定义为对处于某一特定工作领域中的个体能够实现的事情的刻画，即个体能够有效胜任工作的行为展示。其对素质行为特征进行了较详细的描述，指出其是具体可观测且能够被证实的、有足够的能力与动机运用自我的知识技能开展工作的行为。同时这些行为具有个体相对稳定的特征,且能够被合理地归类。由此可见,人才素质理论通过研究表现出良好业绩的人才外在行为表现以及内在的个人意愿,刻画出能够带来高绩效的人才素质,并进一步对其进行衡量、通过可行的方式加以促进。

第三章
金融科技人才的界定、内涵与分类

第一节　金融科技人才的界定与内涵

现有的相关研究尚未对金融科技人才做出明确的定义,更多的主要集中在对于金融科技人才相关属性进行描述。本书认为金融科技人才是一个广义的概念,其既包含新型金融科技机构的人才,也囊括传统金融机构金融科技部门的人才。现有的研究和相关文献对于金融科技紧缺人才和金融科技高端人才非常关注,这里也专门就金融科技紧缺人才和金融科技高端人才进行相关界定。

金融科技紧缺人才包括新型金融科技和传统机构金融科技业务相关的紧缺的专业人才,根据上海金融领域"十三五"人才规划和紧缺人才开发目录,本书认为金融科技紧缺人才应当具备以下知识和技能:一是具备从事互联网、大数据、区块链、人工智能等行业中所需的相关技术开发能力;二是具备将金融业务创新和金融产品创新需要结合的能力,同时为金融服务提供相关技术支持的能力;三是了解并熟悉金融产品设计、产品营销策略以及风控管理和法律合规等多行业的知识并且具备相应行业的工作经验;同时,具有较强的跨专业学习能力、快速适应能力以及金融创新能力。

金融科技高端人才,可以从两方面进行界定:一是从岗位级别上来看,其处于公司的中高层,对于公司的战略布局、产品创新、风险把控等方面具备一定的影响力;二是从知识技能上,其属于深耕互联网、大数据、区块链、人工智能等行业或者金融行业的专业人才,或者属于兼具相关科技思维和金融思维的创新人才。

学术界对金融科技人才的研究并不多。在互联网金融人才方面,黄勋敬等(2015)通过问卷调研和访谈等定性与定量相结合的方法构建了商业银行互联网金融人才软实力模型,提出互联网金融人才应具有用户思维、平台思维、跨界思维、大数据思维等。郭福春等(2016)认为在大资管时代背景下,符合市场需求的复合型互联网金融人才缺失已经成为新金融业态发展的主要阻力,并指出复合型互联网金融人才是那些能够适应信息化、网络化时代特征的,且具备创新意识、互联思维及实践能力的金融人才。在金融科技人才方面,叶望春(2018)在《探索金融科技人才发展之道》中提出,金融科技人才需要同时具备较完善的金融专业知识体系和掌握一定的互联网技术,只有对金融和互联网技术领域均有所了解才可称得上金融科技人才,只有这样,他们才能具备风险防范、量化分析和金融产品定价等金融业务能力,对金融科技发展有深入且全面的了解。他们应当是同时具备创新思维和实践能力,兼备风险意识和法治思维的管理型人才。胡霞娥(2018)在《金融科技人才培养状况的研究》中认为,金融科技人才是指对科学技术、互联网技术和金融相关知识熟练掌握,同时对科技前沿领域未来发展有自己的见解,在一定程度上对投资、资本市场运作等领域有所了解,并且具备较强的数据分析、创新思维、管理协调、处事应变等能力的复合型、管理型人才。何宪与熊亮(2018)在《加强中国金融人才培养》中指出,我国金融人才队伍已发展至第三阶段,在这一阶段中,金融人才的特点是不断引进高水平金融人才。与此同时,金融行业的海归人士越来越多,行业人才的国际化比例越来越高。刘光仿(2018)认为在金融科技领域中,金融科技型人才在整个行业创新中有着十分重要的地位,是实现科技创新价值转变为金融创新价值的关键所在,同时也是金融科技发展的核心竞争力,但目前关于如何培养、引进以及挽留金融科技人才等方面的问题层出不穷,亟待解决,只有解决了目前所处的困境,才有利于金融科技人才助力金融科技发展。黄钰洁(2018)等人提到,在人工智能的大背景下,银行要想实现立足,建立一批综合素质较高、专业知识过硬的金融科技人才队伍是刻不容缓的任务。

综上所述,目前学界关于金融科技人才的研究还较为缺乏,人才是金融科技发展的重中之重。本书尝试通过研究上海金融科技人才的发展现状与问题,来探讨金融科技人才发展趋势与未来挑战,并据此提出建设性的意见与建议,从而推动金融科技人才的健康发展。

第二节 金融科技人才所需技能及素质

金融科技同时具备科技和金融两大属性,这一特点也决定了金融科技人才必须能同时理解科技和金融两种逻辑,具备科技和金融两种思维,同样,金融科技对于人才的技能和素质也有着更高的要求。

本书认为,伴随着金融科技的不断发展,行业对于金融科技人才的要求也更高。从科技视角来看,需要金融科技人才具备计算机、大数据、云计算以及区块链等相关领域的专业知识;从金融视角来看,金融科技人才还需要掌握金融产品估值定价、风险预警分析等金融专业知识并对宏观经济有一定的了解。金融科技不仅仅是金融和科技的融合,对于从业人员的数据分析能力、跨界学习与思考能力、风险控制与防范能力等也有着更多的要求。金融科技人才必须是复合型人才。

本书将金融科技人才所需技能概括为软技能、硬技能和职业道德素养(见图3-1)。

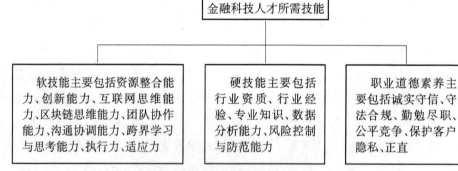

图3-1 金融科技人才所需技能

软技能主要包括资源整合能力、创新能力、互联网思维能力、区块链思维能力、团队协作能力、沟通协调能力、跨界学习与思考能力、执行力、适应力等;

硬技能主要包括行业资质、行业经验、专业知识、数据分析能力、风险控制与防范能力等;

职业道德素养主要包括诚实守信、守法合规、勤勉尽职、公平竞争、保护客户隐私、正直等。

第三节　金融科技人才分类

现有相关研究主要按照知识技能对金融科技人才进行分类,本书按照岗位职能的不同对金融科技人才进行划分,并且为了从多维度视角将金融科技人才同传统金融人才与科技人才(包括互联网人才等)进行比较,本书对于金融科技人才的分类按照岗位分布、从业经验、专业背景等多维度进行,具体如下:

按照岗位分布进行分类,可以将金融科技人才分为前台、中台和后台三类岗位和人才(见图3-2)。岗位分布主要有风控、法律、战略与研究、产品、运营服务、市场与品牌、销售、技术、财务、行政、人事等,各方面人才承担不同的职责,构建一个完整的运营功能体系。

图3-2　金融科技人才按岗位分类

按照从业经验,金融科技人才现有的从业经验主要包括:科技企业(包括互联网企业)、金融机构、创业、金融科技企业、法律、海外从业。

按照专业背景,金融科技人才的专业背景主要包括:财务金融等经济学类、电子信息技术类、管理学类、法学类、理科数理类。

第四节 上海金融科技人才基本情况

一、专业背景

上海金融科技人才的专业背景主要有财务金融经济、计算机电子信息技术以及工商管理三大类专业,整体占比最多的专业是财务、金融、市场营销和企业管理,其中,财务金融类专业人才是新型金融科技机构最主流人才,而非电子信息类。

二、从业经历

从从业经历来看,互联网企业、金融机构和金融科技企业从业经验是上海金融科技人才最为重要的三大从业经验,少数企业还看重人才的海外从业经历、法律相关从业经验及创业经验。传统金融机构金融科技部门,可能更加重视金融方面的从业经验。

三、年轻化趋势

金融科技管理人才年轻化趋势非常明显,80后成为机构管理层中坚。上海金融科技企业管理人员平均年龄分布在30~50岁,比传统金融企业要年轻5~10岁。

四、教育背景

在人才教育背景方面,上海新型金融科技企业中985和211院校毕业生或有海外教育背景毕业生占比尚处于比较低的阶段。

第四章
上海金融科技人才现状分析

第一节 上海金融科技人才调研基本情况

一、受访机构业态构成

(一) 受访机构业务比重

2017年,调研问卷主要针对上海120余家新型金融科技机构和传统金融机构金融科技部门展开。首先,从传统金融机构来看,受访机构主要包括银行、保险、证券、基金公司等,其涉及的金融科技业务主要包括互联网支付、网络借贷、股权众筹融资、互联网基金销售、互联网保险、互联网信托和互联网消费金融等七个业务领域,均未涉及大数据征信与金融科技资讯方面的业务。其中,互联网支付和互联网基金销售在传统金融机构所有金融科技业务构成中占比最大,均为25.00%。其次,互联网保险业务占比也较大,达到了18.80%。此外,网络借贷、股权众筹融资、互联网信托和互联网消费金融在传统金融机构的金融科技业务中占比均为6.30%(见图4-1)。

从新型金融科技机构来看,参与问卷调研的新型金融科技机构金融科技业务涵盖互联网支付、网络借贷、股权众筹融资、互联网基金销售、互联网保险、互联网信托和互联网消费金融、大数据征信、金融科技资讯等九类业态(见图4-1)。其中,网络借贷在受访新型金融科技机构整体业务中占比最大,达29.1%,远高于传统金融机构的网络借贷业务占比(6.30%)。但在互联网保险方面,其仅占新型金融科技机构整体业务的3.8%,这一方面与传统金融机构的差距较大。

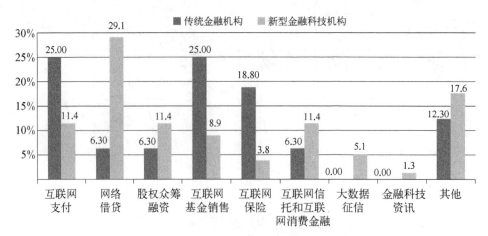

图 4-1 受访机构的金融科技业务构成(2017)

2018年,受访机构共有65家。传统金融机构的"互联网基金销售"业务和新型金融科技机构的"网络借贷"业务在两类机构所有业务中依旧分别占有相当大的比重,其中,互联网基金销售业务占传统金融机构金融科技业务比达20.83%,网络借贷业务在新型金融科技机构金融科技业务的占比达36.78%(见图4-2)。

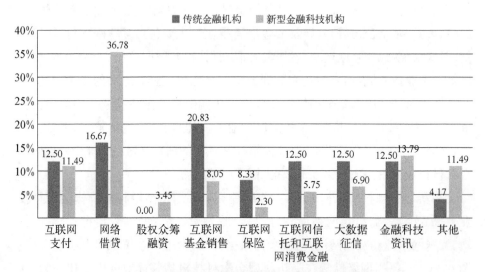

图 4-2 受访机构的金融科技业务构成(2018)

根据问卷结果,就传统金融机构而言,其在大数据征信与金融科技资讯方面业务自"0"而始,发展并迅速增长。网络借贷业务在传统金融机构金融科技业务中也占有较高比重,约为16.67%。此外,互联网支付、互联网信托和互联网消费金融、大数据征信以及金融科技资讯业务在传统机构的金融科技业务中也占有相当比例,分别为12.50%。

就新型金融科技机构而言,金融科技资讯和互联网支付是新型金融科技机构中仅次于网络借贷业务的主要业务类型,业务占比分别为13.79%和11.49%。

另一方面,从业务门类来看,首先,2018年,互联网基金销售业务在新型金融科技机构业务占比为8.05%,远低于传统金融机构中同业务占比(20.83%)。其次,互联网保险在传统金融机构和新型金融科技机构占比均不高,分别为8.33%和2.3%。股权众筹融资业务的机构占比更低,在传统金融机构占比为0,在新型金融科技机构占比仅为3.45%。详见图4-2。

对比2017年及2018年受访金融机构的金融科技业务构成情况可见,两年间,传统金融机构的网络借贷业务比例有大幅度上升,从2017年的6.30%提升到了2018年的16.67%;而互联网保险业务占比则大幅度下降,从2017年的18.80%缩减到2018年的8.33%。另外,就新型金融科技机构而言,其金融科技资讯业务有所上升,股权众筹投资业务比例有一定程度下降。

(二) 受访机构金融科技业务的起步时间

从受访机构金融科技业务起步时间阶段可以看出,自2012年起,上海市大多数金融机构较为集中地起步开展金融科技业务,这一年也正好是中国的金融科技元年,自此之后的四年间,上海市近七成机构的金融科技业务陆续得到开展,其中以2014年和2015年业务数量增加较为明显。数据显示,2014年起开展金融科技业务的机构最多,在受访机构中占比达33.85%,其次是2015年,占比约为20%。此外,2009年及以前起步的机构占比为10.76%,2010~2011年起步的机构占比为12.31%,2012年起步的机构占比和2013年起步的机构占比均为9.23%,2016年开始起步发展金融科技业务的机构占比最少,为4.62%。详见图4-3。

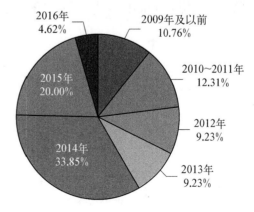

图4-3 受访机构金融科技业务起步时间

二、受访机构的从业人员规模

2017年,有50%以上的受访机构员工规模集中在50～300人,16.7%的机构人数集中在50人以下,21.7%的机构员工规模集中在150～299人,18.3%的机构人数集中在300～999人,仅有10%的机构人数规模集中在1 000人及以上(见图4-4)。

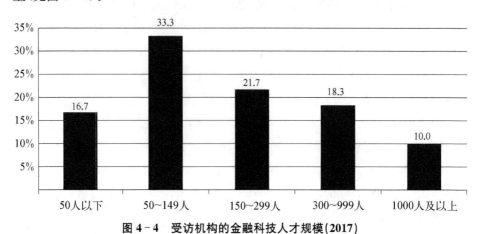

图4-4 受访机构的金融科技人才规模(2017)

2018年,受访机构的金融科技人才规模各人数段分布相对平均,其中,拥有500人及以上金融人才规模的机构数量最多,占比为29.23%。有21.54%的机构金融科技人才集中在100～299人,20%的机构金融科技人才规模集中在50～99人,18.46%的机构金融科技人才在10～49人。300～499人规模(金融科技人才规模)的受访机构占比为7.69%,10人以下规模(金融科技人才规模)的受访机构占比最小,为3.08%(见图4-5)。

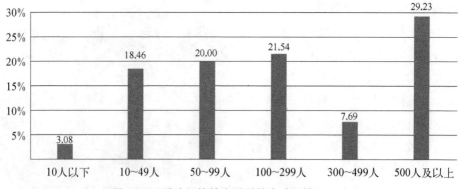

图4-5 受访机构的金融科技人才规模(2018)

对比 2017 年及 2018 年两年受访机构金融人才规模分布情况发现，2018年受访金融机构的金融科技人才规模有所扩大，且人才规模区间更加细分，可见金融科技人才正不断涌入金融行业，金融业对金融科技人才的需求增加。

三、受访机构的从业人员构成

在 2017 年的问卷调研中，受访从业人员主要为受访机构在职的员工、中层管理和高层管理人员。其中，在新型金融科技机构的从业人员问卷中，约有29.1%的受访从业人员所属机构从事网络借贷业务，11.4%的受访从业人员所属机构从事互联网支付业务，从事股权众筹融资的与从事互联网信托和互联网消费金融的占比均为 11.4%，8.9%的受访从业人员从事互联网基金销售，1.3%的受访从业人员从事金融科技资讯，5.1%的从业人员从事大数据征信，从事互联网保险的占比为 3.8%，从事金融科技其他业务的占比为 17.6%（见图 4－6）。

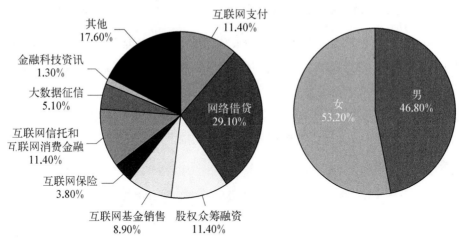

图 4－6　金融科技企业受访从业人员构成（2017）　　图 4－7　从业人员的性别比例（2017）

同时，2017 年的受访金融科技企业从业人员中，有 46.8%为男性，53.2%为女性（见图 4－7）。

在 2018 年的新型金融科技机构的从业人员问卷中，约有 33.03%的受访从业人员所属机构从事网络借贷业务，21.04%的受访从业人员所属机构从事互联网支付业务，14.2%的受访从业人员从事互联网信托和互联网消费金融，10.81%的受访从业人员从事金融科技资讯，8.14%的受访从业人员从事大数据征信,6.78%的受访从业人员从事互联网基金销售,从事互联网保险的占比为3.13%,从事股权众筹融资的占比为2.74%,从事金融科技其他业务的占比2.8%(见图4-8)。

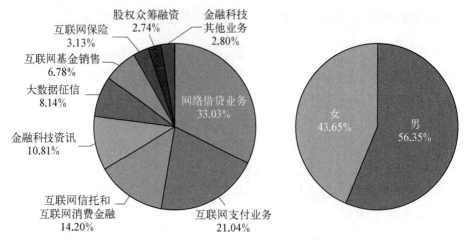

图4-8　金融科技企业受访从业人员构成(2018)　　图4-9　从业人员的性别比例(2018)

从金融科技企业受访从业人员构成比例来看,2017年至2018年两年间,从业人员从事互联网支付和网络借贷这两项业务的比例有一定比例的增加,而从事股权众筹融资方面业务的人员比例有所下降。

同时,受访从业人员中,有56.35%为男性,43.65%为女性(见图4-9)。可见2018年女性从业人员比例相较2017年有大幅下降。

第二节　上海金融科技人才结构

一、学历结构

2017年调研数据显示,在沪机构的金融科技人才学历的分布中,大学本科学历占比最大,达46.88%;硕士学历占比为16.81%;博士学历占比为7.20%;大专学历占比为18.89%;高中、中专学历占比为10.22%(见图4-10)。

2018年调研数据显示,在沪机构金融科技人才学历的分布中,大学本科学历占比为53.54%,硕士学历占比为16.77%,博士学历占比为4.62%,大专学历占比为20.31%,高中、中专学历占比为5.23%(见图4-11)。

图 4-10 在沪机构金融科技人才学历分布(2017)

图 4-11 在沪机构金融科技人才学历分布(2018)

从 2017 年至 2018 年两年的调研报告中可以发现,受访机构金融科技人才的学历结构仍旧呈纺锤体分布,与 2017 年数据相比,2018 年在沪机构金融科技人才学历中大学本科和大专的占比呈现增长趋势,硕士学历占比基本持平,博士学历和高中、中专学历占比呈现缩减趋势。

二、专业背景

调研问卷结果显示,财务金融等经济类专业是受访机构金融科技人才专业背景中占比最大的一类,其占比为 39.7%;其次为电子信息技术类专业,占比为 29.8%;数学、物理等理科专业,占比为 6.2%;企业管理、人力资源、市场营销等管理学专业,占比为 20.7%;法学类专业,占比为 2.1%;其他类专业占比为 1.5%(见图 4-12)。

2018 年的调研问卷结果显示,财务金融等经济类专业仍是受访机构金融科技人才专业背景中占比最大的一类,为 38.98%;其次为电子信息技术类专业,占比为 34.94%;数学、物理等理科专业,占比为 5.43%;企业管理、人力资

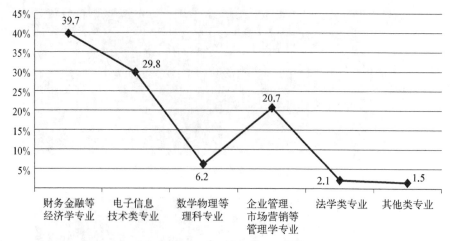

图 4-12　上海金融科技人才主要专业背景分布(2017)

源、市场营销等管理学专业,占比为 17.70%;法学类专业,占比为 2.64%;其他类专业占比为 0.31%(见图 4-13)。

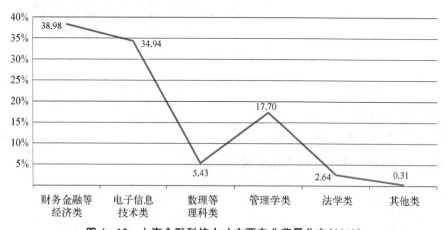

图 4-13　上海金融科技人才主要专业背景分布(2018)

通过对比 2017 年及 2018 年两年金融科技人才主要专业背景分布情况可见,2018 年受访机构中"电子信息技术类专业"的人才比例较 2017 年有明显提升,管理学类专业背景的金融科技人才比重有所下降,两年间,上海金融科技人才专业背景仍以财务金融和电子信息专业为主。

三、从业经验

通过 2017 年的调研发现,在上海金融科技人才的相关从业经验中,互联网企业从业经验(含电商)占比最大,达 43.9%;其次是占比为 32.8%的金融机构从业经验;金融科技企业从业经验占比为 17.9%;法律相关从业经验占比为 1.4%;海外从业经验占比为 1.2%;其他从业经验占比为 1.8%;创业经验占比最低,为 1.0%(见图 4-14)。

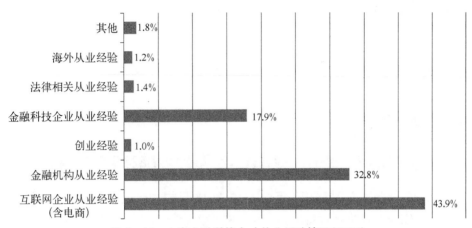

图 4-14　上海金融科技人才从业经验情况(2017)

在 2018 年的调研中,在金融科技人才从业经验中占比最大的是金融企业从业经验,占比达 34.06%;其次是占比为 29.26%的互联网企业从业经验(不含电商);其后是金融科技企业从业经验,占比约为 25.54%;电商企业从业经验占比为 4.18%;创业经验占比为 2.01%;法律相关从业经验占比为 1.55%;海外相关从业经验为 1.08%;其他从业经验占比为 2.32%(详见图 4-15)。

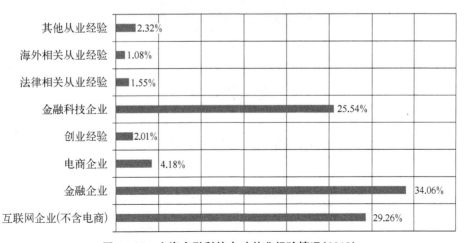

图 4-15　上海金融科技人才从业经验情况(2018)

对比2017年与2018年两年的调研可见,互联网企业、金融机构和金融科技企业从业经验为上海金融科技人才最为重要的三大从业经验,其中,从2017年到2018年,互联网企业从业经验占比一直稳定在较高水平,金融企业及金融科技企业从业经验占比均有一定程度的提高。除此以外,少数企业还看重人才的海外从业经历、法律相关从业经验及创业经验等。

第三节 上海金融科技人才甄选

一、招聘规模

(一)校园招聘规模整体持平,超过27%机构校园招聘规模呈现增长

从校园招聘来看,与2017年相比,在2018年的受访机构中,约有64.86%的机构校园招聘规模基本持平;其次,约有27.03%的机构校园招聘规模呈增长趋势,平均增幅为73.33%;约有8.11%的机构校园招聘规模呈减少趋势,平均降幅为46.67%(见图4-16)。

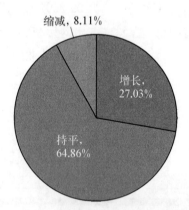

图4-16 沪上受访机构金融科技人才校园招聘规模变化(2017~2018)

分析校园招聘规模变化的原因可见,校园招聘规模增长的原因主要为业务实际发展情况、企业人才储备需要以及人才成本等因素;校园招聘规模呈缩减态势的主要原因是岗位实际需要降低、人员稳定性需求及业务实际发展情况等(见图4-17)。

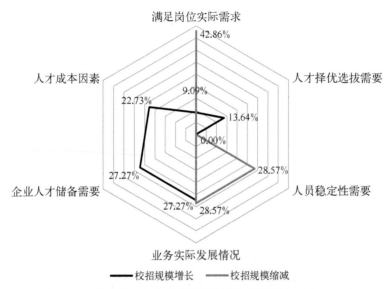

图 4-17 沪上受访机构校园招聘计划变化原因(2017～2018)

(二) 半数机构社会招聘规模持平,三成机构社会招聘规模呈现增长

从社会招聘来看,从 2017 年至 2018 年,社会招聘规模呈增长态势的机构占比为 32.2%,平均增幅为 40.06%;社会招聘规模呈缩减的机构占比为 16.94%,平均减幅 36.11%;有 50.86% 的受访机构社会招聘规模与上一年持平(见图 4-18)。

分析社会招聘规模变化的具体因素可见,业务实际发展情况是企业社会招聘规模发生变化的主要原因。调研显示,"业务实际发展情况"在社会招聘规模增长原因中占比为 46.88%,在社会招聘缩减原因中占比为 30.77%,"人员流动性强"是导致社会招聘规模增长的另一项重要原因。通过统计数据可

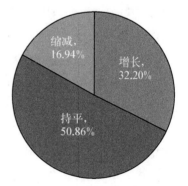

图 4-18 沪上受访机构金融科技人才社会招聘聘规模变化(2017～2018)

见,"人员流动性强"在社会招聘规模增长原因中占比约为 18.75%。除业务发展需要以外,"企业战略调整需要"是导致社会招聘规模缩减的更重要原因,占比为 38.46%。详见图 4-19。

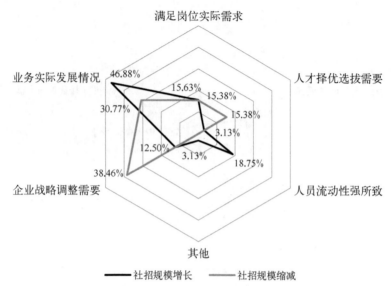

图 4‑19 沪上受访机构社会招聘计划变化原因(2017～2018)

二、人才缺口与流失

(一) 企业招聘竞争激烈岗位与难招岗位

2017 年调研表明,技术、销售、风控和产品岗位为基层最为难招的几大岗位,中高层难招岗位主要集中在风控、技术、产品和战略与研究岗位。从基层来看,竞争激烈的岗位主要集中在技术岗和销售岗,尤其在技术岗位的竞争程度达到了 34.4%;从中高层来看,竞争激烈的岗位主要集中在技术和产品岗位,同样,在技术岗位的竞争程度最大,达到 24.7%(见图 4‑20)。

2018 年,根据调研结果,技术、销售、风控和产品岗位仍为基层集中难招岗位,中高层难招岗位主要集中在风控、技术、战略与研究和产品岗位。从基层来看,与 2017 年类似,竞争激烈的岗位主要集中在技术和销售岗,在技术岗位的竞争程度最大,达到 28.74%;中高层竞争激烈的岗位主要集中在风控和技术岗位,都达到 14.13%(见图 4‑21)。

通过对比 2017 年与 2018 年两年受访机构难招岗位及竞争激烈岗位数据可见,2017 年,基层难招岗位中的"技术"和"销售"岗位同时也是求职者竞争最为激烈的两大岗位,中高层管理中最为难招的"风控"岗其求职者竞争也十分激烈。2018 年,基层难招岗位中的"技术"和"销售"岗位仍然是求职者竞争最为

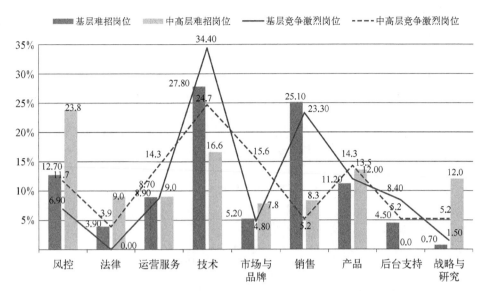

图 4-20 沪上受访机构金融科技人才难招岗位与竞争激烈岗位比较(2017)

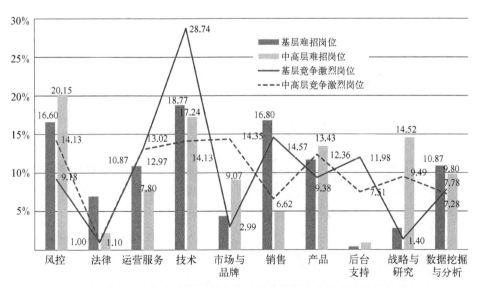

图 4-21 沪上受访机构金融科技人才难招岗位与竞争激烈岗位比较(2018)

激烈的两大岗位,中高层管理层中最为难招的"风控""技术"岗位同时也是求职者竞争尤为激烈的两大岗位。

由此可见,有大量求职者在应聘金融科技企业的"技术""销售""风控"及"产品"等几大岗位的过程中竞争十分激烈,但其专业素质水平及个人表现却难以符合机构招聘要求。总体而言,现有的金融科技人才市场并没有为企业带来更符合其预期的人才。分析原因,一方面是由于人才市场本身符合需求的高素质人才较少,另一方面,金融科技行业企业间业务相近,这也在一定程度上加剧了机构间的人才竞争,造成了机构部分岗位人才难招的局面。

造成2017年受访新兴金融科技机构难以招到金融科技人才的主要因素是具有相近业务的公司竞争加剧带动了人才竞争,市场缺乏具备业务经验、能力和素质的合适人才,导致人才素质和能力与岗位要求不匹配(见图4-22)。

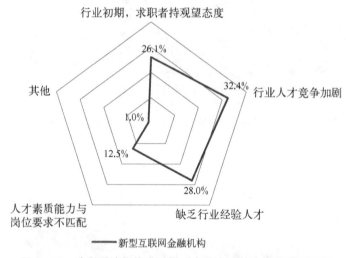

图4-22 沪上受访机构难以招到合适人才的主要因素(2017)

根据2018年调研结果,造成受访机构难以招到金融科技人才的最主要原因是具有相近业务的公司竞争加剧带动了人才竞争,以及人才素质和能力与岗位要求不匹配(见图4-23),与2017年调研结果基本一致。

从2017~2018年造成金融科技行业人才缺口的原因来看,求职者持观望态度导致机构难以招到合适人才的这一部分原因有较大缩减,可见金融科技的发展逐渐走入人们视野,求职者对它的信心程度正在增加,但是竞争加剧和缺乏行业经验这两方面的原因仍然占据不少比例。

(二)机构间紧缺人才争夺激烈加速了相关人才高流失率

2018年,在从事金融科技业务的各大机构中,平均流失率较2017年数据有明显增加,且人员流失仍主要集中在基层岗位。数据显示,人员流失率超过

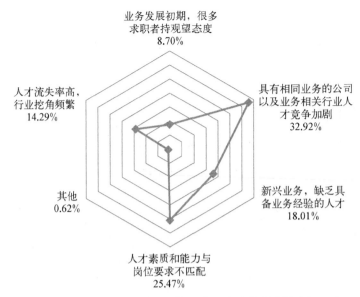

图 4-23 沪上受访机构难以招到合适人才的主要因素(2018)

15%的企业占比较上一年增加了 20.21%。这其中,人员流失率大于 40%的机构占比较 2017 年增长了 5 个百分点;人员流失率在 5%以内的机构占比较 2017 年减少了超过 20 个百分点(见图 4-24)。

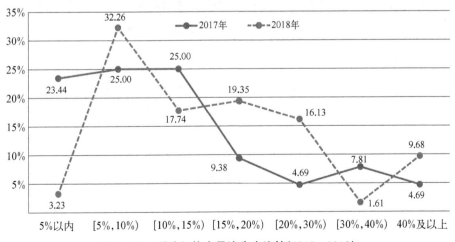

图 4-24 受访机构人员流失率比较(2017~2018)

具体而言,根据 2017 年数据,在基层岗位中,销售、技术和运营服务岗是流失率较高的岗位,三类岗位占比分别为 44.60%、27.00%和 14.50%。中高层流失率较高的岗位是技术、市场与品牌和产品岗位,三类岗位占比分别为

24.00%、20.70%和14.40%(见图4-25)。同时,技术岗是金融科技人才流失较为集中的岗位,从基层岗位到管理岗位,技术人才的流失情况均较明显。

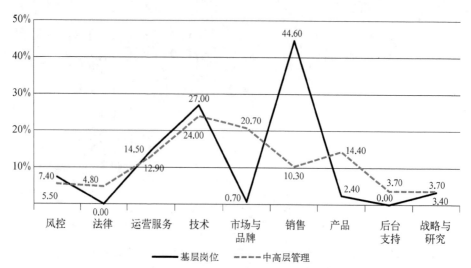

图4-25　沪上受访机构金融科技人才流失情况统计(2017)

从调研数据看,基层人员较中高层管理人员更看重薪酬待遇本身。中高层管理者人员流失的原因中,"竞争压力"因素的占比要大于"薪酬待遇"因素。具体而言,新型金融科技机构基层人才流失的主要原因依次包括薪酬待遇、竞争压力和继续深造,占比分别为28.8%、20.8%和11.7%(见图4-26)。中高层管

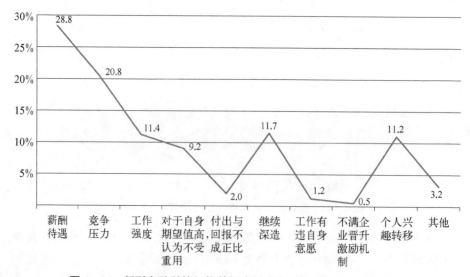

图4-26　新型金融科技机构基层人员流失的主要原因分布(2017)

理者方面,其考虑的因素更加多元,薪酬已不是管理人才流失的最重要因素,"自身价值实现不符合预期""竞争压力大"是导致管理人才去留的更关键因素,分别占比25.9%和17.4%,薪酬待遇在影响中高层管理人才去留因素中排名第三(见图4-27)。

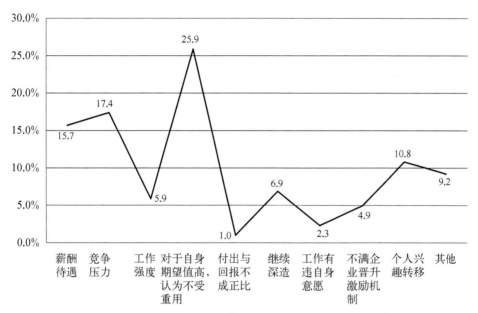

图4-27 新兴金融科技机构中高层人员流失的主要原因分布(2017)

2018年,金融科技人才流失集中在技术、销售、运营服务三大岗位。其中,技术基层岗位流失率高的机构占比为32.22%,销售基层岗位流失率高的机构占比为26.26%,运营服务基层岗位的机构占比为17.32%,技术中高层管理岗位流失率高的机构占比为27.65%,销售中高层管理岗流失率高的机构占比为11.98%,运营服务中高层管理流失率高的机构占比为11.75%;金融科技中高层管理人才流失率高的岗位还集中在产品和市场品牌岗位,产品中高层管理岗流失率高的机构占比为15.67%,市场品牌中高层管理岗位流失率高的机构占比为10.37%(见图4-28)。

根据调研结果可见,受访机构流失率高的几类岗位,如技术、销售与运营服务岗位同时也是调研机构中人才紧缺程度较高的岗位,相关数据的高重合度,进一步反映出由于行业相关人才紧缺,各机构间人才争夺加剧,提升了相关人才的高流失率。

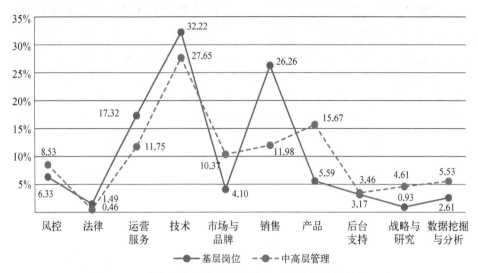

图 4-28　沪上受访机构金融科技人才流失情况统计(2018)

以上分析在人才流失原因调研结果中得到证实,同行挖角、对于自身期望值高是各层级人员流失的共性主要原因,尤其在中高层管理人才的流失原因中,同行挖角是各项因素中最为重要的因素,占比达 27.27%(见图4-29)。

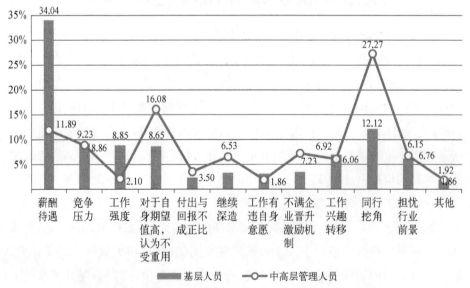

图 4-29　沪上受访机构金融科技人才流失原因分布(2018)

调研数据显示,对于薪酬福利的高度关注是造成基层人员流失的最重要因素,不难分析为了加强人才争夺,各大机构以提升岗位薪资竞争力来吸引相关紧缺人才,由此更进一步加剧了如技术、销售和运营管理人才等岗位的基层人才流失。

三、人才选拔公平程度

在 2018 年调研报告中,新增了人才选拔公平这一调研。在从业人员对企业人才选拔公平程度调研中,上海金融科技从业人员对此整体给出正面评价。调研数据表明,上海金融科技从业人员评价企业招聘十分公平的人员占比为 13.09%,认为企业招聘比较公平的人员占比为 40.46%,认为企业招聘一般公平的人员占比为 37.92%,认为企业招聘较不公平的人员占比为 6.97%,认为企业招聘不公平的人员占比仅为 1.56%(见图 4-30)。

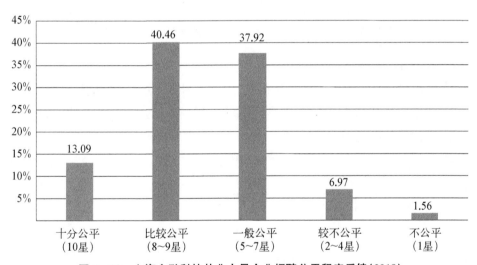

图 4-30　上海金融科技从业人员企业招聘公平程度反馈(2018)

第四节　上海金融科技人才素质模型

一、专业素质标准

在 2017 年的调研中,受访机构人才选拔过程中专业素质标准的调研数据结果显示,行业经验和专业知识是各大机构进行金融科技人才选拔考察的重要指标,占比分别为42.40%、36.65%,而毕业院校和学历水平这两个指标影响程度相对较小(见图4-31)。

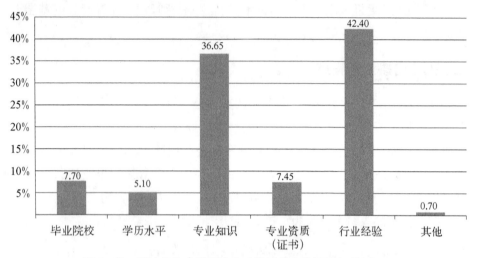

图4-31 受访机构金融科技人才选拔的专业素质标准(2017)

在2018年的调研中,受访机构人才选拔中专业素质标准的调研数据结果显示,行业经验、专业知识仍是各大机构进行金融科技人才选拔考察的重要指标,同时,学历水平也成为较为重要的考察标准。其中,行业经验、专业知识两项的占比远远领先其他专业素质指标,占比分别为39.77%、33.94%(见图4-32)。由此可见,相比毕业院校及学历水平等标准,金融科技人才选拔对于行业经验和专业知

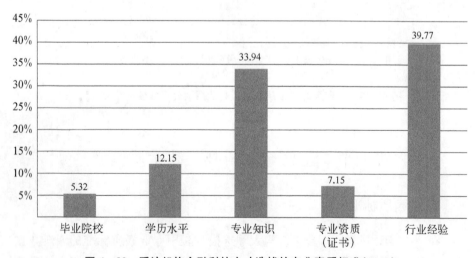

图4-32 受访机构金融科技人才选拔的专业素质标准(2018)

识的看重程度更高,机构更加看重从业人员的实际经验和专业技能。

对比2017~2018年两年的人才选拔专业素质标准变化可见,金融机构在人才选拔过程中,对学历水平这一标准的要求有所提升,但是行业经验和专业知识仍然是各大机构进行金融科技人才选拔考察中最重要的两个指标。

二、综合素养标准

2017年调研数据表明,互联网思维、创新能力、资源整合能力、跨界学习与思考能力是上海金融科技企业人才选拔中综合素养的四大标准。除此以外,新型金融科技机构在招聘时还强调人才的风险控制与防范能力。机构所认可的这几项综合素养重要标准,在从业人员调研中也获得了完全一致的结果。这几项重要指标获选率由高到低依次为:互联网思维能力、创新能力、资源整合能力、跨界学习与思考能力和数据分析能力(见图4-33)。

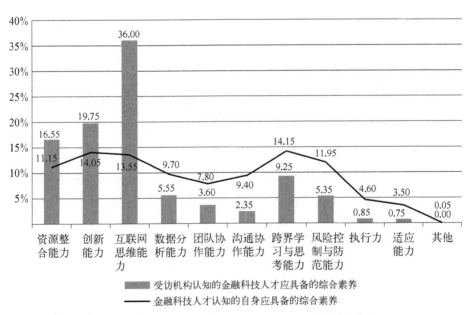

图4-33 受访机构与从业人员认知的金融科技人才综合素养对比(2017)

针对综合素养标准,受访的从业人员也给出了需要提升的能力排序,其中,从业人员表示跨界学习与思考能力、创新能力两大方面是最需要提升的两项能力,获选率分别为14.15%和14.05%。从数据结果可见,从业人员的认知也正是目前金融科技行业急需人才所应具备的能力,从业人员对于能力提升的需求能够为企业的人才培训体系提供非常重要的参考。

在2018年金融科技人才的重要综合素养的调研中,受访机构的判断与从业人员自身判断高度一致,互联网思维能力、创新能力、资源整合能力、跨界学习与思考能力和风险控制与防范能力均依次位列重要综合素养的前五位(见图4-34)。

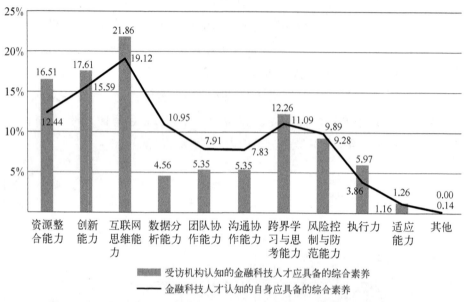

图4-34 受访机构与从业人员认知的金融科技人才综合素养对比(2018)

从2017~2018年两年的金融科技人才综合素养对比发现,金融科技人才认知的自身应具备的综合素养中,"互联网思维能力"这一标准的受重视性程度有了较大幅度的提升,从2017年的13.55%提升到2018年的19.12%,与受访机构金融科技人才在这一方面的认知重要性趋向一致。

三、基本道德素养标准

2017~2018年两年的调研问卷共同将诚实守信、守法合规、保护客户隐私、勤勉尽职、公平竞争及忠诚正直六大方面评定为可供受访机构及从业人员选择的金融科技从业者应具备的基本职业道德素养标准。

2017年(见图4-35),受访机构及从业人员在职业道德标准认知上保持高度一致,其中,机构及从业人员均认为守法合规、诚实守信、保护客户隐私最为重要(见图4-35)。

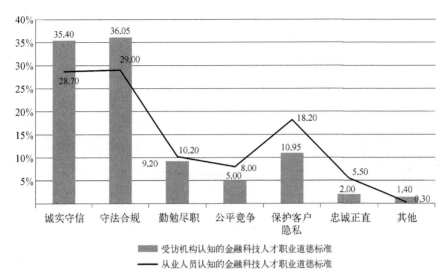

图 4-35　沪上受访机构与从业人员认知的金融科技人才职业道德标准比较(2017)

在2018年的调研报告中,与综合素养标准的判断相似,受访机构与从业人员金融科技人才基本道德素养标准上的认知也高度一致。调研数据表明,守法合规、诚实守信、保护客户隐私和承担责任为上海金融科技人才的基本道德素养标准(见图4-36)。

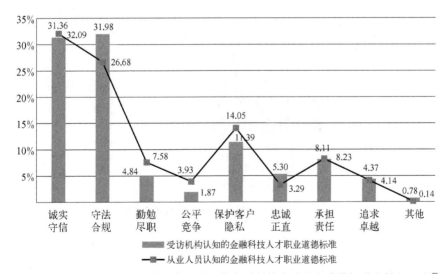

图 4-36　沪上受访机构与从业人员认知的金融科技人才职业道德标准比较(2018)[①]

---

①　在2017年调研问卷的基础上,2018年调研问卷设置的人才基本道德素养标准中增加了"承担责任"与"追求卓越"两项。

2018年,受访机构与从业人员认知的金融科技人才职业道德标准的调研结果中,唯一不同的是在四项标准中,从业人员认知的"诚实守信"重要程度要高于"守法合规",而机构的认知正好相反,机构认为"守法合规"应为金融科技人员从业的最基本道德素养标准。

对比2017～2018年两年调研结果可见,受访机构及从业人员认知的金融科技人才基本道德素养标准基本保持一致,均以诚实守信、守法合规、保护客户隐私及勤勉尽职四项为先。

第五节　上海金融科技人才培养模式

一、培养方式

从2017年的数据来看,受访机构金融科技人才建设的方式主要是以"外部引进为主,配合内部培养","内部培养为主,外部引进为辅"和"以外部引进向内部培养为主转换"占有相当比重(见图4-37)。人才争夺加剧让企业开始逐渐意识到内部培养的重要性。

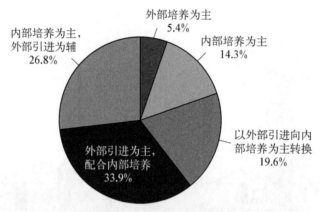

图4-37　受访机构金融科技人才建设的主要方式(2017)

从2018年的数据来看,各大机构对于金融科技人才建设的方式,30.78%的受访机构采取"以外部引进向内部培养为主转换",27.69%的受访机构采取"外部引进为主,配合内部培养",26.15%的机构采取"内部培养为主,外部引进为辅"。剩余的机构采取单一的培养策略,其中,9.23%的机构采取"外部引进为主",6.15%的机构采取"内部培养为主"(见图4-38)。

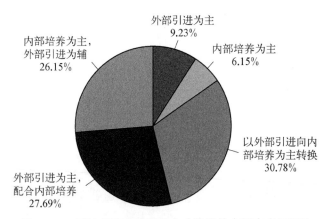

图 4-38 受访机构金融科技人才建设的主要方式(2018)

对比 2017~2018 年两年间受访机构金融科技人才建设的主要方式可以发现,2018 年,"由外部引进向内部培养为主转换"这一方式所占比例相较 2017 年有了较大幅度的提升,从 19.6%增长到 30.78%;但是"外部引进为主,配合内部培养"和"内部培养为主,外部培养为辅"合计占比仍然趋近一半,可见内外结合是各大机构金融科技人才建设主要方式。

二、培养手段

(一) 新人培训

从 2017 年的数据来看,在新人入职培训中,占比最大的为企业文化与规章制度和企业金融科技业务介绍及工作流程介绍两大方面,占比分别为 63.0%和 28.4%。仅有 5%的受访机构在其金融科技新人入职培训中含有专业技能培训,含有思维训练和素养培养的仅为 3.6%(见图 4-39)。

从 2018 年的调研结果来看,受访机构新人入职后 90%的为定岗、10%的为轮岗。同时,无论是新型金融科技机构还是传统金融机构金融科技,其业务部门的入职培训均较为传统,占比最大的为企业文化与规章制度和企业金融科技业务及工作流程介绍等,占比分别为 53.06%和 37.41%。入职培训中含有专业技能培训的仅为 6.80%,培训含有思维训练及素养培养的仅为 2.72%(见图 4-40)。

从 2017~2018 年受访机构金融科技新人入职培训主要内容变化来看,企业越来越重视企业金融科技业务及工作流程介绍,对企业文化及规章制度的培训内容有所减少。

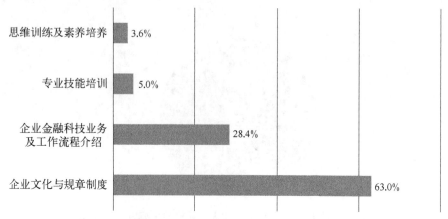

图 4-39 受访机构金融科技新人入职培训主要内容(2017)

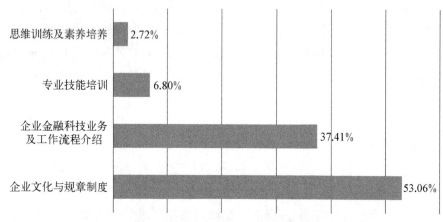

图 4-40 受访机构金融科技新人入职培训主要内容(2018)

(二) 后备人才库建设

1. 在岗实践是金融科技后备人才培养的主要方式

2017 年数据显示,针对金融科技后备人才,受访机构采取的培训方式主要为在岗实践、课程培训和轮岗,三大培训方式占比分别为 46.1%、20.5% 和 16.5%;采取外部学习的占比为 12.5%,导师带教的为 4.4%(见图 4-41)。

2018 年数据显示,有 67% 的受访机构建立后备人才库,针对金融科技后备人才,受访机构采取的培训方式主要为在岗实践、导师带教和课程培训,三项占比分别为 32.73%、26.36% 和 17.27%;采取外部学习的占比为 12.73%,轮岗的为 10.91%(见图 4-42)。

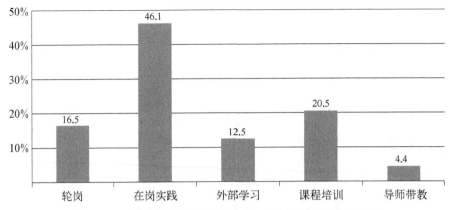

图 4-41 受访机构金融科技后备人才培养主要方式(2017)

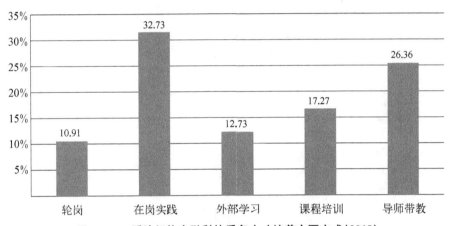

图 4-42 受访机构金融科技后备人才培养主要方式(2018)

对比 2017 年与 2018 年两年数据可以发现,受访机构金融科技后备人才培养主要方式还是通过在岗实践,同时,轮岗这一培养方式正逐渐转化为导师带教,这也许是因为与轮岗相比,导师带教可以更高效率地帮助后备人才学习新知识,尽快进入岗位。

2. 约 60% 以上机构建立了企业导师制,针对主要人群为新入职员工

在 2017 年的调研中,受访机构的导师制主要针对人员为新人,占比为 41.6%;其次为核心岗位人才,占比为 27.2%;再次为核心后备人员,占比为 17.2%;导师制针对企业中层管理人员的,占比为 6.8%;针对全员的,占比为 7.2%(见图 4-43)。

在 2018 年的调研中,约 65% 的受访机构建立了导师制,受访机构的导师制主要针对人员为新人的,占比为 35.14%;其次为核心后备人才,占比为

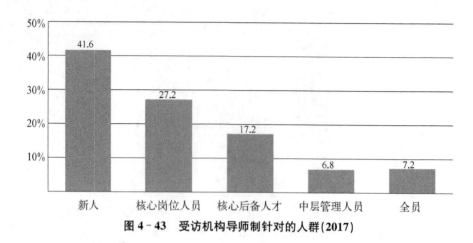

图4-43 受访机构导师制针对的人群(2017)

28.38%;再次为核心岗位人员,占比为22.97%;导师制针对企业中层管理人员的,占比为5.41%;针对全员的,占比为8.11%(见图4-44)。

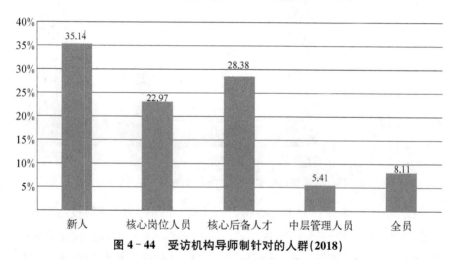

图4-44 受访机构导师制针对的人群(2018)

可见,从2017~2018年,导师制的重心仍然主要集中在新人上,但是集中在核心后备人才的比例有所提升,在核心岗位人员的比例有所下降,与之前分析的导师带教在核心后备人才方面的比例有所提升是一致的。

(三) 外部培训

1. 机构安排人才外部培训的岗位分布

2017年,有71.7%的新型金融科技机构已开展人才外部培训。外部培训针对中高层管理岗位的机构,占比为52.2%;外部培训针对核心后备人才的机构,占比为27.5%;针对基层骨干员工或基层核心岗位的机构,占比为19.7%(见图4-45)。与导师制相比,外部培训针对人群相对有限,更多倾向于中高层管理人员和核心后备人才。

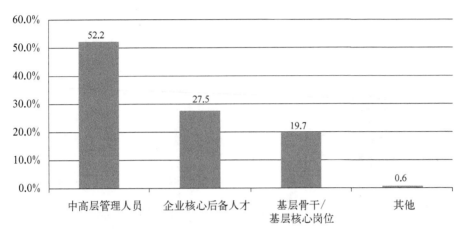

图4-45 受访机构金融科技人才外部培训的主要对象(2017)

2018年的数据显示,84%的受访机构会安排员工参加外部培训,培训的对象主要为中高层管理人员;外部培训针对中高层管理岗位的机构,占比为42.86%;外部培训针对核心后备人才的机构,占比为30.36%;针对基层骨干员工或基层核心岗位的机构,占比为26.79%(见图4-46)。

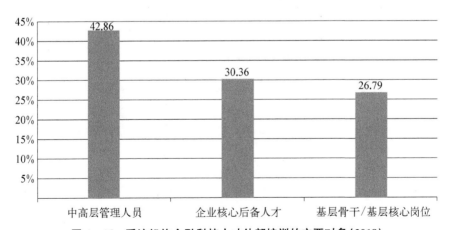

图4-46 受访机构金融科技人才外部培训的主要对象(2018)

与2017年相比,尽管2018年受访机构金融科技人才外部培训的主要对象仍然主要集中在中高层管理人员,但是在企业核心后备人才和基层核心岗位的培训比例有所上升。

2. 金融科技人才外部培训主要形式

2017年,在职研修形式几乎占据一半比例,外部培训交流占44.4%,脱产学习只占5.8%,还有1.6%的机构选择其他形式的外部培训(见图4-47)。

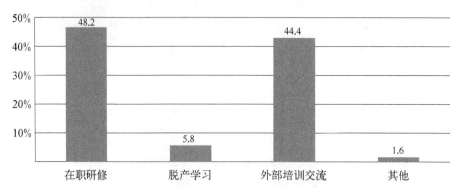

图4-47 受访机构金融科技人才外部培训主要形式(2017)

从2018年数据来看,近六成的机构员工外部培训形式主要为外部培训交流,25.93%的机构员工外部培训主要为在职研修学习,13.58%的机构员工外部培训主要采取脱产学习,还有1.23%的机构选择其他形式的员工外部培训(见图4-48)。

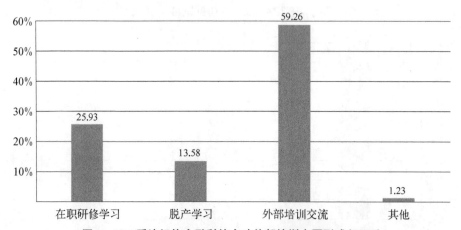

图4-48 受访机构金融科技人才外部培训主要形式(2018)

从2017年及2018年受访机构金融科技人才外部培训的主要形式来看,在职研修所占比例大幅度降低,从2017年的48.2%缩减到2018年的25.93%;外部培训交流是外部培训的主要手段,且有较大幅度提升,从2017年的44.4%提升到2018年的59.26%。

3. 培训周期

2017年,有超五成的机构外部培训的周期不定,22.8%的机构三个月以内会安排一次外部培训,18.8%的机构半年以内会有一次外部培训,2.1%的机构为一年以内一次(见图4-49)。

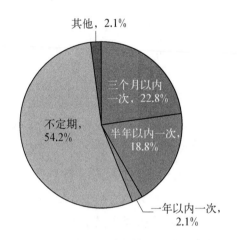

图4-49 受访机构外部培训的
平均周期(频率)(2017)

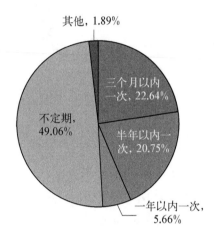

图4-50 受访机构外部培训的
平均周期(频率)(2018)

2018年调研数据显示,仍有近五成的机构外部培训的周期不定,22.64%的机构三个月以内会安排一次外部培训,20.75%的机构半年以内会有一次外部培训,5.66%的机构为一年以内一次(见图4-50)。

从2017~2018年两年的受访机构外部培训周期来看,不定期培训的机构比例有所下降,从2017年的54.2%下降到2018年的49.06%;半年以内一次培训的机构比例有一定程度的上升。

三、培训集中度和满意度

(一) 企业培训集中于风控、技术、销售等岗位

1. 企业培训集中的金融科技人才类型

2017年的调研结果显示,新型金融科技机构人员覆盖率为71.94%,人均培训时长为2.36小时/周。培训对象主要集中在中层管理人员和基层人员。其中,集中培训高层管理人员的企业占比为14.5%,集中培训中层管理人员的

企业占比为48.4%，集中培训基层人员的企业占比为31.7%，集中培训后备人才的企业占比为5.4%（见图4-51）。

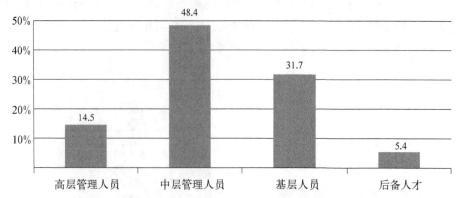

图4-51 受访机构的企业培训集中的金融科技人才类型(2017)

2018年的调研结果显示，受访机构金融科技培训的人员覆盖率大致为61.99%，人均培训时间为10.1天/年（按1天8课时计算）。培训对象主要集中在中层管理人员和基层人员。其中，集中培训高层管理人员的企业占比为11.67%，集中培训中层管理人员的企业占比为44.17%，集中培训基层人员的企业占比为34.17%，集中培训后备人才的企业占比为10%（见图4-52）。

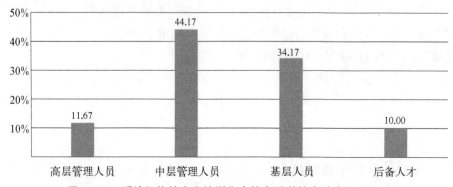

图4-52 受访机构的企业培训集中的金融科技人才类型(2018)

与2017年相比，2018年受访机构的企业培训集中的金融科技人才在基层人员和后备人才方面的比例有所上升，在中高层管理人员培训集中的比例有一定程度的下降。

2. 金融科技人才培训岗位

2017年，集中培训风控岗的企业占比最高，约为18.0%；集中培训技术岗位的企业,占比为17.4%;集中培训销售岗位的企业,占比为17.4%;集中培训运营服务岗位的企业,占比为14.9%;集中培训产品岗位的企业,占比为12.7%(见图4-53)。覆盖的岗位主要集中在风控岗、技术岗和销售岗,其次是运营服务和产品岗。

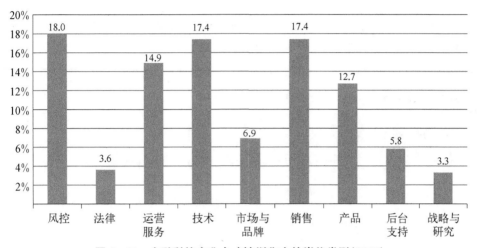

图4-53　金融科技企业人才培训集中的岗位类型(2017)

从2018年的数据来看,风控、技术、销售、产品和运营服务是培训较为集中的岗位类型,其中,集中培训风控岗的企业占比为20.56%,集中培训技术岗位的企业占比为17.78%,集中培训销售岗位的企业占比为16.11%,集中培训产品岗位的企业占比为14.44%,集中培训运营服务岗位的企业占比为13.89%(见图4-54)。

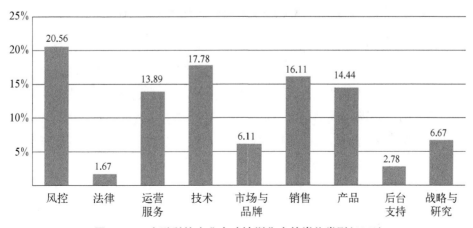

图4-54　金融科技企业人才培训集中的岗位类型(2018)

对比两年数据可见,人才培训集中的岗位类型中,风控、产品和战略与研究三大岗位的比例有较小幅度的提高,在法律、运营服务和后台支持这三个岗位的比例有小幅度的下降。

(二)上海金融科技从业人员对于企业培训的满意度

从2017年的调研结果看,受访机构认为培训效果最好的是专业技能/素质培训(31.5%),其次是产品培训(24.1%),再次是团队营造与建设(20.4%),培训效果最不理想的集中在思维训练(25.7%)、特殊技能培训(17.9%)和通用技能培训(15.4%)上(见图4-55)。

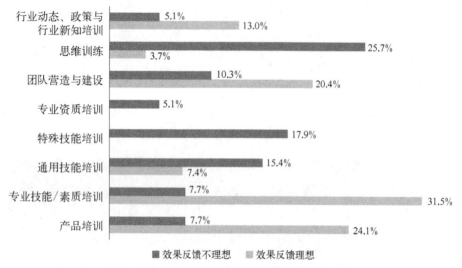

图4-55 受访机构的培训效果反馈情况(2017)

在2018年的受访机构反馈的数据中,专业技能/素质培训(39.68%)和行业动态、政策和行业新知培训(20.63%)及产品培训(17.46%)是培训效果较好的几类;培训效果不理想的主要为思维训练(24.56%),行业动态、政策和行业新知培训(19.30%),产品培训(15.79%)和特殊技能培训(15.79%)(见图4-56)。值得注意的是,机构数据中,"产品培训"和"行业动态、政策和行业新知培训"的效果反馈呈两极化现象。

将机构数据与从业人员培训效果反馈数据进行比对,产品培训的好评反馈和思维培训的差评反馈达成一致,而在从业人员调研中培训评价突出的"团队营造与建设"类培训在机构反馈中并不突出。

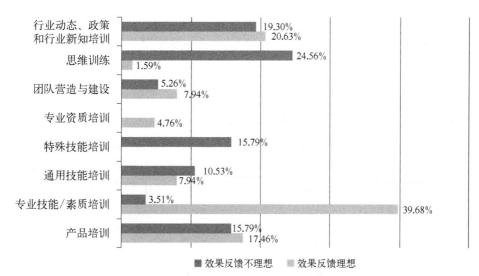

图 4-56 受访机构的培训效果反馈情况(2018)

对比 2017~2018 年两年数据可见,2018 年受访机构的培训效果在团队营造与建设以及产品培训方面的理想程度大幅下降,在专业技能/素质培训方面的理想程度有较小提升。值得注意的是,这两年以来,在思维训练和特殊技能培训这两方面的不理想程度都占比较大,金融科技企业应该由此反思,着力提升这两方面的培训效果。

四、培训投入与培训频次

(一) 培训投入

国家财政部等 11 部委联合发布的《关于职工教育经费提取与使用管理的意见》中明确规定,一般企业按照职工工资总额的 1.5% 足额提取教育培训方面的经费,如从业人员技术要求高、培训任务重、经济效益较好的企业,可按 2.5% 提取,列入成本开支。

伴随着金融科技行业的不断发展,企业对于人才培养进一步强化,调研发现,从培训投入占员工工资总额的比重上来看,大部分机构投入集中在员工工资总额的 1%~5%,这能够看出企业对于员工培养的重视程度还是比较高的。

与 2017 年相比,培训投入占比在 1% 以下的机构比例有所增加,2017 年,培训投入占员工工资总额比重 1% 以下的企业比例为 16.4%,2018 年增加至

28.57%,即有接近三成的企业的培训投入不及员工工资总额的1%。

2018年金融科技机构在培训投入上整体不及2017年。2017年,培训投入占员工工资总额比重1%~3%的企业比例为47.30%;2018年,处于该区间比重的企业占比为41.27%。2017年,培训投入占员工工资总额比重3%~5%的企业比例为25.5%;2018年,处于该区间比重的企业占比为22.22%。2017年,培训投入占员工工资总额比重5%~7%的企业比例为5.5%;2018年,处于该区间比重的企业占比为1.59%。2017年,培训投入占员工工资总额比重7%以上的企业比例为5.5%;2018年,处于该比重水平的企业比例为6.35%(见图4-57)。

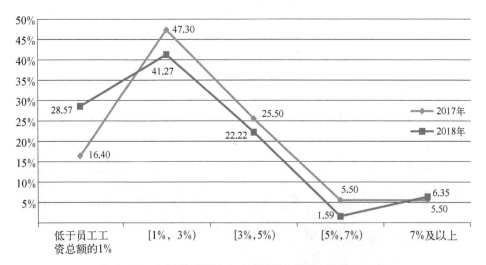

图4-57 金融科技机构人才培训投入情况(2017—2018)

近几年,随着金融科技行业发展,企业人力成本逐年提高,如何在人力成本提高的情况下,仍然重视企业人才培训,保持甚至加大培训投入,这是个十分重要的课题,需要行业共同重视、深入探讨并协力解决,以促进上海金融科技人才队伍的建设与发展。

(二) 培训频次

从2017年调研报告中可见,在培训频次上,新型金融科技机构近八成的受访从业者少于或等于3次(见图4-58)。

在2018年调研中发现,从业人员接受公司内部培训的频次主要为每半年1~6次(见图4-59)。

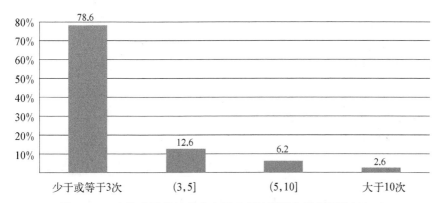

图 4-58　上海金融科技从业人员内部培训半年培训频次（2017）

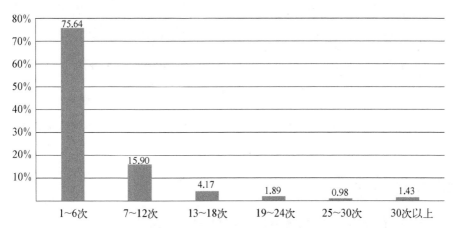

图 4-59　上海金融科技从业人员内部培训半年培训频次（2018）

与 2017 年的调研报告相比，2018 年，上海金融科技从业人员内部培训半年培训频次有大幅度增加。

第六节　上海金融科技人才薪酬满意度[①]

一、选择企业的因素

从 2018 年的调研结果可以发现，薪酬是影响人才进入金融科技企业或行业工作的重要原因。其中，薪酬福利因素占比最大，为 26.19%；其次是职业提升与

[①] 与 2017 年调研相比，2018 年新增了对薪酬满意度这一部分的调研。因此，本节只讨论 2018 年的上海金融科技人才薪酬满意度。

发展机会,占比为23.65%;企业品牌与社会影响力,占比为20.10%;工作环境和企业文化,占比为15.43%;健康的发展理念和有序的经营模式,占比为9.31%;股权激励机制,占比为3.77%;企业培训机会,占比仅为1.56%(见图4-60)。

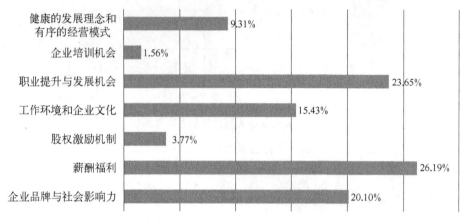

图 4-60　金融科技人才选择企业的重要因素(2018)

由此可见,薪酬福利是吸引金融科技人才的第一因素,企业培训机会对金融科技人才的吸引力十分微弱。

二、薪酬满意度

整体来看,约占70%的从业人员对目前的薪资水平满意,但有超过50%的从业人员认为薪资水平不及其预期。首先,从2018年的调研可以发现,近70%的从业人员满意目前的薪资水平,其中65.41%的金融科技从业人员满意目前薪资,4.43%的金融科技从业人员非常满意目前薪资,30.16%的从业人员不满意目前薪资(见图4-61)。

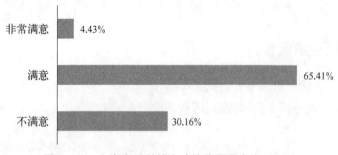

图 4-61　上海金融科技人才的薪酬满意度(2018)

与满意度相比,从业人员实际薪资达到预期的比重并不高,逾51%的实际薪资低于其预期薪资(见图4-62)。这一情况在受访机构的薪资水平与从业人员预期薪资间差异数据中得到佐证。

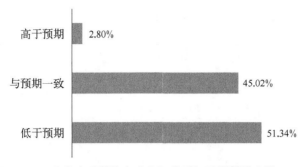

图4-62 上海金融科技人才实际薪酬与预期薪酬比较(2018)

从机构调研与从业人员调研中薪资一项的对比分析中不难看出,机构基层、中高层管理人员实际薪酬水平不同程度上均不及从业人员的相关预期,其中中层管理人员和基层人员的相关数据差距更为明显。

调研中发现,金融科技高管实际年薪在30万元人民币水平以下的占比为4.84%,从业人员预期高管年薪处于该水平的占比为3.45%,受访高管预期高管年薪处于该水平的占比仅为1.33%(见图4-63)。

金融科技高管实际年薪在30万元到50万元人民币水平的占比为19.35%,从业人员预期高管处于该水平的占比为21.11%,受访高管预期高管年薪处于该水平的占比为14.67%(见图4-63)。

金融科技高管实际年薪在50万元到70万元人民币水平的占比为20.97%,从业人员预期高管处于该水平的占比为22.21%,受访高管预期高管年薪处于该水平的占比为12%。

金融科技高管实际年薪在70万元到100万元人民币水平的占比为33.87%,从业人员预期高管处于该水平的占比为20.85%,受访高管预期高管年薪处于该水平的占比为25.33%(见图4-63)。

金融科技高管实际年薪在100万元到150万元人民币水平的占比为14.52%,从业人员预期高管处于该水平的占比为17.20%,受访高管预期高管年薪处于该水平的占比为14.67%(见图4-63)。

金融科技高管实际年薪在150万元人民币以上水平的占比为6.45%,从业人员预期高管处于该水平的占比为15.18%,受访高管预期高管年薪处于该水平的占比高达21.33%(见图4-63)。

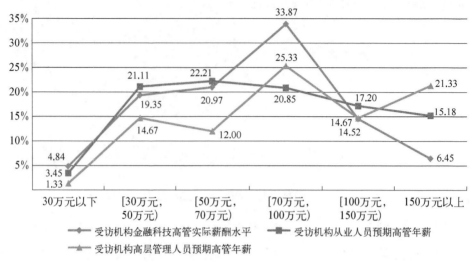

图4-63 沪上受访机构高层管理人员年薪水平与从业人员预期薪资比较(2018)

从图4-63中可以发现,超过三分之一的受访机构金融科技高管的实际薪酬水平位于70万元到100万元这一区间,年薪超过150万元以上的只占6.45%,与预期年薪超过150万元的受访机构人员比例相差较大。可见对高层管理人员来说,他们的年薪并不如预期的那样高。

调研中发现,金融科技中层管理人员实际年薪在15万元人民币以下水平的占比为6.56%,从业人员预期中层管理人员处于该水平的占比为2.61%,受访中层管理人员预期中层年薪处于该水平的占比仅为1.57%(见图4-64)。

金融科技中层管理人员实际年薪在15万元到30万元人民币水平的占比为32.79%,从业人员预期中层管理人员处于该水平的占比为22.15%,受访中层管理人员预期中层年薪处于该水平的占比为21.00%(见图4-64)。

金融科技中层管理人员实际年薪在30万元到45万元人民币水平的占比为29.51%,从业人员预期中层管理人员处于该水平的占比为27.62%,受访中层管理人员预期中层年薪处于该水平的占比为28.08%(见图4-64)。

金融科技中层管理人员实际年薪在45万元到60万元人民币水平的占比

为 21.31%,从业人员预期中层管理人员处于该水平的占比为 22.02%,受访中层管理人员预期中层年薪处于该水平的占比为 25.20%(见图 4-64)。

金融科技中层管理人员实际年薪在 45 万元到 60 万元人民币水平的占比为 21.31%,从业人员预期中层管理人员处于该水平的占比为 22.02%,受访中层管理人员预期中层年薪处于该水平的占比为 25.20%(见图 4-64)。

金融科技中层管理人员实际年薪在 60 万元到 80 万元人民币水平的占比为 9.84%,从业人员预期中层管理人员处于该水平的占比为 15.70%,受访中层管理人员预期中层年薪处于该水平的占比为 11.81%(见图 4-64)。

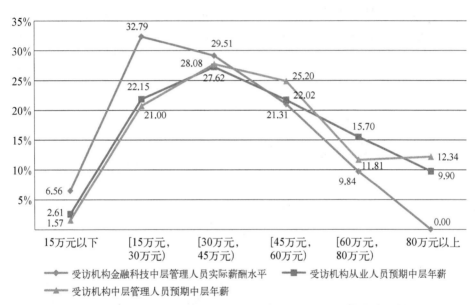

图 4-64 沪上受访机构中层管理人员年薪水平与从业人员预期薪资比较(2018)

金融科技中层管理人员实际年薪在 80 万元人民币以上水平的占比为 0%,从业人员预期中层管理人员处于该水平的占比为 9.90%,受访中层管理人员预期中层年薪处于该水平的占比高达 12.34%(见图 4-64)。

总体来看,有近三分之一的中层管理人员实际薪酬水平在 15 万元到 30 万元这一区间,与前面的中层管理人员年薪水平与预期薪资比较类似,在过高的薪资水平下的管理人员比例相差较大,甚至实际年薪在 80 万元以上的中层管理人员接近 0%。

调研中发现,金融科技基层人员实际年薪在 8 万元人民币以下水平的占比为 11.29%,从业人员预期基层人员处于该水平的占比为 3.06%,受访基层人员预期基层人员年薪处于该水平的占比仅为 2.50%(见图 4-65)。

金融科技基层人员实际年薪在 8 万元到 10 万元人民币水平的占比为 30.65%,从业人员预期基层人员处于该水平的占比为 13.42%,受访基层人员预期基层人员年薪处于该水平的占比为 13.62%(见图 4-65)。

金融科技基层人员实际年薪在 10 万元到 15 万元人民币水平的占比为 27.42%,从业人员预期基层人员处于该水平的占比为 23.13%,受访基层人员预期基层人员年薪处于该水平的占比为 21.04%(见图 4-65)。

金融科技基层人员实际年薪在 15 万元到 20 万元人民币水平的占比为 17.74%,从业人员预期基层人员处于该水平的占比为 22.67%,受访基层人员预期基层人员年薪处于该水平的占比为 21.50%(见图 4-65)。

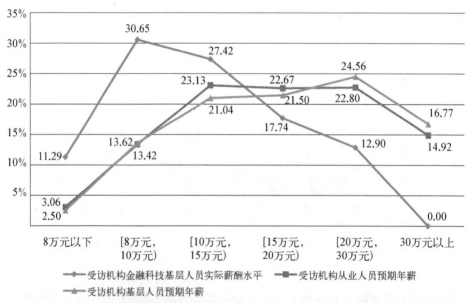

图 4-65 沪上受访机构基层人员年薪水平与从业人员预期薪资比较(2018)

金融科技基层人员实际年薪在 20 万元到 30 万元人民币水平的占比为 12.90%,从业人员预期基层人员处于该水平的占比为 22.80%,受访基层人员预期基层人员年薪处于该水平的占比为 24.56%(见图 4-65)。

金融科技基层人员实际年薪在 30 万元人民币以上水平的占比为 0%,从业人员预期基层人员处于该水平的占比为 14.92%,受访基层人员预期基层人员年薪处于该水平的占比为 16.77%(见图 4-65)。

总体来看,基层人员薪资水平大多集中在 8 万元到 10 万元这一区间,实际薪资水平在 20 万元以上的与预期相比基层从业人员比例相差较大,同时,薪资水平在 30 万元以上这一区间的基层管理人员接近 0%。

三、员工收入分配和绩效考评

大约有 90% 以上的从业人员对企业的员工收入分配和绩效考评方面表示满意。数据显示,高达 92.37% 的金融科技从业人员认为企业在员工收入分配方面是公平的,这其中有 13.94% 的受访从业人员认为企业的员工收入分配十分公平,有 41.17% 的受访从业人员认为企业的员工收入分配较为公平,37.26% 的金融科技从业人员认为企业的员工收入分配一般公平;有 5.99% 的受访从业人员认为企业的员工收入分配较不公平,有 1.63% 的受访从业人员认为企业的员工收入分配不公平(见图 4-66)。

在绩效考评方面,有 91.27% 的受访从业人员认为企业的安排是公平的,其中有 12.77% 的受访从业人员认为十分公平,40.91% 的受访从业人员认为较为公平,37.59% 的受访从业人员认为一般公平;有 7.17% 的受访从业人员认为企业绩效考评较不公平,有 1.56% 的受访从业人员认为企业绩效考评不公平(见图 4-66)。

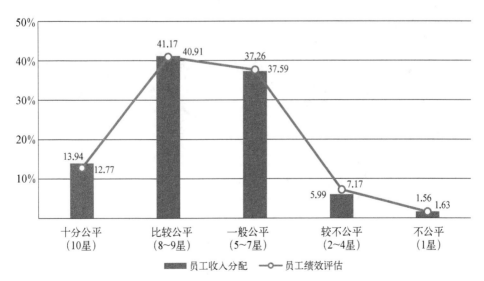

图 4-66　金融科技企业在员工收入分配和绩效考评方面公平程度的从业人员反馈(2018)

第七节 上海金融科技人才行业信心指数[①]

一、影响从业的因素

(一) 企业稳定性、个人薪酬待遇和行业风险性等是影响金融科技从业人员从业稳定性的重要因素

影响金融科技从业人员从业稳定性及工作状态的重要因素依次为企业发展的稳定性、薪酬待遇问题、行业风险性和工作强度与难度,其相关占比分别为29.45%、23.47%、15.01%和10.48%。未来企业愿景的不确定性和职业目标和使命感也会给从业人员的工作状态带来影响,占比分别为8.97%和7.26%,从业人员的自律性的影响相对较弱,占比为4.00%。其他因素占比1.36%(见图4-67)。

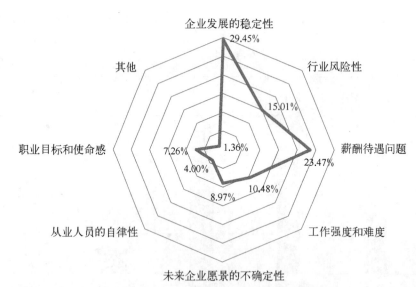

图4-67 影响金融科技从业人员工作的主要因素

[①] 与2017年调研相比,2018年新增了对行业信心指数这一部分的调研。因此,本节只讨论2018年的上海金融科技人才行业信心指数。

(二) 上海金融科技人才对于行业规范度及发展前景的担忧超过其他困扰从业的个人因素

调研表明,困扰金融科技人才从业的个人因素主要为行业规范度与发展前景忧虑(含政策风险)、知识、技能的匹配和住房及社会认可度。

与更为个人的因素相比,金融科技人才对于行业发展关注度更高,对金融科技行业的社会认可度仍存在较大顾虑。这一点从调研数据上进一步证明,在困扰金融科技人才从业的个人因素中,"行业规范度及发展前景忧虑"表现突出,占比高达33.45%,影响金融科技人才职业发展的"知识、技能的匹配"占比仅为19.27%;对于社会认可度的困扰仅次于住房等生活成本因素,占比为14.25%,住房问题困扰占比为18.61%(见图4-68)。

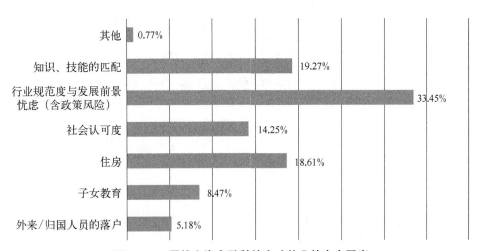

图4-68 困扰上海金融科技人才从业的个人因素

二、对行业的信心程度

(一) 超过43%的从业人员满意目前在金融科技行业工作

调研数据表明,7.82%的从业人员非常满意目前在金融科技行业工作,36.35%的从业人员满意目前工作,48.34%的从业人员相对满意目前工作,6.97%的从业人员比较不满意目前工作,0.52%的从业人员很不满意在金融科技行业工作(见图4-69)。

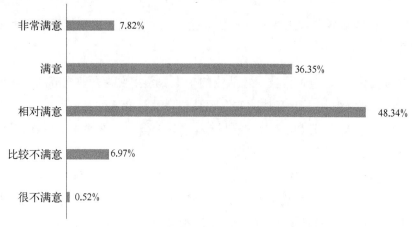

图 4-69　上海金融科技从业人员的从业满意度

(二) 近七成的从业人员对金融科技行业的未来发展充满信心

对于行业的未来发展,近七成的从业人员持积极态度。其中 22.28% 的受访者表示非常有信心,45.93% 的受访者表示有信心,30.23% 的受访者表示比较有信心,1.37% 的受访者表示比较没信心,0.20% 的受访者表示很没信心(见图 4-70)。

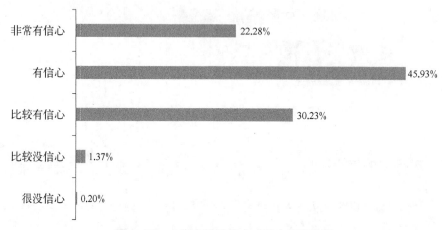

图 4-70　上海金融科技人才对未来的态度

另外,有 87.95% 的金融科技人才愿意推荐身边合适的亲朋好友从事金融科技行业,这很大程度上体现了上海金融科技人才对于行业未来发展的信心。

第四章 上海金融科技人才现状分析

(三) 信心与疑虑并存,上海金融科技从业人员信心指数为 133.2

对于金融科技行业的未来发展,32.70%的从业人员认为金融科技行业发展代表的是金融变革的深层次需求,54.73%的人认为互联网技术对传统金融行业的改造和创新存在许多机会和发展空间,11.07%的从业人员因认为行业发展仍存在逐步规范化而持观望态度,1.50%的从业人员对于金融科技的发展持有怀疑态度(见图4-71)。

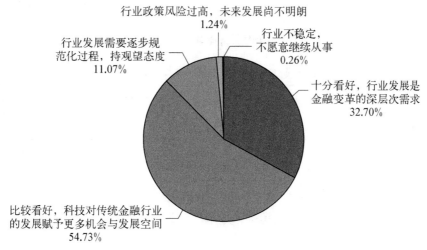

图 4-71　上海金融科技人才对于行业发展的态度

信心与疑虑并存,这一点同时体现在金融科技人才愿意从事金融科技行业的时限。32.57%的受访者表示愿意长期从事金融科技,但仍有33.42%的受访者表示从事金融科技行业的时间会视情况而定,这从一定意义上也反映出部分从业人员对于金融科技行业发展的疑虑。那些具体选择服务年限的从业者也展现出对行业未来发展的信心程度。16.09%的从业人员愿意从事5~10年的时间,12.31%的从业人员愿意从事3~5年的时间,愿意从事3年时间的人员占比为3.00%,愿意从事10~15年的人员占比为2.60%(见图4-72)。

综合而言,上海金融科技人才对于金融科技发展具有一定的信心,结合上海金融科技从业人员对于现状的满意程度、未来的预期信心的调研数据,进行进一步的测算,得出2018年上海金融科技人才的信心指数(指数采取0~200区间取值,200为极度乐观情绪,100为中立态度,0为极度悲观情绪,指数测算终值保留小数点后1位)。截至2018年1月数据,上海金融科技从业人员信心指数为133.2(见表4-1)。

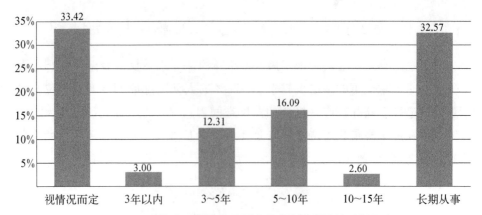

图 4-72 上海金融科技人才愿意从事金融科技的时间限度

表 4-1 金融科技从业人员指数表

时 间	从业人员信心指数	从业人员预期指数	从业人员满意指数
2018年1月	133.2	144.4	122.0

第八节 两类金融机构差异性与共性分析[①]

本部分调研针对传统金融机构金融科技部门和新型金融科技机构展开。通过对两类机构调研数据的对比,一方面,在分析各自人才优势的同时,能进一步发掘两类机构在开展金融科技业务的定位及未来企业发展的方向;另一方面,两类企业面临的共性问题也能反映目前金融科技人才建设面临的行业现状。

一、差异性分析

(一)新型金融科技机构人才结构劣势或受薪酬竞争力因素影响

在金融科技人才结构方面,新型金融科技机构不具优势,在人才教育背景和学历水平方面也均不及传统金融机构。一方面,由于新型金融科技机构不具

---

① 本节以 2017 年数据为例,对传统金融机构金融科技部门和新型金融科技机构人才差异性与共性进行分析。

备传统金融机构长期积累的人才红利优势,并且新型金融科技机构建立时间多不超过三年,受近几年频繁出现的行业负面影响,新型金融科技机构无论在品牌影响力还是行业口碑等方面均远不及传统金融机构,在招纳人才方面必然处于劣势。另一方面,薪资竞争力是帮助企业吸纳人才的重要手段。从调研中发现,传统金融机构金融科技岗位薪酬绝对的竞争力优势,足以帮助企业吸纳教育背景和学历水平等硬件条件更出众的人才。

1. 新型金融科技人才结构劣势:985、211院校毕业的员工占比不及传统金融机构

在调研数据反馈的信息中不难发现新型金融科技机构人才在985、211院校毕业指标方面的劣势。受访的传统金融机构中有44.4%的机构,其毕业于985、211院校的员工占比高于70%。在新型金融科技机构中,985、211院校毕业的员工占比高于70%的只占其总数的5.1%,超过84%的新型金融科技机构的985、211院校毕业的员工比重在50%以内(见图4-73)。

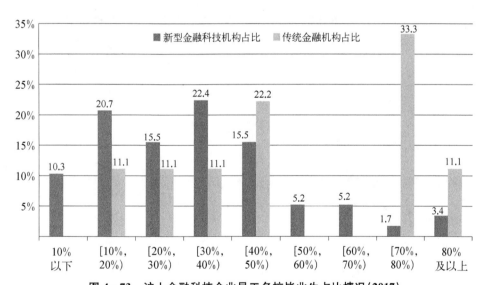

图4-73 沪上金融科技企业员工名校毕业生占比情况(2017)

2. 新型金融科技机构人才结构劣势:硕士生比重严重偏低

从两类机构的硕士学历比重上看,传统金融机构的硕士生平均比例明显优于新型金融科技机构。传统金融机构的金融科技从业人员中,硕士学历比重在20%~50%的企业有77.7%(见图4-74),而新型金融科技机构只有10.0%;本科学历比重方面,新型金融科技机构的相关比重也低于传统金融机构。据统

计,传统金融机构本科学历比重在60%以上的企业有44.4%,新型金融科技机构只有35.0%。详见图4-75。

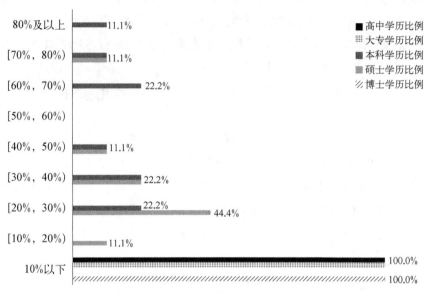

图4-74 传统金融机构金融科技人才学历分布占比(2017)

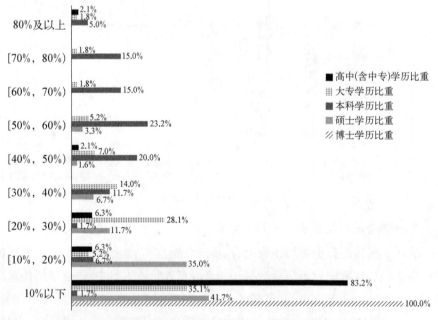

图4-75 新型金融科技机构金融科技人才学历分布占比(2017)

3. 新型金融科技机构的薪酬竞争力劣势：不同层级岗位的平均薪资均低于传统金融机构

有竞争力的薪酬是企业吸引人才的有效手段。从调研的结果看，传统金融机构的金融科技部门高管年薪水平集中在年薪 70 万元及以上（见图 4-76），中层管理人员的年薪集中在 30 万元以上（见图 4-77），基层人员的年薪也集中在 15 万元以上（见图 4-78）。通过将传统金融机构和新型金融机构的相关

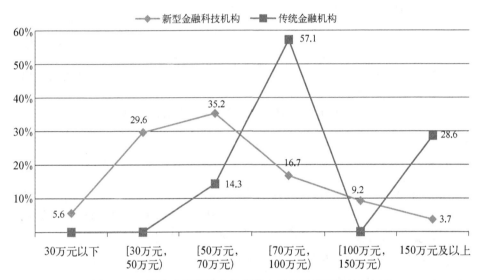

图 4-76　沪上金融科技企业高管人员年薪情况比较（2017）

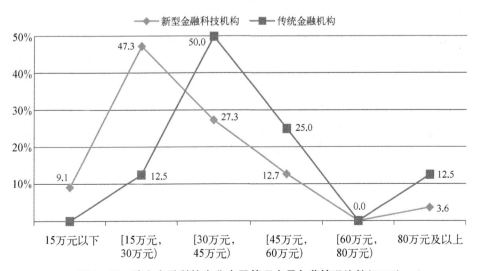

图 4-77　沪上金融科技企业中层管理人员年薪情况比较（2017）

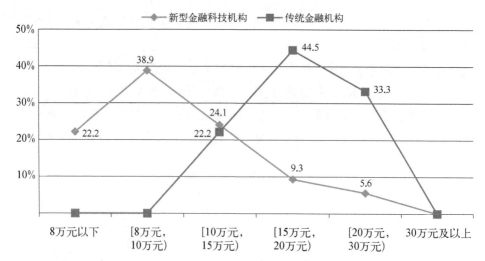

图 4-78 沪上金融科技企业基层人员年薪情况比较(2017)

层级人员的薪资水平进行对比,就会发现传统金融机构的金融科技业务具有巨大的薪资优势。

数据表明,新型金融科技机构的高管年薪水平集中在 30~70 万元人民币区间(见图 4-76),中层管理人员的薪资集中在 15~60 万元(见图 4-77),基层人员的薪资水平集中在 15 万元以下(见图 4-78)。

通过这三组数据不难发现,在薪酬竞争力方面,新型金融科技机构远不及传统金融机构的金融科技部门。新型金融科技机构整体薪酬竞争力劣势将对机构招徕人才带来不利因素。在金融科技从业人员的调研中,薪酬待遇是从业人员选择企业的三大要素之一。在机构调研中,薪酬因素也是影响企业人才稳定性的重要因素。这其中,传统金融机构金融科技从业人员对于薪酬待遇更为看重。从这一点上看,企业如果想吸引来自传统金融机构的金融科技人才,必然需要提高在薪酬待遇方面的吸引力。

从实际访谈中发现,为了成功吸引核心岗位人才,新型金融科技机构仍会不惜重金吸引人才。"高薪策略"主要集中在一些关键岗位和市场紧缺人才岗位。

(二)新型金融科技机构优势:管理层年轻化趋势有利于提升创新力

从年龄结构上看,新型金融科技机构管理层结构平均比传统金融企业年轻 4~25 岁。在高管人员的平均年龄分布中,传统金融机构主要集中在 40~50 岁区间,新型金融科技机构主要集中在 35~40 岁(见图 4-79)。

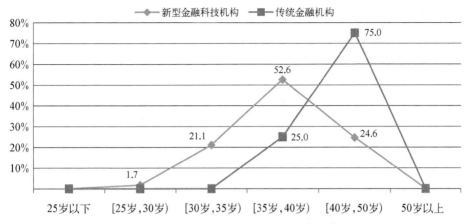

图 4-79　沪上金融科技企业高层管理人员平均年龄分布（2017）

在中层管理人员的平均年龄分布中,情况也极为类似,传统金融机构主要集中在 35～40 岁区间,新型金融科技机构主要集中在 30～35 岁(见图 4-80)。

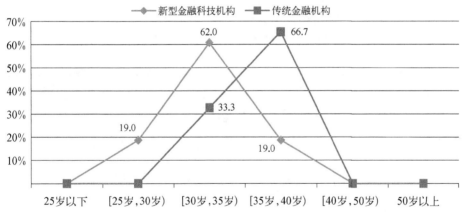

图 4-80　沪上金融科技企业中层管理人员平均年龄分布（2017）

对于金融科技企业来说,创新力十分可贵。管理层的年轻化有利于提升企业活力,提升创新意识及创新能力。

(三) 金融科技的企业基因与发展模式

1. 专业背景和从业经验的选择

传统金融机构与新型金融科技机构在专业背景和从业经验的重视程度上侧重点不同,专业背景和从业经验的选择决定企业的发展方向。

排除企业的发展成因,通常意义上,根据一家企业员工专业背景和从业经验的主体分布,能够判断企业基因及未来发展方向。在对上海金融科技企业员工首要专业背景(即员工中占比最高的专业背景)的调研中,传统金融机构选择"财务金融等经济学专业"的比例明显高于新型金融科技机构,而传统金融机构选择"电子信息技术类专业"的比重明显低于新型金融科技机构(见图4-81)。

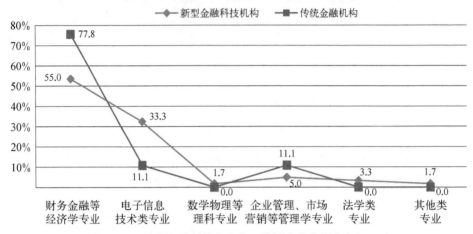

图4-81 沪上金融科技企业员工首要专业背景分布(2017)

从两类企业对员工首要从业经验的选择上,同样能够很清晰地看到企业的主要基因。其中,新型金融科技机构中有58.3%的企业选择了将"互联网企业从业经验"作为员工的首要经验,将"金融机构从业经验"选择为员工首要经验的新型金融科技机构占比为26.7%(见图4-82)。而传统金融机构在该调研

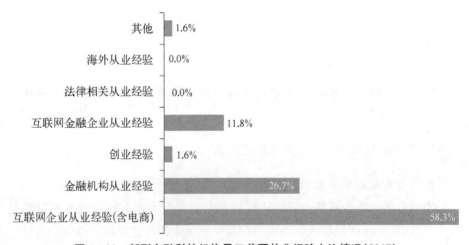

图4-82 新型金融科技机构员工首要从业经验占比情况(2017)

中的情况正好相反,高达77.8%的机构选择将"金融机构从业经验"作为员工的首要经验,将"互联网企业从业经验"选择为首要经验的机构比重仅为22.2%(见图4-83)。由两类企业人员结构区别带来的企业基因差别将显著影响企业发展的各个方面。

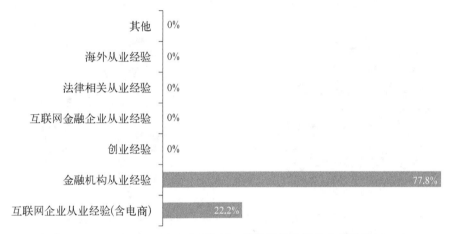

图4-83 传统金融机构金融科技员工的首要从业经验占比情况(2017)

从调研数据中发现,在员工主要专业背景和主要从业经历上,新型金融科技机构"科技"的基因及优势与传统金融机构中"金融"的基因及优势一样明显。尽管企业在"FinTech"的融合趋势上从人才队伍建设的角度做出相应的调整和改变,但是这些由历史成因形成的所谓企业特性或优势还将给企业的发展带来深远影响。

2. 传统金融机构金融科技业务定位——渠道,人才需求模型不及新型金融科技机构全面

在传统金融机构金融科技部门人员的专业背景分布中,财务金融等经济学专业占比最大,造成这一现象的原因与金融科技人才主要依靠内部培养有关。调研中发现,绝大多数人才是依靠校园招聘进入机构的,在进入金融科技部门之前,绝大多数人拥有机构轮岗经历,熟悉传统金融机构的基础业务。这也是为何在调研中,传统金融机构的金融科技人才以"金融机构从业经验"为员工占比最大的从业经验。

在传统金融机构少部分外部引进人才中,互联网企业中电商企业的从业经验占有相当比重,这样的情况在新型金融科技机构中表现却不明显。同样重视

互联网企业从业经验,新型金融科技机构拥有电商企业从业经验的员工仅占拥有互联网企业从业经验员工的13.5%(见图4-84),但是传统金融机构这一项的占比却为52.8%(见图4-85)。事实上,在2012年前后,传统金融机构的确吸纳了不少拥有电商从业经验的成熟人才。传统金融机构的做法与其金融科技业务类型密不可分,互联网支付和渠道等业务仍占据十分重要的位置。

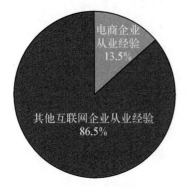
图4-84 新型金融科技机构员工的
互联网企业从业经验(2017)

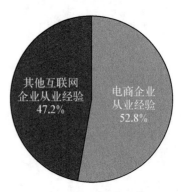
图4-85 传统金融机构金融科技员工的
互联网企业从业经验(2017)

对于传统金融机构而言,金融科技主要承担的是其业务的新兴渠道任务,如何更高效地发挥渠道优势、促进业务增长是传统金融机构关注的问题。因而,传统金融机构的岗位设置不及新型金融科技机构全面,许多机构的金融科技部门多担当的是主营业务的辅助或支持类角色。对于金融科技业务中十分重要的"法律""风控"岗位,在传统金融机构中的人员设置也是相对较少,其中,85.7%的传统金融机构金融科技部门的风控岗设置占员工的比例为10%以内,100%的传统金融机构相关业务法律岗设置占员工的比例为10%以内(见图4-86)。在传统金融机构金融科技的人才缺口中,也极少出现风控、后台支持类岗位,法律人才更是从未成为传统金融机构金融科技部门的缺乏人才。在许多传统金融机构的金融科技部门,法律合规等岗位大部分不单独设立,金融科技业务涉及相关职能,传统金融机构会由统一的法律合规部进行处理。

由于业务的定位限制,传统金融机构的人才需求模型上不像新型金融科技机构还强调从业人员的创业背景以及具体金融科技的实战经验,传统金融机构的人才需求模型只强调"金融机构从业经验"和"互联网从业经验"。相较之下,新型金融科技机构的金融科技人才需求上更全面、更多元化。

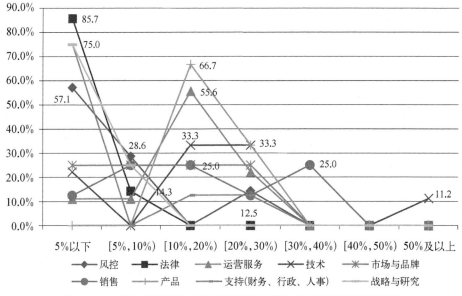

图 4-86 传统金融机构金融科技部门的岗位分布比例情况(2017)

二、共性分析

金融科技这一新兴市场,良才难觅。一方面受行业负面增多、监管趋紧的影响,大量人才对于进入"金融科技"持审慎态度。另一方面,金融科技人才是名副其实的跨界人才,既要深谙金融内在规律,又要具备互联网思维,这对于人才的专业技能及综合素养提出较高的要求。

(一) 整体情况分析

本次调研,通过对新型金融科技机构和传统金融机构热门岗位、难招岗位、流失率大的岗位以及紧缺人才的共性分析,上海金融科技人才市场呈现以下特点:

(1) 符合企业需求的技术人才紧缺,企业争夺加剧,人才流动性强;
(2) 符合企业需求的产品管理人才缺乏,流动性不强;
(3) 销售流失率高,基层岗位难招,招聘速度不及流失速度;
(4) 运营服务管理岗位竞争激烈,淘汰率高,流失率高;
(5) 符合企业需求的市场与品牌管理人才缺乏;
(6) 金融科技风控管理人才缺乏。

通过对照新型金融科技机构和传统金融机构金融科技部门人才缺口数据，调研发现：

一是金融科技人才市场缺乏人才——战略与研究、市场与品牌、技术高层管理人才，产品、技术、市场与品牌中层管理人才，技术、销售基层人才（见图4-87、图4-88、图4-89）。

二是金融科技人才市场难招岗位——技术、产品和风控管理岗位，技术和销售基层岗位（见图4-90、图4-91）。

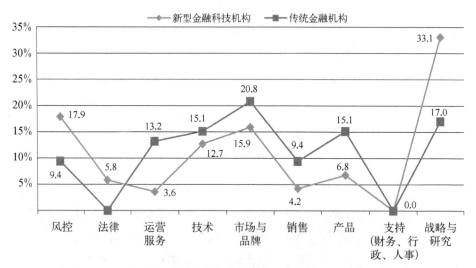

图4-87　沪上金融科技企业高层管理人才缺口情况统计（2017）

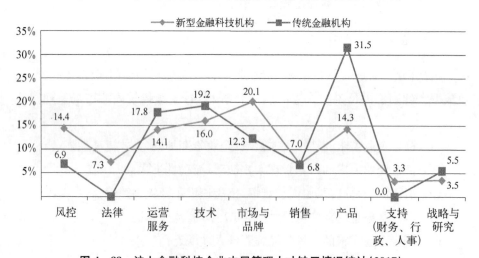

图4-88　沪上金融科技企业中层管理人才缺口情况统计（2017）

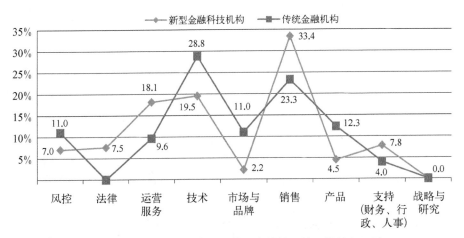

图 4-89　沪上金融科技企业基层人才缺口情况统计（2017）

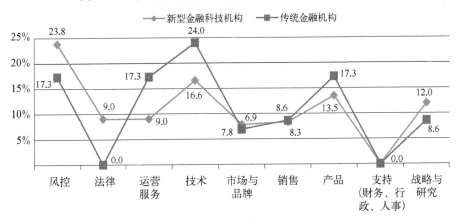

图 4-90　沪上金融科技企业中高层难招岗位分布情况（2017）

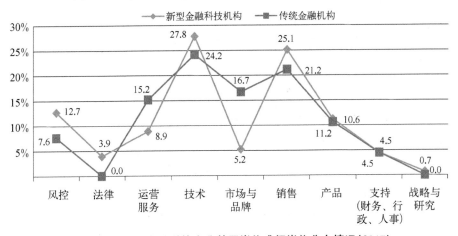

图 4-91　沪上金融科技企业基层岗位难招岗位分布情况（2017）

三是金融科技人才市场热门岗位(竞争激烈岗位)——技术、产品、运营服务管理岗位,技术基层岗位(见图4-93、图4-94)。

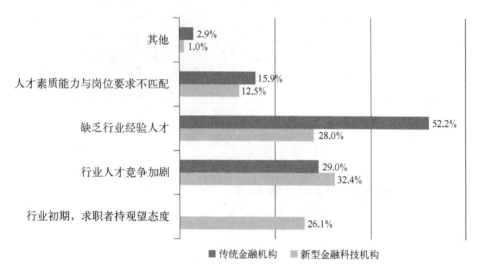

图4-92　沪上金融科技企业认知的人才难招的主要原因(2017)

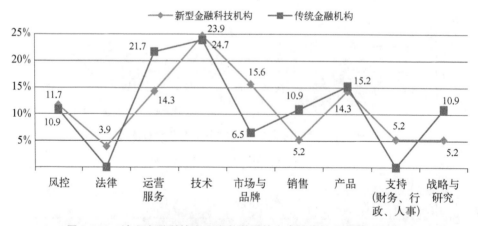

图4-93　沪上金融科技企业竞争激烈的中高层岗位分布情况(2017)

四是金融科技人才流失率高的岗位——技术、市场与品牌、运营服务管理岗位,销售、技术和运营服务基层岗位(见图4-95、图4-96)。

从以上三组数据比较分析发现,技术人才成为焦点。即便应聘者众,但是包括技术基层岗位和管理岗位都仍是各家企业难招岗位以及企业缺乏人才,归根结底说明市场上技术人才能够符合企业需求的较少,而造成这种局面的原因不外乎两个:一是愿意投身金融科技的技术人才较少,二是满足企业需求的成

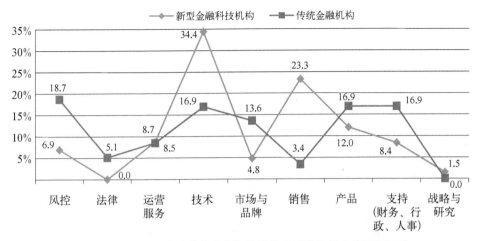

图 4-94　沪上金融科技企业竞争激烈的基层岗位分布情况(2017)

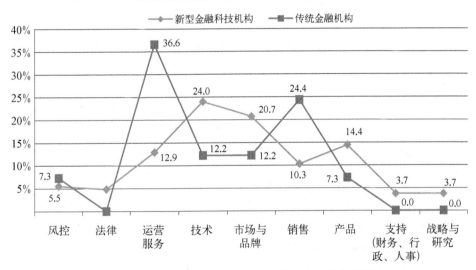

图 4-95　沪上金融科技企业高流失的中高层岗位分布比较(2017)

熟复合人才较少(见图 4-92)。由于市场上缺乏技术人才,机构间加强了人才争夺,变相加剧了各家机构的人才流失。

与技术人才情况相似的是产品管理人才,市场上符合企业需求的该类人才缺乏,但该类人才的稳定性相对较高。

在金融科技企业中销售人才和运营服务人才均属于流动性高的两类人才。一方面,销售岗位尤其是基层岗位业绩压力大,自然淘汰率高;另一方面,机构对该类岗位的需求总量较大,符合企业需求的人才相对较少,机构间的人才争夺加剧了人才流动。运营服务管理人才自身流动性强。从数据分析,该类人才

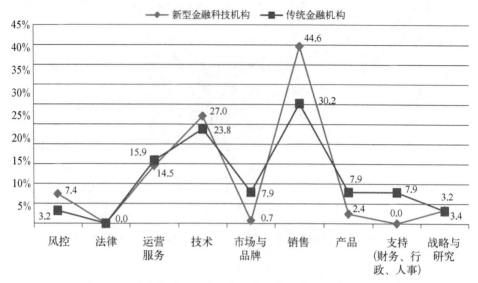

图 4-96　沪上金融科技企业高流失的基层岗位分布比较(2017)

的流失率高,人才间竞争激烈。与运营服务岗位人才相似的还有市场与品牌管理类人才,同属于自身流动性强的人才范畴,不过与运营服务管理人才不同,市场与品牌管理类人才在金融科技行业属于紧缺人才。

风控管理岗是金融科技企业普遍难招岗位。在传统金融机构金融科技部门,尽管相关岗位设置占比不高(85.7%的机构,其风控岗人员占比集中在10%以内),但也要面临与新型金融科技机构同样的局面——风控管理人才难觅。诚然,传统金融机构具有风控类人才储备优势,且人才稳定度普遍较高(见图4-90、图4-91),然而,传统金融机构仍然面临风控管理人才难招的局面,更充分说明金融科技行业缺乏风控管理人才这一严峻现实。

(二) 人员流失反映不同类型企业的个性特征

处于行业初期的国内金融科技行业,具备行业经验的成熟人才稀缺,负责战略与研究、市场品牌的高层管理人才、负责产品、市场品牌与运营的中层管理人才以及技术、销售等基层人才,都是众多企业竞相争夺的目标。各企业间人才争夺战在所难免,这在一定程度上加大了市场的人才流动率。

人员流失反映不同类型金融科技机构个性特征——新型金融科技机构竞争压力大,传统金融机构晋升激励机制不健全。

与新型金融科技机构相比,传统金融机构金融科技部门人员流失率分布相对集中,流失率范围基本在20%以内,其中,流失率在10%~15%的机构比重较高,占比为42.9%;新型金融科技机构的人员流失率分布较为分散,且流失率总体比重略高于传统金融机构,有19.4%的新型金融科技机构的人员流失率在20%以上(见图4-97)。

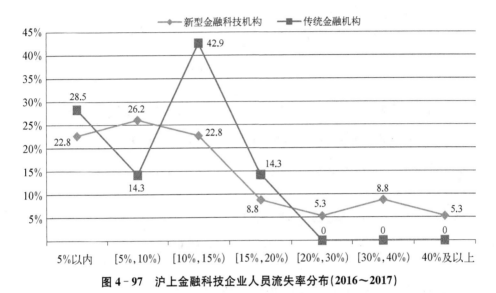

图4-97 沪上金融科技企业人员流失率分布(2016~2017)

从机构人员流失的原因来看,集中反映了传统金融机构和新型金融科技机构影响人员稳定性的个性特征。新型金融科技机构是竞争压力大,传统金融机构则是晋升激励机制不健全。

具体而言,传统金融机构金融科技部门不同层级人员流失的共同原因仍然是"薪酬待遇",其次是"不满企业晋升激励机制","工作有违自身意愿"在传统金融机构的中高层管理人才流失中属于主要原因(见图4-98、图4-99)。

新型金融科技机构的不同层级人员流失的共同原因是竞争压力大和个人兴趣转移。

金融科技企业如要真正转变人才流失率高的现状,仅仅提升机构薪酬竞争力是远远不够的,当务之急是公司制度应兼顾效率与公平,在完善晋升激励机制的同时,建立健全福利保障制度以提升员工的职业安全感。确立人才培养标准,提升培训机制,这不仅能够促进良性的人才建设、优秀的培训体系,还能成为员工福利制度的重要组成部分,成为企业标签和优势,提升员工的归属感。

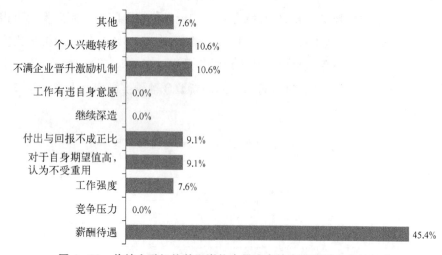

图 4-98　传统金融机构基层岗位人员流失的主要原因分布(2017)

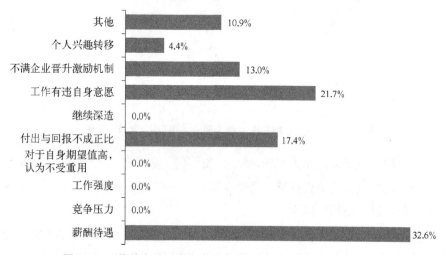

图 4-99　传统金融机构中高层人员流失的主要原因分布(2017)

(三) 影响人员稳定度的核心因素是已不是薪酬待遇而是行业风险和企业稳定度

金融科技从业对于工作的满意度直接反映了其工作稳定度,从调研中发现,影响金融科技从业人员稳定度的关键因素已不仅仅是薪酬福利因素,行业风险、企业影响力及稳定度以及个人成长发展是影响从业人员工作满意度的重要因素。

1. 薪酬不代表一切——企业品牌影响力和个人成长空间是员工选择企业最看重的因素

"企业品牌与社会影响力"和个人"职业提升与发展机会"成为金融科技人才

更看重的要素。"薪酬福利"在从业人员看重的企业要素中排名第三。除此以外，"工作环境和企业文化"也是从业人员选择企业看重的因素（见图4-100）。

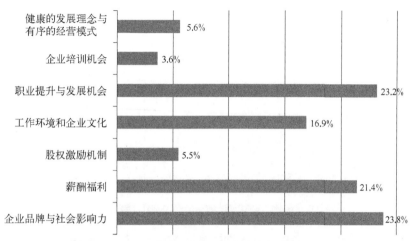

图4-100 从业人员看重的金融科技企业要素(2017)

在金融科技从业人员选择企业最看重的因素中，薪酬福利已经不是最重要的因素。从调研结果看，71.4%的从业人员对目前的薪资满意，10.7%的从业人员对薪资非常满意（见图4-101）。目前薪资与预期薪资一致的从业人员占比为56.5%，薪资低于预期薪资的从业人员占比为32.1%（见图4-102）。

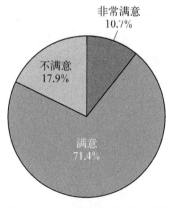

图4-101 金融科技从业人员的薪酬满意度(2017)

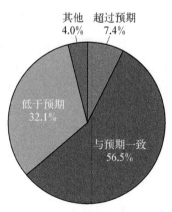

图4-102 员工薪资与预期的比较(2017)

2. 薪酬不代表一切——行业风险和企业稳定度是影响员工工作状态的主要原因

尽管薪酬待遇仍然是影响金融科技从业人员工作状态的主要因素，但还有比薪酬待遇更影响从业人员的要素。从调研数据看,"企业发展的稳定性"和"行业风险性"是更加影响从业人员的因素(见图4-103)。

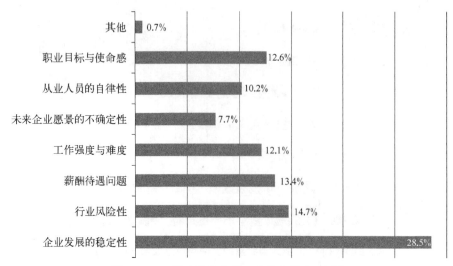

图 4-103 影响从业人员工作状态的主要因素

3. 薪酬不代表一切——行业环境因素是影响金融科技企业员工从业的重要因素

受近年来国家整肃金融科技的影响,目前最困扰从业人员从事金融科技的问题首先是"行业规范程度及发展前景",其次才是个人"知识、技能的匹配","社会认可度"也是困扰从业人员从事金融科技的主要问题之一(见图4-104)。由此可见,从业人员是否从事金融科技受到了极大的外部环境影响,这难免会成为影响企业员工从业的重要因素。

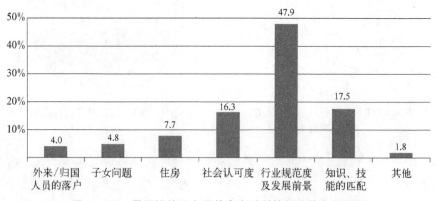

图 4-104 最困扰从业人员从事金融科技行业的主要问题

第五章
结论与建议

第一节 基 本 结 论

一、上海金融科技人才学历呈现纺锤形,管理人才年轻化趋势明显

上海金融科技人才学历结构呈现纺锤形分布,其中本科学历占金融科技人才比重最高。其所学专业背景主要包括财务金融经济、计算机电子信息技术以及管理学三大类专业。上海金融科技人才主要拥有互联网企业、金融机构及金融科技从业经验。上海金融科技管理人才年轻化趋势明显,新型金融科技机构的管理人才普遍较传统金融机构的相应管理人才年轻,这对于创新有利。

就新型金融科技机构而言,其人才学历以本科大专为主体,财务金融类专业人才是最关键的人才。与传统金融机构相比,新型金融科技机构在招纳人才的过程中有相对劣势,985、211院校毕业生或有海外教育背景毕业生在其人才结构中占比较低,新型金融科技机构在招聘过程中被动降低毕业院校标准,更重视同行业从业经验。另一方面,新兴金融科技机构中,80后已成为机构管理层中坚。

二、校园招聘规模稳中有升,社会招聘增长趋势明显,战略、品牌、风控、技术类成为紧缺人才

新型金融科技机构招聘渠道以社会招聘为主,内部竞聘或内部推荐等方式为有效补充,校园招聘所占比重较低。从规模上看,校园招聘规模稳中有升,社会招聘增长趋势明显。新型金融科技机构紧缺人才包括战略规划与研究高管人才,市场与品牌、风控类中高层管理人才,销售、技术基层人才。竞争激烈岗

位与难招岗位重叠,暴露机构难觅符合需求的复合型人才,这其中,风控人才难招,销售基层岗位竞争激烈,岗位流动性强,淘汰率高。技术各层级人才流失情况比较集中和明显,归结来看是市场上符合企业需求的技术人才总量不足。通过与传统金融科技机构比较分析可以看出,新型金融科技机构的不足主要包括:符合企业需求的技术人才紧缺,企业争夺加剧,人才流动性强;产品管理人才缺乏,流动性不强;销售流失率高,基层岗位难招;招聘速度不及流失速度;运营服务管理岗位竞争激烈,淘汰率高,流失率高;市场与品牌管理人才和风控管理人才缺乏。

三、薪酬对于金融科技人才的流动影响在减弱,行业人才流动逐渐趋于理性

各层级薪酬水平差距不大,竞争压力大是新型金融科技机构人员流失的共同原因。新型金融科技机构存在的人才结构劣势或在一定程度上源于其薪酬竞争力、毕业院校背景、学历背景等均不及传统金融机构。大部分新型金融科技机构从业人员对于目前的薪酬待遇比较满意。行业的风险及环境因素、企业的品牌影响力成为影响从业人员择业的重要因素。

人才流失方面,新型金融科技机构的竞争压力大和传统金融机构的晋升激励机制是影响员工稳定性的个性因素,这也为两类企业改善人才流失现状提出了新的策略方向。

四、金融科技人才长期发展和归属感应该引起金融科技企业的关注

新型金融科技机构在业态分布、岗位设置等方面更全面,也更具代表性,本次金融科技人才培养模式分析主要以新型金融科技机构为例展开。新型金融科技机构人才建设以"外部引进为主,配合内部培养"为主,但是伴随着机构间人才争夺的加剧,大部分受访机构均开始重视对内部人才的培养。培训投入力度集中在员工工资总额的1‰~5‰;培训平均覆盖度较高,主要针对中层管理人员和基层人员;培训主要集中在风控岗、技术岗和销售岗,其次是运营服务和产品岗;企业培训的主要方式包括新人培训、后备人才建设、导师建设及外部培训等,多数新型金融科技机构均有所涉猎;培训内容更加务实,产品培训、技能培训占据主导,行业动态、政策和行业新知培训也占一定比例。从业人员对于企业培训中专业技能和素质培训的满意度较高,对于行业动态、政策与行业新

知培训、专业资质培训的反馈较好。从业人员普遍对自身企业提供的思维训练、特殊技能培训不满意,他们中很多人认为自己在"跨界学习与思考能力""创新能力""沟通协调能力"方面亟待提高。从业人员的诉求集中反映了金融科技企业培训的方向。对于包括新型金融科技机构在内的金融科技企业而言,企业培训在兼顾业绩增长的同时,更应该关注员工的长期成长和专业素养的提高,这对于企业的发展和提高员工的归属感能够发挥更重要的作用。

此外,上海金融科技发展还存在一些同样值得关注的问题。首先表现为供需存在结构性矛盾,中关村金融科技研究院相关研究通过类比互联网行业和传统金融行业人才增长情况,推算未来5~10年内,中国金融科技行业人才缺口将达100万人以上。领英智库发布的《2016年中国金融科技人才白皮书》(以下简称《白皮书》)中的数据显示,金融人才在50万人以上,互联网人才在10万~50万之间,但作为新型行业的金融科技人才只有1万~5万人。其次,金融科技企业人力资源体系不成熟,德勤编写的《2016年互联网金融行业人力资源管理暨薪酬激励调研报告》,指出当前互联网金融行业所需的互联网与金融复合人才高度稀缺,多数企业人力资源体系成熟度不足,这将成为影响互联网金融企业未来能否可持续发展的关键因素之一。最后,金融科技作为新型领域,其频繁爆出的负面新闻使得对于金融科技行业从业人员的职业操守和道德底线也应更加关注。

第二节 发展建议

金融科技人才是既懂金融又懂科技的复合型人才。从全球角度看,在金融科技迅猛发展的背景下,作为新型的人才,未来几年金融科技人才稀缺将是常态。而金融科技人才将是上海推动金融科技发展的关键因素,因此,本书分别从完善金融科技人才准入与培育机制、加强金融科技人才发展的调查与研究、推动校企合作以及推动上海金融科技产业整体发展等方面提出针对性建议,助力上海金融科技人才队伍建设,发挥上海国际金融中心人才集聚优势。

根据以上的调研与结论,首先,本书围绕金融科技人才发展的主题,分别从政府、行业协会以及企业等利益相关者的角度提出相关建议。

一、从政府角度

（一）建议政府相关部门行业专项整治与促进发展并重，不搞一刀切

建议政府相关部门在进行互联网金融风险专项整治工作的同时，不搞一刀切。明确互联网金融各项业务合法与非法、合规与违规的边界，守好法律和风险底线。要打击非法，保护合法。

中国的金融科技发展还未成熟，仍处于初级阶段，金融与科技的相互融合与渗透对于全球各国而言均是未来的发展趋势。事实证明，健康发展的金融科技是传统金融体系的有益补充，有利于国家普惠金融战略的实施。要理性认知金融科技，不因为要防止网贷领域出现非法集资而对合法合规的网贷企业，甚至整个金融科技行业采取否定与打击的态度。当下整个行业亟须净化与规范，同时也须注意"不能把孩子和洗澡水一起倒掉"。

建议政府相关部门一定要对违法违规行为以及伪互联网金融、伪金融科技与伪金融创新等予以严厉打击；同时对合法合规行为以及守法经营的金融科技企业予以保护支持。从而实现规范与发展并举、创新与防范风险并重，促进金融科技健康可持续发展。

（二）建议政府相关部门在上海市金融人才发展规划中充实金融科技人才的相关内容，做好顶层设计，发挥规划与引领作用

为确保互联网金融以及金融科技行业有序健康发展，中央及相关地方政府自2014年开始已陆续出台相应政策法规加以规范与指导，但是针对金融科技人才队伍建设的相关内容涉及较少。人才队伍的建设是关系到金融科技行业发展的核心问题。为了确保金融科技行业长期健康发展，建议上海市政府以及相关部门在市、区两级金融人才发展规划以及相关制度政策中，为扶持金融科技人才的培养做好顶层设计，进一步完善金融科技人才队伍建设体系，保证金融科技人才发挥其巨大的优势，更好地服务于金融科技行业发展。这样，一方面有利于整个金融科技行业在人才发展方面进行系统性的布局，有条不紊地推进整个行业人力资源体系的建设，指导与规范人才的培养和发展，从而帮助上海形成全国甚至全球的金融科技人才高地；另一方面也有利于相关企业与机构有的放矢地开展人才工作，提高前瞻性，更加科学地引进、招聘、储备与培养优

秀人才,建立起更合理有效的企业人力资源管理制度和培养体系,更好地开展金融科技人才的培养和管理等工作。

二、从行业协会角度

(一)建议行业协会建立从业人员准入标准与黑名单制度,探索人才资质认证与预警机制,制定相关自律公约,加强从业人员职业操守建设

第一,从行业准入层面看,金融科技作为一个新兴行业,在行业初期快速发展的同时,缺乏从业人员准入标准、职业操守等相应的规范,导致出现从业人员鱼龙混杂、良莠不齐的现象。基于这一问题,建议相关行业协会发挥自律职能,配合相关部门一同探索并制定金融科技从业者资质认定标准,建立权威、统一的从业人员准入门槛,防止出现因从业人员资质较差而导致的相关风险。

第二,从执业过程层面看,目前从业人员在企业快进快出、急功近利的现象突显,建立完善的人才预警机制势在必行,这将有助于改善行业人力资源的整体氛围。建议行业协会借鉴银行证券等传统金融机构的做法,探索建立行业人才诚信数据库,将金融科技行业人才的行业记录、信用记录、资质认证等各项情况入库,鼓励企业开展雇主背景调查,或探索建立金融科技人才黑名单制度,从而形成有效的人才预警机制。也可以考虑通过引入更多人力资源服务第三方机构,借助外力,共同有效约束和规范执业队伍。

第三,从人力资源管理层面看,建议行业协会成立以企业人力资源高管为主体的专业组织,一方面,通过制定行业人力资源管理的自律公约与规则,遏制行业恶意挖角等人力资源领域的不良行为,另一方面,可以加强行业内人力资源管理高管之间关于专业性问题的探讨、分享与交流。

此外,建议由行业协会牵头,企业代表共同参与,编制从业人员职业道德守则与相关培训教材,从商业道德伦理与法律的角度开展行业执业教育,从而有效约束和规范从业人员的执业行为。

(二)建议行业协会搭建人才培训与招聘信息交流平台,利用互联网技术与工具,跨企业整合资源,助力企业进一步提高培训与招聘的效率

第一,从人才培训层面看,伴随着金融科技企业的加速成长、行业规模的不断扩张,企业已经逐步开始注重加强内部人才的培养(在金融科技发展初期,外

部引进仍然是很多金融科技企业获得人才的首选)。但是从行业整体来看,目前在人才内部培养上,相对于传统金融企业,金融科技企业的投入仍显不足。结合目前行业的发展阶段和企业的实际情况,建议由行业协会牵头,发起建设行业人才培训平台,整合各家企业的优势培训资源,建立公共师资专家库,共享优秀师资,共同开发基础性课程体系(包括业务培训、政策解读与行业趋势等),提高与第三方培训机构的议价能力,最终降低各类培训相关成本,提高培养企业内部人才的效率。

第二,从人才招聘层面看,当前金融科技人才的流动以社会招聘为主,校园招聘为辅。随着行业的迅猛发展,需要通过创新金融科技人才招聘手段,从而提高招聘工作效率。一是招聘技术创新。建议由行业协会牵头,建立金融科技人才招聘网络平台或者与知名招聘网站开展合作,聚焦金融科技人才招聘领域,通过互联网及视频等技术手段提高招聘效率;同时通过大数据分析等技术手段关注上海和外省市(特别是长三角、北京与广东)以及纽约、伦敦等海外相关金融科技人才的流动情况,实时掌握人才动向。二是招聘形式创新。建议由行业协会牵头,通过联络相关意向企业,组团联合开展相关招聘活动。比如在校园招聘方面,建议通过开展校园联合招聘和校园宣讲会,拉近高校管理部门及学生同金融科技行业及公司之间的交流,进一步提升金融科技行业在大学生群体中的认知度、公信力和影响力,为行业和企业吸引优质人才,提升企业基础人才储备效力的作用。

(三)建议行业协会进一步加强金融科技人才发展的调查与研究工作,比如亟须探索编制金融科技行业薪酬指数

由于金融科技是新兴的行业,行业发展速度迅猛,人才发展容易出现各种各样的新现象与新问题,建议行业协会与专业研究机构共同开展合作,以问题为导向,进一步加强对于金融科技人才发展的调查与相关研究工作,为人才建设与培养提供强大的智力支撑与理论依据。

比如,人才的健康流动对于行业的稳定与可持续发展十分关键。目前金融科技行业中恶意跳槽、挖角现象频繁,薪资成本非理性上升。由于招聘、人员培训、绩效等皆与薪酬合理定位相挂钩,不合理的薪酬定价已经成为很多金融科技企业的一大负担。因此,亟须探索制定金融科技人才薪酬指数,解决信息不对称,指导行业薪酬跳出恶性竞争的怪圈。当前金融市场上虽存在大量的薪酬

报告和调研,但金融科技企业薪酬指标罕见,对于金融科技企业缺乏针对性,数据分析不精准,指导意义不强。如能早日推出金融科技行业薪酬指数,为员工定薪尤其是IT、运营、风控等重要岗位的员工定薪提供重要参考,对行业健康发展意义重大。

(四)建议行业协会牵头,加强校企联动,共同建设一批人才培养与实训基地,促进行业基础人才建设工作

金融科技行业的未来发展仍需培养和挖掘高校基础人才。伴随着金融科技的兴起,企业迫切需要相关专业人才,这其中必然包括高校基础人才。金融科技基础人才建设不仅有利于企业人才储备和梯队建设,也有利于行业长期健康发展,这需要获得高校和企业的共同重视。然而,目前国内高校学科设置中金融科技专业稀缺,高校相关人才培养滞后于金融科技企业的人才实际需求。高校学生获取互联网金融以及金融科技行业的资讯和相关信息的渠道相对狭窄,再加上受2016年行业负面新闻频发的影响,一系列因素导致高校学生对于互联网金融以及金融科技行业产生误解和排斥。高校人才培养的现状和高校人才对于互联网金融以及金融科技行业的负面态度都不利于整个行业基础人才的建设。

为改变这一现状,建议行业协会积极联系相关政府部门与高校,牵线搭桥,加强校企联动,通过共建人才培养基地的方式,促进行业所需的基础人才建设。一方面,在高校建立"金融科技人才培养工作室(基地)",为高校的相应学科建设、专业设置、师资培养和人才培养方面贡献智慧和资源,进行相关人才培养课题的共同开发和探索,进一步促进企业所需人才的培养(如风控方向等)。另一方面,在企业开展"高校实习(实训)基地"建设,为高校相关专业学生实习提供便利,有效加强高校人才对于金融科技行业的深入认知,促进高校人才输送,这同时也有助于企业有效降低人员入职后的培训成本。

三、从企业角度

(一)建议企业进一步加大对相关紧缺人才培养与储备的重视力度,风控合规方面人才的培养与储备特别需要引起注意

从调研数据来看,金融科技企业在战略规划、市场品牌、风控合规等方面人

才普遍缺乏。伴随着时下技术驱动的发展需要,"大数据挖掘"等相关人才也成为行业内新的紧缺人才。除销售类人才外,大部分紧缺人才均属于行业稀缺人才,企业对于紧缺人才除继续加大外部发掘与引进力度以外,还应注重紧缺人才的内部培养或内部推荐,同时需要配合给予一些政策激励或倾斜。

特别对于新兴金融科技机构而言,风控合规方面人才的培养与储备特别需要引起注意。一直以来传统金融机构在风控和合规方面有着非常严格的制度,对于金融的本质以及行业的发展都有着更为深刻的理解;而新型金融科技机构,在发展初期往往更加注重互联网技术的突破以及互联网思维的应用,对于风险控制和合规关注不够,风控和合规方面人才培养和投入有待进一步加强。

(二)建议企业重视雇主品牌建设,有效提升员工的归属感和忠诚度

雇主品牌是企业品牌的无形资产,决定了雇员在企业中的工作满意度、文化认同感和工作责任感,对企业的发展起着举足轻重的作用。一个良好的雇主品牌使得企业在人力资源市场上有较高的知名度、美誉度、忠诚度,在企业人才竞争中能够提升企业的整体竞争优势、提升企业对优秀人才的吸引力,帮助企业找到价值观匹配的人才,这不仅有助于企业提升员工忠诚度,同时还可以降低人力成本开支。

在金融科技行业初级阶段,从业人员流动率总体偏高,短期内主要是受到薪酬制度的影响,当前行业发展到一定阶段,建议金融科技企业应该更加重视公司雇主品牌建设,这能够将员工的成长和公司的发展相结合,提升员工的满意度,加强员工对于企业文化的认同感,促进员工个人价值的实现,进而为公司及社会贡献更多价值。

(三)建议企业加强人力资源管理人才队伍与管理制度建设

一方面,建议企业要重视与加强人力资源管理人才队伍的建设。人力资源管理人才队伍本身的专业性对整个企业人才建设与发展工作的成败至关重要。人力资源经理、总监、副总裁等在普遍认知中属于通用型人才,实际上他们也属于专业型人才。他们不仅要掌握人力资源职能上的操作规范、流程与细则,同时还要不断获取及学习行业的专业性知识,能够跟上变革速度迅猛的金融科技行业的发展节奏,所以加大人力资源管理人才队伍建设的投入十分必要。

另一方面,建议加强企业人力资源相关制度建设。过去几年,金融科技行

业的发展过于迅猛,野蛮生长,总体上企业的人力资源管理制度不够成熟与完善;同时由于人才结构、组织架构、岗位职责、激励方式等和传统行业相比更加灵活;传统行业的人力资源管理方式必将束缚现有金融科技从业人员的活力和创造力,难以适应金融科技行业的特点。在监管逐步落地,行业发展日趋成熟之时,与金融科技企业发展相适应的人力资源管理制度建设与完善,需提上议事日程。这将有助于企业的科学管理与规范运营,有利于企业建立科学的人力资源管理体系,做好梯队规划,进一步可持续地发展下去。

总之,本书从上海金融科技人才发展的现状与实际出发,呼吁政府、行业协会、企业等利益相关方加强互动,研究行业趋势,建立行业标准,加强行业自律,规范行业发展,共同努力,重塑金融科技行业形象与口碑,为金融科技人才的可持续发展构建良好的生态圈。

四、促进上海金融科技产业整体发展的对策建议

本书认为,无论从国家战略的高度,还是从上海自身经济转型发展的需要看,上海必须顺应时代潮流,以开放的姿态迎接新技术,大力发展金融科技产业,积极建设具有全球影响力的金融科技中心。金融科技人才是上海金融科技生态圈的重要组成部分。关于上海金融科技人才的研究,一定要建立在关于上海将金融科技产业的研究基础上。要更好地理解上海金融科技人才发展面临的问题与挑战,同样必须对上海金融科技产业的发展有深入的认识。只有促进上海金融科技产业实现更快更好的可持续发展,才能够为金融科技人才发展提供更加稳定的沃土。金融科技人才的健康发展又能加快上海金融科技中心建设的步伐。因此,本书基于前期对上海金融科技产业的研究,在 2018 年也提出了上海金融科技发展的对策与建议[1],具体如下:

(一) 建议明确金融科技在上海建设国际金融中心国家战略中的地位、作用与意义,从国家战略的角度为上海的金融科技发展进行顶层设计与规划

上海要明确金融科技的发展是建设国际金融中心国家战略不可或缺的重要组成部分,原因如下:

(1) 全球或国际金融科技中心建设已经成为世界上主要传统国际金融中

---

[1] 有利于读者更好地认识与理解上海金融科技人才发展的研究界的结论与建议。

心城市战略发展的趋势之一,比如:英国伦敦、美国纽约、新加坡等。同时也已经成为国内区域金融中心城市正在努力的方向,比如:杭州、深圳、成都等。

(2)金融科技是中国最有可能实现弯道超车的发展领域之一。2017年,在金融科技全球排名前十的企业中,中国占据五席,前五中,上海占据四席。金融科技凭借其对金融行业产生的颠覆性、全局性影响,已经成为实现中国金融领域跨越式发展,提升中国在全球经济竞争力的战略性产业。

在此背景下,上海迫切需要加快推进金融科技的发展,把握机遇,制定更为有效的金融科技发展战略,做好顶层设计与规划。

(二)建议进一步营造良好营商环境,加大重点机构的招商与培育工作,宣传上海市重点扶持金融科技发展的形象,促进金融科技产业集聚

金融科技产业集聚的发展不仅依赖集聚区域的经济发展,而且与政府政策支持引导以及地理因素都有着密不可分的关系。金融科技产业聚集在发展中是不断地由简单的地理集聚,然后由交易、知识等网络发展成为功能完备的网络状态的,这其实是金融科技产业聚集的一个显著演变过程,也是其明显特征。

上海亟须建设若干金融科技功能集聚区,营造良好的经营环境,大力扶持明星企业,吸引高端要素聚集,扩大龙头企业外溢效应。引导、支持大型互联网企业、银行、证券、保险公司、私募股权投资等相关机构依法合规在上海开展金融科技相关业务,鼓励新技术应用,支持创新业务模式与拓展业务领域。

建议在金融科技产业集聚功能区,先行先试,建设更好的经营环境:

(1)提高工商登记便利化,方便股权投资主体注册登记。

(2)利用上海第三方服务机构集聚优势与人才优势,根据行业的业务发展需要提供更便捷的各类第三方服务机构支持,包括律师事务所、会计师事务所、市场营销公司、视频拍摄制作公司等各类服务机构,形成完整的围绕金融科技平台的产业链。

(3)持续关注已经引入的"明星企业"的发展,营造良好的营商环境,不仅招得到,还要留得住,避免出现部分在上海注册却将主要办公地设在北京的现象,只有这样才能真正形成金融科技集聚功能区。

建议重视挖掘数据的价值,重点发展数据资产服务商。在金融科技时代,数据已经成为金融机构最重要的资产之一,"了解你的客户"已经演变为"了解你的数据"。如何更好地发掘数据资产的价值,运用大数据技术解决信用难题,

是金融科技行业必须考虑并且可以大有作为的。上海金融机构聚集,积累了海量的数据资产,这也是上海发展金融科技产业的一个重要突破口。

建议除了扩大上海市既有的对金融科技机构相关扶持政策的宣传外,要更加突出宣传上海市扶持金融科技产业发展的形象,加大对金融科技相关业态的正面宣传与投资者教育力度,从而获得媒介、业界更多关注,促进优秀金融科技机构集聚,同时避免在金融科技产业出现类似互联网金融以及P2P网络贷款行业劣币驱逐良币的不正常舆论氛围。

(三)建议根据金融科技企业发展的全生命周期成长规律,进一步完善相应的投融资体系,有效利用上海已经形成的多元化的财税引导体系,制定和完善支持金融科技产业发展的财政扶持政策

建立专注于金融科技企业全生命周期的投融资服务体系,根据种子、孵化、加速、成熟等不同阶段的需求,加快科技信贷产品创新,进一步完善支持金融科技产业发展的科技信贷体系;并充分发挥多层次资本市场在推进上海建设具有全球影响力的科技创新中心中的重要作用,通过"科创板"进行一系列制度改革与创新,以提升融资、交易、并购、投资退出等功能,实现金融科技企业与资本市场的有效对接。通过"投贷联动""投保联动"等服务机制,加强金融科技企业与银行、证券、保险、私募、资管、担保、保理等金融业态合作,形成"投智+融资"的平台,形成创业投资集聚活跃、商业银行信贷支撑有力、社会资本投入多元化的投融资体系,充分发挥对金融科技产业的助推作用,为金融科技企业提供多元化融资平台。

目前,上海的财政科技投入逐渐从最初的科技项目资助,向风险分担(推出履约贷产品,引入多方风险分担机制)、风险补偿(出台天使投资风险补偿办法,引导社会资本加大对种子期、初创期科技型企业投入)、普惠税收政策(研发费用加计扣除、高新技术企业认定两项税收减免)、科技创新券(帮助中小微企业降低研发成本)、引导基金(上海市创投引导基金、天使投资引导基金累计参股多家基金、合计参股总规模百亿元)等多元化的财税引导体系转变。建议要有效利用上海已经形成的多元化的财税引导体系,制定和完善支持金融科技发展的财政政策。在原有对互联网金融企业相关扶持政策的基础上,重点突出对金融科技企业的扶持力度,优先为符合条件的金融科技企业提供租金补贴、税收补贴等扶持政策。对于经过备案认证的金融科技企业参考其贡献,比照传统金融机构给予一定补贴,并允许其高管享受上海市给予金融高管人员的医疗、健康、子女入学等服务资源。

在当前政策环境下,建议上海设置专项的金融科技发展政府引导基金,引导广大风投、创投等机构更多关注与参与上海金融科技企业的发展。

(四)建议加大各类金融技术服务平台与基础设施建设力度,进一步鼓励金融科技企业与科研机构合作,重视上海金融科技原始创新能力提升与底层技术研发

上海金融科技的发展,需要强有力的平台搭建支持。首先,要加大金融技术服务平台的建设力度,鼓励技术创新,提供发展"金融科技服务"的专项科研基金、产业基金,围绕金融科技产业打造技术服务平台。其次,要构建功能性园区,建立实验室、技术孵化器等技术开发平台。各个技术平台与技术服务平台相互支持,逐步发展,走向模块化,最终系统化。

上海要建设金融科技发展的知识产权服务机制,大力建设金融科技信息网络与金融科技文献资源共享等基础平台,促进与金融科技有关的基础资源平台开放共享。建立和完善金融科技相关的区域性技术转移网络,针对非营利的技术转移机构采取补助政策。加强与金融科技有关的基础设施建设力度,涵盖为金融科技发展所必需的最底层的硬件和软件的集合。

上海要引导金融机构、金融科技公司与科研机构合作,尽快推进金融科技研发能力建设。金融科技作为金融与科技的结合,先进科技是支撑,金融服务是落脚点。在发展金融科技产业的过程中,必须注重自主研发能力的建设,加强对大数据、云计算、人工智能和区块链等关键技术的研发及相关合作,没有自主研发能力的金融科技都是伪金融科技,容易在行业内形成概念泡沫,不利于行业的长远发展。因此,应当鼓励金融科技企业与高校和专业研究机构合作,共同突破金融科技领域的关键技术,提升上海在有关领域的创新力和影响力。

有关部门可以依托行业协会联合社会力量发起设立金融科技发展基金,依托金融机构、金融科技公司和科研机构投资设立金融科技实验室,特别是注重投向投资周期长、技术外溢效应明显的关键共性技术和基础研究,如风控模型研发、密码学研究等,以提高上海在金融科技领域的原始创新能力。

上海亟须重视金融科技有关的底层技术的研发,占据金融科技行业价值链的顶端。中兴事件启示,在一个知识密集型的行业中,不掌握底层技术,极有可

能受人牵制。目前我国金融科技的研发更多注重现有技术的应用,对于国外新技术新模式奉行拿来主义,这不利于金融科技的长远发展。以区块链技术为例,其底层涉及密码学、可信网络等基础研究领域,我国政府与相关企业在这方面的研发投入还远远不够。因此上海金融科技产业在发展中就应当未雨绸缪,提前向价值链顶端布局,争取成长出一家或几家形如芯片行业的英国 ARM 和荷兰 ASML 一样具有极深技术护城河、为全行业所依赖的金融科技公司。

(五)建议发挥上海国际金融中心持牌金融机构集聚的优势,大力鼓励持牌金融机构进行金融科技的创新与实践;大力发展金融科技服务业,围绕金融行业开展技术服务

金融是特许行业,进入金融行业必须取得牌照并受到严格监管。在当前监管趋严的环境下,持牌金融机构自行建立金融科技子公司和持牌金融机构与作为技术服务商的非持牌金融科技企业合作,这两种模式将是未来金融科技行业发展的主流。如 2018 年 4 月,建设银行旗下的建信金融科技有限责任公司成立,成为国内首家由国有大型银行成立的金融科技子公司;又如 2017 年 8 月,首单运用区块链技术的消费贷 ABS 在上海证券交易所通过,其中百度金融就作为技术服务商搭建了区块链服务端。可见,上海金融科技产业若要有所作为,必须尽快行动起来,提升技术服务能力,充分发挥上海金融中心的金融持牌企业集聚优势,迅速创造合作机会。

建议在每年上海金融创新奖的设置中,加大金融科技创新的获奖比例与奖金额度,并增设持牌金融机构与金融科技机构的合作创新奖,从政府层面引导持牌金融机构技术创新、模式创新、产品创新,并进一步推动持牌机构与技术服务机构、合法的非持牌机构以投资、合资、合营等方式开展金融科技创新。

建议出台相关政策,鼓励在沪持牌金融机构设立内部创业孵化基地或创新部门,比如巴克莱和汇丰银行都在以色列设立了创新创业孵化器等;鼓励有条件的在沪持牌金融机构设立金融科技公司,比如兴业银行和招商银行设立金融科技子公司。建议在陆家嘴、外滩等金融企业集聚区,引入为持牌金融机构跨界创新服务的市场化的孵化器,鼓励持牌金融机构的专业人士与团队就近创新创业。

(六）建议加大上海金融科技发展的开放力度，鼓励知名外资金融科技机构落户上海，加强与国内相关机构的技术研发合作，引导优秀的上海金融科技机构向"一带一路"沿线国家输出技术，拓展市场

2018年，习近平总书记在博鳌亚洲论坛年会开幕式上指出，要将2017年底宣布的政策落地，如放宽银行、证券、保险行业外资股比限制地等，还包括保险行业开放进程的加快，外资金融机构设立条件不断放宽、在华业务范围不断扩大及中外金融市场合作不断拓宽等。

在这样的大背景下，一方面，上海亟须考虑制定相关扶持与优惠政策吸引国外优秀金融科技公司落户上海，特别是来自欧洲与以色列的金融科技公司，加强与国外金融科技公司的相关合作。另一方面，上海亟须考虑制定相关鼓励与优惠政策，引导与激励上海本土的优秀金融科技公司迅速开展海外布局，实施"走出去"战略，特别是结合"一带一路"倡议，向沿线国家输出技术，扩大市场份额，复制在本土的先发优势。

建议上海借鉴伦敦的做法。近年来，伦敦设立了一系列机构并在全球范围内推广，进行金融科技公司的招商入驻与促进金融科技发展，如：LONDON AND PARTNERS，INNOVATE FINANCE，UK TRADE & INVESTMENT等。建议设立上海金融科技发展与开放促进会，助力金融科技市场的开放与发展，是对中国金融开发政策的及时呼应与落地推进。促进会的优势是：

（1）宣传展示的窗口。通过促进会可向全球展示中国金融科技开发的政策与实施情况，展示在中国的外资、中资金融科技机构的发展情况与特色；与国内外相关金融科技组织开展交流，促进外资金融科技机构来上海发展，与中国合作；鼓励中资金融科技公司海外布局，拓展业务，与国外合作。

（2）招商引资的抓手。可为外资金融科技机构开展针对性的服务，营造良好的营商环境，推介外资金融机构相关政策，配合政府吸引外资金融机构落户黄浦。

（3）沟通交流的桥梁。可为外资金融科技机构与相关政府及监管部门搭建起沟通的桥梁，上传下达，及时向有关部门反映业界的共同愿望和需求。同时，将有关部门的政策法规等向业内传递。

（4）互相合作的平台。可为广大外资与中资金融科技机构提供交流与合作的平台，促进国内外金融科技机构在上海协同发展与跨界创新。

（七）建议在金融科技的监管上始终坚持鼓励创新与预防风险并重，结合上海自由贸易港的建设，争取金融监管的改革试点，并大力发展监管科技与法律科技，充分发挥行业自律管理作用，维护公平、有序的市场竞争环境

由于上海的特殊地位，对于金融科技产业的监管，一定要始终坚持鼓励创新和预防风险并重。金融技术创新应在金融服务实体经济的基本要求下进行，并应合理把握创新的局限性和力量。金融技术创新应在宏观调控和金融稳定要求下进行。

上海要牢牢把握自由贸易港建设的机遇，争取金融监管的改革试点，寻求中央更强的监管授权，实施监管沙盒。随着互联网金融风险专项整治进入尾声，监管部门应当继续按照中央"鼓励创新、防范风险、趋利避害、健康发展"的总体要求，总结专项整治期间积累的监管经验，明确监管主体，形成负面清单，在防控风险的前提下鼓励金融科技企业在技术、业态和模式上创新。对于暂时无法对风险有效评估的新做法，应当本着包容审慎的原则，借鉴英国、新加坡和澳大利亚等地的做法，建立监管沙盒，灵活调整监管策略，允许企业在监管的指导下开展创新，与企业共同积累防控风险的经验。进一步推进金融服务与技术服务的分离，金融服务需要满足较高的条件才能获得牌照并接受严格监管，技术服务可以采取更宽松的监管手段以鼓励创新。

金融科技中心一定也是监管科技中心。上海的监管人才优势明显，监管科技将是上海金融科技未来发展的突破点。上海亟须大力发展监管科技，提升金融科技的安全性与效率。金融科技实际上是跨业态的，而跨界的监管常常很难穿透实行，因此传统的监管容易滞后，这就亟须技术监管，甚至依靠监管科技企业帮助监管部门解决问题。同时金融科技的发展还需要大力发展法律科技，金融科技在变革金融业务的同时，需要良好的法律环境支撑。比如智能仲裁：如果在技术对接的背景下发生纠纷，仲裁委在进行裁判时可以以前期获取的信息为依据生成仲裁所需的文件，避免人为地介入，且能够批量处理案件，从而提高案件处理的效率。

上海要进一步发挥行业协会的优势，推动形成统一的行业服务标准和规则，探索建立金融科技平台认证备案机制与行业标准，规范与引领行业发展。上海相关部门积极与市互联网金融行业协会及相关专业委员会联系与开展合作。通过行业自律组织与行业专家资源，共同探索与建立金融科技平台认证备

案机制与行业运行标准,包括建立相关信息披露指引与操作规范,从而规范与引领上海市金融科技产业健康发展。

要推进行业的自我管理和自我服务。行业自律组织是产业生态圈的重要组成部分。一方面,行业自律组织可以通过日常管理规范成员单位的行为,形成良好的行业风气,降低行业的合规风险;另一方面,行业自律组织通过关键共性技术合作研发、金融科技数据和接口的标准化与共享、金融科技行业基础设施建设等工作发挥好产业生态圈的协同作用,促进上海整个行业的发展。同时,依托行业协会,建立统一的行业自律标准,提升整个行业的合规水平。在自律标准的制定上应与国际标准接轨。例如在大数据的应用上,可以向欧盟通用数据保护条例(GDPR)等国际标准看齐,平衡好隐私保护与大数据研究利用的关系,保护好金融消费者的合法权益。

（八）建议打造上海金融科技的协同创新机制,加快构建长三角金融科技产业集群与金融科技生态圈

上海亟须打造金融科技协同创新机制,充分发挥金融科技各类资源的集群效应。通过深化金融要素的市场化配置,创新金融供给模式,优化金融供给结构,提升金融的供给质量和供给效率。从组织体系、产品设计、金融科技工具、服务模式、扶持政策和平台建设等方面,构建一个协同创新的生态化区域,实现上海金融科技的系统发展,提升对新经济的服务能力。

上海金融科技亟须加快与长三角城市群的其他城市金融科技产业联动发展,构建长三角金融科技产业集群与金融科技生态圈。

产业集群强调的是长三角城市群的金融科技产业上、下游的相互支持与协作;金融科技生态圈则强调的是长三角城市群的金融科技协同发展,形成相互支撑、相对完整的一个产业生态系统。虽然长三角地区的金融科技产业化优于京津冀、珠三角的协同发展,但内部联动机制和协同程度还有较大的发展空间。特别是上海与杭州之间的优势互补与协同发展,需要明确定位、分工合作、整合发展,将长三角打造成全球金融科技中心。

长三角构建金融科技产业生态圈与产业集聚应逐步形成"政府引导＋市场主导＋专业化运作"的模式。

(1) 金融科技企业从满足单个持牌金融机构的科技需求出发,逐步成长,服务于同类机构,最终实现不同金融业态的科技赋能。

（2）少部分服务由政府独立提供，大部分由业界的市场主体独立提供或政府搭建相关平台后各市场主体参与。在金融科技生态中，各业态主体应携手金融机构在物理层、数据链层、网络层、传输层、会话层、表示层、应用层为金融机构提供产品和服务，使得金融机构可以快速建设基础设施平台，创新金融科技发展，共同推进金融科技生态体系的建设。

（九）金融科技未来发展的两大方向已十分明确：人工智能与区块链，但都需谨慎对待，相比较，区块链技术的发展值得更多关注

人工智能（AI）是由多种学科相互渗透而发展起来，如涉及计算机科学、控制论、信息论、语言学、神经生理学、心理学、数学、哲学等。从 20 世纪 50 年代首次提出 AI，到今天的应用宽度和深度不断得到拓展，与多学科和领域开始引入或借用 AI 技术，AI 中的专家系统、自然语言处理和图像识别已经成为新兴的知识产业的三大突破口。在金融领域已经进行多种 AI 的应用方式，如生物识别、大数据风控、智能投顾等，不过面对现实层面的具体应用，其实际效果仍然有待检验。

区块链技术的去中心化、信息完备透明、分布式存储、可编程智能合约、容错性、可追溯性等特性，使得区块链天然具有与金融领域应用相适配的基因，为金融领域的去中心化信任机制提供可能，具备改变金融基础架构的潜力，甚至可以重构金融业务秩序。但该技术目前仍处在理论探讨与试验层面，在金融领域的应用极少。由于区块链技术与人工智能相比处于更加初级的阶段，值得更多关注。

（1）建议加快推进区块链相关法律法规的制定，将区块链技术在立法层面纳入合理监管框架之内，并根据金融科技及区块链行业特点，优化金融行业市场监管手段，鼓励创新，防范风险。

（2）建议政府相关机构发挥统筹协调作用，加快区块链在金融行业的试点应用，并积极部署相关机构作为区块链节点，参与区块链运营，通过区块链实际案例来推动相关法律法规的制定和完善，以便更好发挥区块链的潜在商业价值，引导产业健康发展。

（3）建议行业协会、产业联盟进一步发挥先行优势。在技术层面，区块链技术相关标准亟待确定，关键底层技术亟须规划，包括对密码机制、密钥管理、共识机制、智能合约、互联和访问控制等在内的技术标准化、规范化，这些是区

块链技术安全、稳定运行的基础。

(4) 在业务层面,建议积极培育区块链生态,尽快实现区块链相关业务如信息披露、投资者保护、身份认证、反洗钱、监管对接以及网络信息安全等规范化发展,引导产业集群优化升级,防范潜在风险。

(5) 建议密切关注产业化进程,根据区块链和共享经济的高度融合性特征,积极促进区块链和金融产业的深度融合。

第六章
上海互联网金融发展解析
（以 2014～2015 年为例）

2013 年是中国的"互联网金融元年"。作为国家"大众创业、万众创新"战略的有力支撑，互联网金融凭借其独特的经营模式和价值创造方式开始迅猛发展。2014～2015 年，我国的互联网金融呈现爆发式增长的态势。本书认为，互联网金融与金融科技之间的关系在于，互联网金融是互联网和金融相结合的新兴金融领域，主要基于平等、开放、协作、分享的互联网精神，依托互联网及移动通信、大数据、云计算、社交平台、搜索引擎等技术，实现资金融通、支付及相关中介服务的新兴金融模式；而金融科技所指的技术，则包括互联网技术、大数据、人工智能、区块链、云计算、生物识别等新兴技术手段，互联网金融中所指的互联网技术显然包括在这些科技当中。因此，从这个意义上说，互联网金融是金融科技的重要组成部分。中国的金融科技发展与互联网金融发展密不可分。同时，结合国内及上海金融科技的发展进程来看，如果要更全面与深入地了解上海金融科技人才的发展，十分有必要对 2014～2015 年国内互联网金融的发展情况有一个全面的认识。从发展史研究的角度，这个阶段的发展对后来几年乃至当前的金融科技发展产生了巨大而深刻的影响。所以，本书选取 2014～2015 年互联网金融发展情况进行分析与探讨[1]，将有助于读者更好地认识金融科技人才所处的环境与发展历程，更好地理解金融科技人才所面临的问题与挑战。

---

[1] 部分内容来自《上海互联网金融发展报告（2015）》（执行主编：孟添），上海交通大学出版社 2015 年版；《上海互联网金融发展报告（2016）》（执行主编：孟添），上海交通大学出版社 2016 年版。

第一节　互联网金融发展概述

一、互联网金融的定义与内涵

互联网金融不是互联网和金融的简单结合。根据 2015 年 7 月 28 日中国人民银行、工业和信息化部、公安部、财政部、国家工商总局、国务院法制办、中国银行业监督管理委员会、中国证券监督管理委员会、中国保险监督管理委员会、国家互联网信息办公室联合印发的《关于促进互联网金融健康发展的指导意见》(下称《指导意见》)中的规定,互联网金融是传统金融机构与互联网企业(以下统称"从业机构")利用互联网技术和信息通信技术实现资金融通、支付、投资和信息中介服务的新型金融业务模式,是传统金融行业与互联网技术相结合的新兴领域。互联网与金融的深度融合是大势所趋,将对金融产品、业务、组织和服务等方面产生更加深刻的影响。互联网金融不仅能够促进小微企业的发展,还在扩大就业方面展现了金融机构难以替代的积极作用,为大众创业、万众创新打开了大门。促进互联网金融的健康稳定发展,对于提升金融服务的质量和效率有重要意义,在深化金融改革、促进创新发展、扩大金融业开放、构建多层次金融体系等方面也发挥着重要作用。而作为新生事物的互联网金融,不仅需要市场驱动、鼓励创新,同时也需要政策助力以促进发展。

二、互联网金融的主要业务模式与分类

互联网金融的业务模式一直是学术界和实业界关心的重点问题,但是,从学术角度看,互联网金融模式的分类未达成共识。谢平等(2012、2014)认为互联网金融模式有支付方式、信息处理和资源配置三个核心部分,以这三个核心部分为基础可以延展成八种创新模式,即传统金融互联网化、移动支付和第三方支付、互联网货币、基于大数据的征信和网络贷款、基于大数据的保险、P2P、众筹、大数据在证券投资中的应用等。艾瑞咨询集团在 2013 年发布的《互联网创新金融模式研究》中以业务角度的差别为划分标准,提出中国互联网金融大致可分为支付结算、网络融资、虚拟货币、渠道业务以及信息服务等五类。罗明雄(2014)认为第三方支付、P2P、众筹、大数据金融、互联网金融门户以及金融

机构信息化等是互联网金融的六大业务板块。2015年7月28日,十部委联合发布的《指导意见》中按照监管责任明确的原则,将互联网金融业态分为互联网支付、网络借贷、股权众筹融资、互联网基金销售、互联网保险、互联网信托和互联网消费金融几大类。

从整体而言,国内互联网金融的业态分类根据不同的分类原则有不同的划分方式,且各个业态的发展情况不一。根据国内互联网金融业务实际发展情况,本章节中涉及的互联网金融业务模式主要包括新型互联网金融业态(包含第三方支付、网络借贷、股权众筹融资、第三方金融产品销售、金融资讯与门户及网络征信等)、持牌金融机构的互联网化(包含银行业、证券业、保险业等持牌金融机构的互联网化)、互联网+产业链金融以及服务于互联网金融生态圈建设的基础设施提供方等(见图6-1、表6-1)。

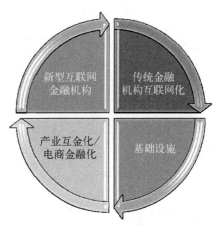

图6-1 互联网金融主要形态

表6-1 我国互联网金融各业态发展情况

类别	包含内容	定义及行业特点	所处时期	典型案例(标*为在上海的金融机构)
支付结算	网络支付	独立于商户和银行,运用互联网为商户和消费者提供支付结算服务	正规运作期	银联商务*、支付宝、财付通、汇付天下*、快钱*等
网络融资	P2P贷款	投资人通过网贷中介平台,将资金贷给其他有借款需求的人	行业整合期	人人贷、拍拍贷*等
网络融资	众筹融资	搭建网络平台,由项目发起人发布需求,向他人募集项目资金	萌芽期	天使汇、娱乐宝、追梦网、爱创业*、筹道股权*等
渠道业务	第三方产品销售	基金等理财产品的网络销售	期望膨胀期	东方财富网*、陆金所*、诺亚财富*、万得信息*

(续表)

类别	包含内容	定义及行业特点	所处时期	典型案例（标 * 为在上海的金融机构）
信息数据	资讯与门户	为各类客户提供金融信息服务	期望膨胀期	东方财富网*、万得信息*、网贷之家*、融道网*等
	网络征信	通过采集个人或者企业在互联网交易或者使用互联网各类服务过程中留下的信息数据，并结合线下渠道采集的信息数据，利用大数据、云计算等技术进行信用评估的活动	萌芽期	央行征信、芝麻信用、上海资信*、斯睿德*等
金融机构的互联网化	银行业金融机构的互联网化	银行、证券、保险利用互联网技术与思维创新相关金融产品，实现相关金融服务	期望膨胀期	交通银行*、浦发银行*、上海银行*、华瑞银行*、招商银行、民生银行等
	证券业金融机构的互联网化		期望膨胀期	国泰君安证券*、海通证券*、光大证券* 国金证券、中山证券等
	保险业金融机构的互联网化		期望膨胀期	太保*、众安在线*、人保等
产业＋互联网金融		在对产业链内部的交易结构进行分析的基础上，运用自偿性贸易融资的信贷模型，并引入核心企业、物流监管公司及资金流导引工具等新的风险控制变量，对产业链的不同节点提供封闭的授信支持及其他结算、理财等综合金融服务	期望膨胀期	红星美凯龙家金所*、唯品会*、海尔海融易、绿地金融*、万达金融*、蚂蚁金服、京东金融、腾讯
金融科技与基础设施	第三方金融科技服务机构	为保障交易类互联网金融机构业务的稳定开展，提高交易类互联网金融机构的业务效率，所衍生出的以提供技术服务为主的特定第三方服务机构	期望膨胀期	证通*、阿里云、融都科技

三、业界对互联网金融形成的共识

(一) 互联网金融的实质依旧是金融

"互联网+金融"的结合,可以看作是"信息中介+资金中介"的融合,互联网金融的本质依旧属于金融范畴,只是因为互联网作为信息中介的特性,使得金融业务的逻辑被重新架构并因此衍生出新兴业态和各类相关产品,由此对参与其中的各利益相关方乃至金融业主体产生重要影响。姜建清(2014)认为,即便融合了互联网技术的特征,互联网金融的本质还是金融,要坚持以服务实体经济作为其发展的本源,互联网金融的强大竞争力在于大数据的运用;生命力在于客户体验的继续完善,最后,互联网金融还应完善线上线下的互联互通,以形成服务模式。

(二) 互联网金融要为实体经济服务

作为新兴产物的互联网金融,从其产生、发展到壮大都与实体经济的发展息息相关,因此,互联网金融与实体经济相互依存的关系从根本上被确定下来。2014年8月,时任平安银行行长邵平在中国互联网大会上提出了自己的观点,他指出"为实体经济服务"的宗旨是互联网企业和传统企业都应严格遵守的,如果偏离,不仅会产生风险,还会造成社会资源的浪费。在2015年博鳌亚洲论坛"互联网金融:自律与监管"分论坛上,中科创董事长张伟表示,相比于传统金融,在普惠金融理念指导下,以网贷、股权众筹为代表的互联网金融着力解决中小企业融资难、融资贵等问题,更加贴近老百姓生活,对传统金融体系起到了有益的补充作用,为金融改革奠定了基础。

(三) 互联网金融发展的核心优势是场景化的大数据

互联网金融已经从初期的业态和模式创新,渐渐进入产品场景化并向垂直领域渗透的阶段。互联网金融的核心优势已经不再是渠道创新,而是场景化的大数据。数据资产成为未来互联网金融发展的重中之重。在信息化快速发展的当下,数据已然成为一种基础性战略资源;而在未来,掌握、挖掘、分析和应用大数据资源的能力,也将成为企业获取价值的核心要素。2015年9月,在中国工商银行互联网金融战略暨网络融资中心成立发布会上,姜建清发表了对互联网金融的看法，他指出，一方面，金融大数据应当具有一定量的规模和积累等主要特质，另一方面，也应当涵盖如交易、消费或日常行为产生的多种类型数据，还应当可以通过智能挖掘和分析产生商业价值。这预示着对于资产端的风险控制将出现专业化、差异化、垂直化、数据化、精准化的趋势；而对于投资端的服务，不仅需要更加便利更要安全，互联网金融平台的品牌价值梯队将陆续形成，品牌的市场认可度将不断分化。

(四) 互联网金融的生命力源自创新带来的客户体验的完善

社交分享(sharing)、极致体验(experience)、情感认同(emotion)三个必要条件是互联网商业模式遵循 SEE 法则。互联网的生命力源于互联网精神：开放、平等、协作、快速、分享。互联网思维始终坚持以客户为核心、客户价值至上。所以，理论上讲，互联网金融行业的所有业务运营，包括客户获取、产品展示与宣传推广，资金划转与清算等均应通过线上完成。互联网金融必须基于以用户为中心的思想，从每一个细节处去改善用户体验，从而获得良好的客户黏性。

第二节　我国互联网金融发展情况

一、发展背景

在 2014~2015 年前后，互联网金融继续保持有序发展，总体来看监管环境积极温和，行业设施加快完善，市场需求得到持续推动，为互联网金融提供了发展契机。

(一) 监管政策方面

从中央到地方均对互联网金融的发展给予了大力支持。一是中央政府多次在国家重要会议中提及并鼓励互联网金融发展，如在 2014 年政府工作报告中提出"促进互联网金融健康发展，完善金融监管协调机制"。二是人民银行、证监会等行业监管部门陆续出台了多项政策支持鼓励互联网金融的发展，如中国人民银行在 2010 年出台了《非金融机构支付服务管理办法》，并在 2011 年下发非金融机构支付牌照，明确了非金融机构从事支付业务的法律地位，为互联网支付的发展奠定基础;2013年,中国人民银行支付司指导下的中国支付清算协会牵头发起成立了互联网金融专业委员会,专门支持互联网金融行业发展;同年,证监会开始向第三方机构颁发基金销售牌照;2014年,中国人民银行在其发布的《中国金融稳定报告(2014)》中指出了互联网金融监管应遵循的五大原则,银监会于2014年4月划定了P2P网贷四条红线,同年6月,一行三会正式制定相关法规,禁止互联网金融混业经营。保监会在2014年12月公布了国内首份针对互联网金融领域的监管文件:《互联网保险业务监管暂行办法(征求意见稿)》。2014年末,证监会出台了《私募股权众筹融资管理办法(试行)(征求意见稿)》,2015年,中国人民银行等十部委发布了《关于促进互联网金融健康发展的指导意见》,肯定了P2P平台的信息中介性质;2015年7月,证监会发布了《关于清理整顿违法从事证券业务活动的意见》并对开立虚拟证券账户、借用他人证券账户等行为进行了清理,对互联网金融行业的健康发展提供了有力支撑。三是全国多个地方政府对互联网金融的发展给予了大力支持,2014年下半年至2015年末,已有北京、上海、深圳等超过十省市相继出台互联网金融相关的支持政策。

(二) 基础设施方面

国家整体信息化程度的提升以及互联网技术的发展已对多个传统行业形成有效渗透,有利于互联网金融的发展。一是伴随国家信息化建设的加快推进,宽带接入率不断提升,移动通信网络覆盖面快速扩大。至2014年底,互联网普及率已达47.9%,为互联网金融的发展提供了必要的基础设施支持。二是互联网技术已对媒体、零售等传统业务形成广泛、深入的渗透。社会大众的社交、购物等生活行为正加快向线上迁移。该局面对互联网金融的发展在客户行为方面形成了有力的铺垫。

(三) 市场发展方面

当前的金融服务体制及行业规则下,存在金融排斥的现象,部分社会群体无法获取充分金融服务。金融服务的创新需要借助互联网技术进行有益的补充。步入2014年以来,对于传统投融资渠道以外的金融服务需求持续推动也为互联网金融的进一步发展提供了重要条件。长期压抑的金融需求需要释放是互联网金融迅猛发展的重要驱动力。

（四）监管政策方面

进入 2015 年后，政府鼓励互联网金融规范发展，首次明确互联网金融的行业边界和监管分工，2016 年初开始加强监管、开展行业专项整治。2015 年 3 月，李克强总理在两会政府工作报告中明确提出"互联网＋"行动计划，要求促进"互联网金融健康发展"，释放出鼓励行业发展的积极信号。7 月，中国人民银行等十部委联合出台了《关于促进互联网金融健康发展的指导意见》（以下简称《指导意见》），针对互联网金融各业态的发展实际提出了一系列鼓励创新、支持发展的政策措施，同时对各业态的发展定位和风险管理提出了原则性的规范要求，积极引导互联网金融规范化发展。《指导意见》也首次明确了互联网金融各业态的业务边界及监管分工：互联网支付业务由人民银行负责监管；网络借贷、互联网信托和互联网消费金融由银监会负责监管；股权众筹融资、互联网基金销售由证监会负责监管；互联网保险业务由保监会负责监管，为互联网金融的规范发展确立了清晰的监管框架。对网络借贷，同时兼顾政策鼓励和风险防范，提出了第三方存管制度以存放客户资金，强化对消费者权益的保护力度，以达到提升网络、信息安全，增强行业自律，防范金融犯罪的目的。

在强调"规范发展"的主基调下一系列政策法规出台：2015 年 1 月，银监会宣布新设普惠金融工作部，将 P2P 划归该部监管。同月，中国人民银行印发《关于推动移动金融技术创新健康发展的指导意见》《关于做好个人征信业务准备工作的通知》，将移动金融技术创新和商业化个人征信机构正式纳入监管范围。7 月 27 日，《互联网保险业务监管暂行办法》正式出台。7 月 31 日，中国人民银行发布《非银行支付机构网络支付业务管理办法（征求意见稿）》，根据该意见稿，将对网络支付进行限额管理，每个客户的第三方支付账户每日累计金额不能超过 5 000 元，对综合类支付账户、消费类支付账户分别规定的年累计 20 万元、10 万元限额。同时，其中第三方支付账户余额仅指存在于第三方支付公司的虚拟账户，对于第三方账户开立、转账都做出严格限制。8 月 6 日，最高人民法院发布《关于审理民间借贷案件适用法律若干问题的规定》，明确在相关案件中 P2P 网贷平台的责任。10 月底，据"网贷之家"的数据显示，全国 P2P 平台历史累计成交量突破万亿元大关，跻身"万亿俱乐部"。11 月 3 日，《中共中央关于制定国民经济和社会发展第十三个五年规划的建议》出台。该文件明确指出在构建发展新体制时应规范发展互联网金融以达到提高发展质量和效益的目的。12月3日,e租宝被警方突查,拉开了2015年互联网金融的最大风险事件的序幕。12月28日,银监会同工信部、公安部、国家互联网信息办公室等部门共同研究起草了《网络借贷信息中介机构业务活动管理暂行办法(意见征求稿)》,同日,中国人民银行的《非银行支付机构网络支付业务管理办法》正式下发。

(五) 金融环境方面

其整体对互联网金融呈积极支持态度,资本市场持续关注。2015年的金融环境对互联网金融的发展起到了积极的促进作用,在货币政策"稳健并适度偏松"的总体基调下,中国人民银行累计下调存贷款基准利率1.25个百分点,无风险利率的下降在一定程度上促使社会资金向网络借贷等收益率更高的互联网金融领域集中,间接推动互联网金融用户规模和交易规模的进一步增长。与此同时,资本市场也对互联网金融给予了持续的关注和投入。针对互联网金融市场的投融资交易持续活跃。数据显示,2015年国内互联网金融投融资案例达到253起,融资金额约为59.1亿美元,较2014年大幅增长153.54%。其中蚂蚁金服、众安保险、陆金所等代表性企业分别获得约20亿美元、9亿美元及5亿美元融资。

(六) 行业基础设施方面

其整体建设进一步丰富完善,用户金融行为加快向线上迁移。一方面,在各级政府和相关行业主管部门的努力推动下,互联网金融行业基础设施进一步丰富完善。一是国家信息化程度进一步提升,2015年全国互联网覆盖率和移动互联网渗透率已分别达到50.3%和90.1%;二是行业信息共享系统建设积极推进,其中中国支付清算协会互联网金融风险信息共享系统已于2015年9月正式上线,首批接入13家网贷机构,通过整合分布在各机构间的零散数据,提升行业整体的信息对称度。此外,由人民银行与中国互联网金融协会联合牵头的互联网金融综合统计体系也已在积极筹建中。

另一方面,用户的支付、理财等金融行为的互联网化迁移进一步加快。数据显示,截至2015年12月,全国网上支付的用户规模已达4.16亿户,同比增长36.8%,手机支付用户规模达到3.58亿户,同比增长64.5%。此外,通过互联网渠道购买理财产品的用户规模也已达到9026万户,在网民中的渗透率超过 13%。

此外，2015 年起，各地互联网金融自律组织相继成立，全面提速行业自律建设。为积极贯彻国家促进互联网金融健康发展的精神，有效推进辖内从业机构的规范化建设，全国多个省市相继由地方金融办牵头，指导成立了地方性互联网金融行业协会，包括上海市互联网金融行业协会、浙江互联网金融联盟、福建省互联网金融协会、广州互联网金融协会、深圳市互联网金融协会等。同时，多个地区的互联网金融从业机构也纷纷自发成立了自律组织，如山东省互联网金融协会、杭州市互联网金融协会、北京市网贷行业协会等。各地互联网金融协会成立后，积极发挥行业自律组织的功能作用，针对互联网金融行业，特别是风险隐患相对集中的网贷领域，相继发布了一系列有针对性的指引文件。如上海市互联网金融协会成立与上海金融信息行业协会共同发布了《上海个体网络借贷行业（P2P）平台信息披露指引》，江苏省互联网金融协会发布了《江苏省互联网金融协会 P2P 信披指引全文》等，为辖区内机构的规范发展提供积极的指引，行业整体的自律建设全面加快。

二、发展路径与特点

（一）互联网金融发展路径

2014 年，互联网金融产业进入快车道，业务模式进一步趋于丰富。从发展路径来看，继续遵循"从互联网机构向传统金融机构延伸""从金融基础服务向金融核心业务演进"的脉络，沿着互联网支付、金融产品销售、网络小贷、P2P、众筹、征信的路径向前演进。

正如传统金融源于商业贸易，国内互联网金融的产生、发展在一定程度上也源于电子商务的发展。进入互联网时代，消费者日趋旺盛的在线购物需求催生了互联网支付的诞生与发展。在中国人民银行颁布"2 号令"后，互联网支付实现了爆发式的增长，覆盖场景越来越广泛，用户规模越来越庞大，交易信息越来越丰富。互联网支付逐渐成为一个用户入口和数据中心，在一定程度上促进了金融产品销售和网络小贷等业态的形成与发展。

一方面，支付宝等拥有庞大用户规模的支付平台逐渐演变为一种新的渠道，在将互联网支付技术与货币基金这一特殊商品进行充分融合创新后，推出基于 T+0 模式且具有消费和理财功能的"余额宝"产品，从渠道的角度革新了传统基金的业务和销售模式,在短时间内引起了市场的广泛效仿,极大地推动了金融产品销售的发展。

另一方面,电商平台布局互联网支付后,实现了商品交易的闭环,所掌握的数据资源从商品信息流扩展至价值更高的交易信息流,对平台商户经营情况的掌握更为清晰。在此基础上,面向平台商户推出了互联网小额贷款服务,如"阿里小贷"和"京东京保贝"等,"网络小贷"业务由此而生。

为填补"网络小贷"仅面向电商平台用户的市场空白,P2P业态应运而生,面向更广泛群体(包括投资和融资两端)提供互联网借贷服务,一方面满足中小企业、私营业主、普通大众的短期小额融资需要,另一方面为普通投资人提供了一个收益相对较高的投资渠道。互联网众筹作为另一类低门槛、大众化的投融资创新业态,几乎与P2P同时起步,当前主要集中在产品众筹领域。

在开展P2P、互联网众筹业务过程中,融资人/机构的信用状况信息不仅是投资人首要关注的因素,也是平台控制业务风险、开展平稳经营的基本前提。因此,在一定程度上,P2P和互联网众筹等业态的发展需要直接推动了互联网征信的发展。

从互联网支付到P2P、众筹、征信,互联网金融的发展已从早期的金融基础服务深入到"存""贷"及风险控制等金融核心业务领域,对商业银行等传统金融机构的业务经营、品牌建设等多个方面形成了较大的竞争压力,倒逼传统金融机构开展互联网化转型。

在此背景下,传统金融机构从2013年下半年开始明显加快了互联网转型步伐,不断深化传统业务与互联网技术的融合。民生银行、上海银行、平安银行等20多家银行相继推出直销银行等创新产品。此外,大型证券公司,如国泰君安证券等,也推出了基于综合理财账户的一站式综合理财服务平台,开展互联网化获客与经营。

(二)互联网金融发展特点

2014年起,国内互联网金融发展主要呈现出本土化创新突出、传统金融机构开始"脱媒"、互联网机构和传统金融机构之间的经验交流日趋加深等特点:

1. 主流模式和产品积极借鉴国外经验,但本土化创新突出

整体来看,国内互联网金融各业态基本都首创于国外,并由国内互联网机构引入,如互联网支付源自美国PayPal,P2P源自美国Prosper、Lending Club,

众筹源自美国 Kickstarter 等。但在实际落地过程中,国内互联网机构均结合实际进行了优化完善,如支付宝在 Paypal 基础上增加了担保功能;国内 P2P 机构的客户定位不再是 Lending Club 所定位的信用卡用户,而是存在短期融资需要的中小机构/个人,同时在 Lending Club 基础上普遍引入了担保服务。此外,国内电商平台结合支付交易数据首创了"网络小贷"模式,并引起国外 PayPal 及亚马逊等机构的效仿。因此,国内的互联网金融虽源于国外,但本土化创新较为突出。

2. 互联网金融仍是市场补充,但传统金融机构的"脱媒"趋势逐步显现

一方面,从互联网金融各业态的发展情况来看,其规模总量相比传统金融机构仍较小。以发展最为成熟的互联网支付为例,2014 年互联网支付整体交易规模约为 8 万亿元,仅占同期全国电子支付交易规模的 0.57%;P2P 业务 2014 年的交易规模约 5 000 亿元,仅占同期全国商业银行信贷总额的 5%。此外,互联网金融的客户对象主要是中小机构/个人,尚未对传统大型企业、高端客户形成有效渗透。因此,从规模体量和客户定位来看,当前互联网金融仍是市场的补充。

另一方面,互联网机构凭借其在流量资源、账户体系、用户规模、服务体验等方面的优势,逐渐成为客户获取金融服务的首选前端平台之一,这一点在金融产品销售业态中最为明显。余额宝、微信理财通、东方财富活期宝等已成为互联网用户主要的理财渠道。互联网金融机构横亘在终端客户与传统金融机构之间,传统金融机构的"脱媒"趋势逐步显现,特别是对互联网技术较为薄弱的中小型金融机构,将可能逐步沦为互联网机构的后台金融服务提供商。

3. 互联网机构与传统金融机构的互联网金融布局之路正逐步融合、趋同

一方面,互联网机构和传统金融机构在业务开展过程中,相互间的经验借鉴越来越频繁、深入。如 2014 年互联网机构纷纷加大了对传统金融机构专业人才的引进力度,在已有互联网金融架构基础上按照传统金融的方式强化风险控制,还在传统金融机构上加大了对互联网技术的投入,立足网上银行、手机银行等基础按照市场领先的互联网平台模式进行改造,在账户体系、产品开发销售等环节开展全面的优化创新。

另一方面,互联网机构和传统金融机构在互联网金融的经营布局过程中,出于获取牌照(资质)、用户、技术等资源的需要,相互间的资本合作日趋频繁、紧密。在传统金融机构方面,如平安集团通过收购第三方支付机构上海捷银,

不仅获取了互联网支付等牌照,还实现了对支付业务的快速布局;海通证券通过投资麦子金服、91金融等互联网机构,不断深化其互联网金融的布局。在互联网机构方面,支付宝通过收购天弘基金,直接获取了基金牌照,并有效实现了基金与支付业务的深度融合;东方财富收购同信证券不仅获取了证券牌照,同时为后续深化开展互联网金融业务奠定了扎实基础。

未来,互联网金融与传统金融之间的界限将逐渐模糊,业务模式、服务方式将逐步融合、趋同,基于统一账户的综合性金融服务平台有望成为未来金融的最终形态。

三、基本情况

2014年,国内互联网金融产业继续保持较快发展势头。总体而言,互联网机构继续在第三方支付、金融产品销售、网络小贷、众筹、征信等领域深化发展,规模体量快速增长;传统金融机构开始全面加大互联网化转型力度,在账户体系、业务模式、产品形态等方面积极探索创新。

(一)互联网机构继续深入推进相关业务发展,规模体量快速增长

互联网支付业务方面,交易规模继续保持较快增长。2014年互联网支付的交易总量达到8.07万亿元,同比增速达50.3%。从交易结构来看,网购、基金、航旅及电信缴费的占比较高,分别为31.4%、14.7%、10.6%和4.3%;从市场份额来看,支付宝、财付通和银联在线仍保持前三位,分别达到49.6%、19.5%和11.4%。

金融产品销售方面,交易规模呈爆发式增长,货币基金产品成为主流。2014年,在"余额宝"效应的带动下,从事基金销售的互联网机构快速增加,包括腾讯微信、百度理财、苏宁易购、1号店、天天基金网、数米基金网等,并纷纷推出了基于T+0模式的货币基金产品。截至2014年末,互联网基金销售的累计余额大幅增长,其中余额宝达到5 789亿元,天天基金活期宝达到1 760亿元,分别同比增长212%和257%。此外,微信理财通的规模也超过1 000亿元。

网络小贷方面,伴随阿里巴巴、京东等电商平台自身实力(包括风控、财务等)的增强以及平台商户、用户用款需求的提升,网络小贷业务继续保持较快发展速度。交易规模上看,2014年贷款余额进一步快速增长,以阿里小贷为例,截至2014年上半年,累计发放贷款超过2 000亿元,服务对象超过80万家;此

外京东"京保贝"的贷款余额也已突破百亿元。产品对象上看,网络小贷逐步从商户端融资需求向用户端消费需求延伸,电商平台推出了个人端的消费信贷产品,如阿里巴巴的"花呗"、京东的"京东白条"等。

P2P方面,交易规模呈爆发式增长,但行业整体风险逐步上升。截至2014年末,我国P2P平台超过1 500家,全年成交量近2 528亿元,是2013年的2.39倍,投资人和借款人数量分别达到116万人和63万人,分别同比增加364%和320%。在交易体量快速增长的同时,行业风险也在逐步加剧,数据显示,截至2014年末,已有超过360家P2P机构出现运营风险。

互联网众筹方面,行业整体进入快速发展轨道。平台数量上看,截至2014年末,国内互联网众筹平台超过125家,其中产品众筹、股权众筹和混合众筹平台数量分别达到75家、32家和18家;交易规模上看,2014年互联网众筹平台的交易规模已超过8亿元。

互联网征信方面,2014年是互联网征信发展的起步之年,中国人民银行已向芝麻信用、腾讯征信、前海征信、鹏元征信等八家机构下发做好业务准备的通知,并有望在2015年正式颁发个人征信牌照。

(二)传统金融机构加快互联网化转型,账户体系、产品形态成为创新重点

商业银行方面,直销银行逐渐成为其互联网化转型的主要抓手。截至2014年末,国内已有20多家主流商业银行纷纷上线了直销银行产品,如工商银行的"工行融E行"、民生银行的"民生直销银行"、平安银行的"橙子银行"、南京银行的"你好银行"、包商银行的"小马BANK"等。但从发展情况来看,尚处于起步阶段,一是直销银行的行业同质化较为明显,大多集中在理财账户开户、理财/基金产品销售等领域;二是客户规模相对较小,以行业领先的民生直销银行为例,截至2014年末,其客户规模仅为120万户左右。

证券公司方面,主要通过账户体系创新、创建综合理财平台等方式开展互联网化转型。截至2014年末,国内已有多家主流证券公司相继推出了综合理财账户及综合理财平台,如国泰君安证券的"君弘一户通""君弘金融商城",海通证券的"e海通财"等。此外,规模较小的机构,如国金证券、中山证券等纷纷通过"低佣金+互联网开户"的形式,开展互联网化获客与经营。

保险公司和基金公司方面,相比银行与证券公司,行业整体互联化转型相对较慢,但部分机构的创新较为突出。以平安集团为例,在2014年不仅推出了

"1333"社交金融服务战略①,同时还进一步加大了统一账户体系的建设,"一账通"体系初步成型,旗下的互联网金融平台陆金所也实现了快速的发展,注册用户超过500万户,交易规模上涨近五倍。此外,汇添富基金充分借助互联网技术开展直销渠道,特别是移动端渠道的建设,并打造了"现金宝"这一互联网化现金管理产品,成为基金行业中互联网化转型的领先者。截至2014年末,"现金宝"规模已达到262.33亿元。

进入2015年后,互联网金融行业整体保持稳定发展,各业态均呈现较快发展势头,但业态增速出现分化,业务模式创新涌现,市场参与主体进一步增加,市场竞争日趋激烈,各业态的市场格局总体保持相对稳定,但局部风险开始集中出现。

1. 行业规模持续增长,业态增速出现分化

2015年互联网金融行业总体规模呈持续增长态势。其中新兴互联网金融业态快速发展,互联网支付方面,行业整体交易规模继续快速增长,交易额从2006年的485亿元增加到2015年的17.5万亿元。市场份额方面,银联商务、支付宝、财付通仍旧保持行业前三,市场份额分别达到35.4%、33.9%和9.6%,行业整体集中度仍相对较高。

网络借贷方面,行业整体交易规模继续保持快速增长态势,达到9 823亿元,贷款余额近4 395亿元,分别是2014年的3.89倍和4.24倍。从业机构数量也出现爆发式增长,平台数量达到2 595家,较2014年增加了1 020家。

股权众筹融资方面,《指导意见》已明确将其定性为"互联网公开小额股权融资"。虽未正式发放牌照,但多家机构早已纷纷开展了不同形式的布局。2015年,国内互联网众筹市场交易规模达到百亿元,是2014年的5倍左右。从业机构数量已从2014年的32家快速增长至130家,其中淘宝众筹、京东众筹和苏宁众筹等无论在交易规模还是用户数量方面均已占据一定领先优势。

第三方金融产品销售方面,受2015年上半年股市行情较好及投资理财互联网化渗透率快速提升带动,行业整体交易规模保持较快增长,其中货币基金产品依旧占据最大比例,接入互联网渠道销售的规模总量约为1.79万亿元。从业机构数量进一步增加,达到79家。市场份额方面,天天基金、余额宝、数米

---

① 以1个钱包(壹钱包)为依托,实现三大功能(财富管理、健康管理、生活管理),覆盖三层用户(平安员工、平安客户和社会大众),经历三个阶段(基础整合、金融整合、服务整合),以及逐步退出333项生活场景应用。

基金等机构仍稳定处于行业前列。

金融资讯与门户方面,在面向金融机构的金融信息服务业方面,市场趋于稳定,近两年本国企业的整体市场份额维持在46%左右,同时国际金融信息提供商的市场份额稳定在54%左右。在面向中小投资者的金融信息服务业方面,随着互联网普及程度的提高以及市场需求的增加,金融信息垂直门户快速发展。

网络征信方面,企业征信增速较快,随着互联网机构的发展,企业通过在其主营业务平台中收集一些有价值的客户征信数据以开启征信业务。个人征信业务整体发展稍显缓慢,监管机构出于审慎考量暂未发放个人征信牌照是重要原因之一。但多家行业机构已纷纷开始尝试个人征信布局,主要基于自有数据资源,为用户提供信用评分服务。蚂蚁金服旗下芝麻信用、腾讯信用、考拉征信等机构相对处于市场领先位置。

但另一方面,在行业整体规模持续增长的背景下,部分业态增速明显放缓,例如受实体需求不振以及行业风险不断加剧等多方面因素影响,网贷行业从2015年第四季度开始,发展增速出现了一定的放缓迹象,贷款余额同比增速自9月创下新高后开始逐月回落。同时,部分业态的增速出现明显提升,例如股权众筹融资行业迎来快速发展,相较于2014年,2015年股权众筹融资行业在成功项目总数、筹款金额、实际融资额上均有较大提升,其中,2015年项目总数在1.9万个左右,金额达到27亿元,为2014年全年(2.7亿元)的10倍左右;2015年实际融资额达到在50亿~55亿元[①],为2014年全年(12亿~15亿元)的4倍左右。另外在网络征信领域中,随着互联网机构的发展,在主营业务平台中积累了一些有价值的客户征信数据,逐步开始征信业务。2015年完成备案的针对企业征信的网络征信机构数量达到130家,且征信产品和服务种类日益丰富。

2. 业务模式创新涌现,行业形态内涵不断丰富

2015年,互联网金融行业除整体规模保持稳定增长外,在业务模式层面,也涌现出了较多的创新亮点,行业形态内涵进一步丰富。

一方面在2015年互联网金融从业机构的转型创新力度不断加大。传统金

---

① 由于不同股权众筹平台的业务模式不同,且数据透明度差异较大,本书主要依据平台自身披露的数据、媒体报道和线下调研来进行统计。

融机构方面,工商银行在3月正式发布了互联网金融品牌"e-ICBC",并同步推出了电商平台"融e购"、即时通信平台"融e联"及直销银行"融e行";证券公司普遍加大了对移动端的投入力度同时也积极进行资本运作投资互联网金融机构,2015年自建客户端应用的证券公司已超过83家,其中华泰证券"涨乐财富通"的活跃客户已接近1 000万家,另外海通证券从2014年6月开始先后四次投资互联网金融企业。

互联网机构方面,不仅蚂蚁金服、腾讯旗下的网商银行、微众银行陆续开业,百度也推出"百度股市通"证券应用和"国金百度大数据基金"基金应用;此外,万达集团等实体企业也不断加快互联网金融业务发展步伐,2015年发布了集支付、会员、优惠、消费信贷等功能于一体的综合账户服务产品——飞凡卡。

另外一个方面是技术驱动模式创新加快,如伴随国内第三方理财市场的快速发展,基于计算机大数据分析支撑的智能投顾业务在2015年逐步获得市场青睐,积木盒子、宜信、弥财等机构已纷纷推出了智能投顾产品;同时,各类消费金融产品也开始大规模涌现,包括蚂蚁花呗、百度有钱、微粒贷、苏宁任性付等。特别是作为比特币应用的底层技术——"区块链"在2015年再次受到市场积极关注,包括"区块国际"在内的国内多家机构相继试点开发了基于区块链技术的功能平台,开始尝试在股权众筹、网络贷款等业务领域提供区块链方式的功能服务模块,针对区块链的研究讨论也成为行业思潮。

3. 局部风险集中出现,市场规范力度加强

2015年,互联网金融行业由于缺乏明确的准入标准、清晰的业务指引,导致其监管未能真正适应业务发展的要求,行业整体风险较大。整个互联网金融行业中,网络借贷和第三方支付领域开始陆续出现风险事件。越来越多的网贷机构出现跑路、停业等风险问题,2015年全年网贷问题平台合计896家,其中较为严重的"e租宝"涉案金额超过500亿元,受损用户超过90万家,对网贷行业的发展造成了相对较大的负面影响。此外,第三方支付市场"二清"风险也开始逐步放大,全国多个地区出现了二清机构违法占用商户结算资金等问题,银联也加大了对于此类机构的处罚力度,如深圳某支付公司直接切断银联所有交易,银联或将此公司取消银联成员机构资格,成为第一家被银联取消成员资格的企业。

针对上述局部风险,各级政府和相关监管部门出台了多项政策措施,以加强市场规范力度,积极控制行业风险的进一步蔓延和扩大。一方面,中国人民

银行、银监会、保监会相继出台了《非银行支付机构互联网支付业务管理办法》《网络借贷(P2P)监管办法(征求意见稿)》[①]和《互联网保险业务监管暂行办法》，从业务层面积极加强规范引导和违规惩处；另一方面，北京、上海、深圳等多个互联网金融相对集中的地区相继暂停互联网金融企业的工商注册，对于企业名称和经营范围中涉及金融、投资等字样的暂停受理登记，从机构设立层面控制市场机构总量规模，为后续开展市场规范治理做铺垫。

4. 与传统金融分工效应显现，在单一产业链上呈现"垂直化"特征

一方面，伴随业务模式的不断丰富、功能服务的日趋完善、受众规模的逐步扩大，互联网金融对实体经济的补充支持作用持续发酵，已日渐成为实体经济发展的重要组成部分。如网络借贷不仅丰富了实体企业，特别是小微企业的融资渠道，降低了融资门槛，还有效缩短了融资周期，对实体经济的产品开发和市场拓展起到了积极的促进作用；而众筹业务则有效实现了筹资方与投资方的高效对接，进一步丰富了初创企业的低成本融资途径。

另一方面，伴随"服务小微市场，探索高频应用"的发展方向日渐清晰以及场景化应用建设的不断深化，互联网金融与传统金融的分工进一步明确，在单一产业链上越发呈现出"垂直化"特征。如在房地产领域，相继出现了房地产众筹等垂直化的互联网金融应用，并取得了较快的发展。

5. 综合金融趋势加快，参与主体不断丰富

为有效发挥互联网平台"入口统一、平台共享"的优势优点，进一步提升市场服务能力和客户黏性，2015年以来，各类从业机构纷纷加快了综合金融的布局步伐，通过自主申请或资本运作等方式不断夯实金融资质基础。如百度在2015年相继与安联保险和中信银行合作发起设立了百安保险和百信银行，逐步完成了集支付、保险、银行、小贷等金融业态于一体的综合化布局；平安集团旗下陆金所也申请获取了基金销售牌照，并迅速上线了基金销售业务，形成了对网贷、基金、保险产品销售等业务的有效覆盖。

整体来看，国内已形成了包括蚂蚁金服、京东金融、百度金融、平安集团、东方财富、苏宁、拉卡拉等多个具有综合金融服务能力的互联网平台型机构，逐步开始基于统一平台为客户提供多样化、综合化的金融服务，综合金融趋势进一

---

① 2016年8月24日，四部委(中国银监会、工业和信息化部、公安部、国家互联网信息办公室)联合发布《网络借贷信息中介机构业务活动管理暂行办法》。

步明朗。

同时,2015年参与互联网金融行业的主体也在不断丰富,除积极布局金融服务的互联网机构、加快互联网化转型的传统金融机构外,多类传统实体企业,如房地产企业的万达集团、恒大集团、绿地集团,传统零售行业巨头的红星美凯龙集团、海尔集团及苏宁集团,以及各大产业巨头的上市公司等出于自身策应主营业务发展和扩大业务布局需要,纷纷通过不同方式,加快进入互联网金融领域,如恒大集团切入了网贷市场,而万达集团更是快速实现了综合化布局,进一步加剧了市场竞争。

为加快夯实金融资质基础、有效获取业务发展资源,尽快完成综合金融服务平台的搭建,2015年互联网金融行业整体资本运作也越发频繁。如2015年4月,蚂蚁金服完成了对数米基金的增资控股,由此直接获取了基金销售牌照,实现旗下理财应用蚂蚁聚宝与基金公司的快速对接,首批接入基金数量超过900只;2015年7月,东方财富收购了上海宝付,迅速获取第三方支付牌照,随后,在同年12月,东方财富完成了对西藏同信证券的收购,直接获取西藏同信证券持有的证券、期货相关从业资质及牌照,整体来看,东方财富对上海宝付与西藏同信证券的双收购资本运作,使其在直接获取被收购方业务牌照的同时有效实现了金融业务与其流量资源的双向嫁接。

第三节 上海金融业发展情况

2014～2015年,上海金融业保持平稳健康发展,具体表现在以下几个方面:

一、金融业增加值较快增长

2014年上海金融业实现增加值3 268亿元,同比增长14%,占GDP的比重为13.9%,快于全市7%的GDP增速;2015年,全市金融业实现增加值4 052.2亿元,同比增长22.9%,占全市GDP的16.2%,较2014年提高1.8个百分点,有力地支持了全市经济增长。

二、货币信贷运行平稳

2014年末,全市本外币各项存款余额7.4万亿元,同比增长6.7%;本外币各项贷款余额 4.8 万亿元,同比增长 8%。到 2015 年末,上海金融业货币信贷运行情况仍保持平稳,截至 2015 年末,全市中外资金融机构本外币各项存款余额 10.37 万亿元,比上年增长 14.4%,增速较年初下降 2.7 个百分点;全年本外币各项存款增加 13 328.8 亿元,同比少增 199.1 亿元。本外币各项贷款余额 5.34 万亿元,同比增长 10.1%,增速较年初提高 1.3 个百分点;全年新增本外币各项贷款 4 880.6 亿元,同比多增 984.1 亿元。

三、金融市场交易规模持续扩大

2014 年,上海金融市场交易总额达 786 万亿元,同比增长 23%,上海证券市场 2014 年股票交易额位居全球第三位,年末股票市值位居全球第四位;上海黄金交易所黄金现货交易量连续多年保持全球第一。2015 年,上海金融市场交易总额达 1 462.9 万亿元,同比增长约 1 倍,超额完成"十二五"规划 1 000 万亿元的目标。其中,中国外汇交易中心成交 704.3 万亿元,同比增长 94.9%,占交易总额的 48.1%;中国金融期货交易所成交 417.8 万亿元,同比增长 154.7%,占比 28.6%;上海证券交易所股票、债券、基金共成交 266.4 万亿元,同比增长 107.8%,占比 18.2%;上海期货交易所成交 63.6 万亿元,同比增长 0.5%,占比 4.3%;上海黄金交易所成交 10.8 万亿元,同比增长 65.6%,占比 0.7%。2015 年,上海证券市场股票交易额和股票筹资总额均位居全球第二位,年末股票市值位居全球第四位。同时,在 2015 年,上海证券交易所推出上证 50ETF 期权,中国金融期货交易所推出上证 50、中证 500 股指期货以及 10 年期国债期货合约。中国外汇交易中心正式发布 CFETS 人民币汇率指数,推出人民币对瑞士法郎直接交易。上海黄金交易所联合香港金银业贸易场开通黄金"沪港通",航运保险产品注册制改革在沪率先启动。上海股权托管交易中心成立"科技创新板",服务科技型、创新型中小微企业。

四、金融市场直接融资功能不断增强

2014 年,上海金融市场直接融资总额达 6.1 万亿元,同比增长 42.6%。进入 2015 年后,上海金融业企业直接融资功能进一步增强,2015 年上海企业在银行间债券市场、证券市场发行股票和债券等金融工具直接筹集资金 1.7 万亿元,同比增长 160.5%。其中:发行股票筹资 2 291.9 亿元,同比增长 384.9%;在债券市场发行债务融资工具筹资 14 777.9 亿元,同比增长 143%。

五、金融机构类型日益丰富

截至2014年末,上海金融机构总数达1 405家,较2010年末增加了356家。总部级、功能性机构集聚取得突破性进展。金砖国家开发银行落户上海,是首个总部设在上海的国际多边金融组织,中国银行上海人民币交易业务总部、中国建设银行(上海)中心、中国农业银行上海管理总部相继成立,银联国际、中民投等重要总部型、功能性金融机构落户上海。进入2015年后,上海金融机构集聚效应进一步显现,形成了中外资金融机构共同发展的多元化金融机构体系。截至2015年末,在沪金融机构总数达1 478家,比2010年末增加了429家。加快集聚国际性、总部型、功能性金融机构和组织,其中,金砖国家开发银行秘书处在上海完成注册,正式开业。全球中央对手方协会(CCP12)决定落户上海。首家民营银行——华瑞银行正式开业。工行家族财富管理中心等机构也先后落沪。金融业务创新步伐加快,跨境人民币业务规模进一步扩大,以互联网金融为代表的新兴业态快速发展,跨国公司总部本外币资金集中运营管理试点等有序推进,在全国率先实施航运保险产品注册制改革。

六、金融对外开放继续扩大,国际化程度稳步提高

2014年,"沪港通"、人民币合格境外机构投资者(RQFII)境内证券投资、跨境ETF等顺利启动,银行间外汇市场推出人民币对欧元、英镑、日元、澳元等货币直接交易,境外机构获准以人民币直接投资银行间债券市场。上海在全国率先推出外资股权投资企业试点(QFLP)和合格境内有限合伙人试点(QDLP),成立了人民币海外投贷基金。同时,上海已成为外资金融机构在华的主要集聚地。截至2014年末,在沪各类外资金融机构总数达419家,占上海金融机构总数的30%左右。总部设在上海的外资法人银行占内地总数一半以上,合资证券公司、合资基金管理公司、外资法人财产险公司均占内地总数的一半左右,全球十大私募股权公司已有半数落户上海。进入2015年后,上海金融业对外开放程度进一步扩大,2015年上海市跨境人民币结算业务量共计29 867亿元。其中,中国银行居首位,达6 513亿元;汇丰银行、工商银行表现突出,分别为3 935亿元、3 220亿元;业务量排名第四到十位的分别是建设银行、花旗银行、农业银行、渣打银行、浦发银行、招商银行、德意志银行。

七、金融发展环境进一步优化

到 2014 年,金融审判庭、金融检察处、金融仲裁院先后成立,中国人民银行金融消费权益保护局在上海挂牌成立,开始履行职能。落户上海的央行征信中心数据覆盖范围进一步扩大。上海市公共信用信息服务平台启动运行。与金融相关的会计审计、法律服务、资产评估、信用评级、投资咨询、财经资讯、服务外包等专业服务加速发展。陆家嘴金融城、外滩金融集聚带等金融集聚区承载服务能力不断提升,各区县结合自身优势积极发展特色金融。金融稳定工作机制进一步完善,金融风险处置能力明显增强,有力地维护了金融稳定。此外,上海市设立并连续评选"金融创新奖",在全国率先建立了金融业联合会,成功举办六届陆家嘴论坛。

此外,从上海金融业自贸试验区金融改革推进情况来看,2015 年 2 月,中国人民银行先后启动自由贸易账户境外融资和外币业务,推出跨境同业存单。10 月,经国务院同意,中国人民银行等六部委和上海市政府联合印发《进一步推进中国(上海)自由贸易试验区金融开放创新试点 加快上海国际金融中心建设方案》(市场简称为金改"40 条")。中国人民银行上海总部、上海银监局先后推出外汇管理改革等有关细则。截至 2015 年 12 月末,已有 40 家金融机构接入自由贸易账户监测管理信息系统,共开立 4.4 万个自由贸易账户,当年累计账户收支总额 22 053 亿元,账户余额 359 亿元。区内累计有 246 家企业参与跨境双向人民币资金池试点,资金池收支总额 4 175 亿元。

总体而言,2014～2015 年,上海的金融市场体系得到持续完善,机构体系逐渐成形,对外开放不断扩大,金融发展环境也得到了改善。

第四节　上海互联网金融发展情况

一、发展环境

2014 年,上海市互联网金融发展环境向好,主要体现在政府支持互联网平稳健康发展、互联网金融产业法治环境进一步完善、资本市场健康发展、基础设施环境良好、互联网金融人才环境方面优势较为突出等方面:

(一) 政府环境

1. 上海市政府支持互联网金融健康发展的举措

由于互联网经济迅猛发展,上海市政府一直都高度重视创新环境的营造。2011年3月,《关于促进本市第三方支付产业发展的若干意见》出台,2014年,互联网金融的创新发展得到了上海市政府更加积极的鼓励和支持。2014年8月4日,全国首个省级地方政府关于促进互联网金融发展的指导性意见《关于促进本市互联网金融产业健康发展的若干意见》(20条)由上海市政府出台,该意见在公司注册、投资、纳税、征信、创新容忍度、人才等方面都具有标杆和示范效应。2014年9月,在出台的《关于本市进一步促进资本市场健康发展的实施意见》(33条)中指出"要支持互联网企业参与上海资本市场,促进互联网金融健康发展"。一系列的政府引导与支撑措施为引导、规范上海互联网金融产业作出了重大贡献。《关于促进本市互联网金融产业健康发展的若干意见》中频频出现"支持""鼓励"等词语,表现出上海市政府在支持互联网金融创新方面秉持的开放态度、切实转变观念、创新政府管理模式、打破思维定式的决心,避免用传统产业发展的眼光看待互联网金融行业,深刻理解互联网金融的特点和发展规律,主动适应互联网金融的新业态、新模式,研究制定相应的监管措施和产业政策。

上海市政府为互联网金融的健康稳健发展,因势利导,明确工作重点,营造良好的环境,如营商环境、政策体系、监管红线等,全力鼓励有条件的企业拓展互联网金融业务,拓宽融资渠道,以促进互联网金融产业的集聚发展。从人才、创新、信用、配套体系、法制环境等方面着手,营造适宜产业发展的环境;主动配合中央各监管部门,引导互联网金融企业明确经营"底线"、监管"红线",支持行业自律,加强防控行业风险。

具体而言,上海市政府出台了一系列扶持政策在市场准入、产业导向、财政扶持方面引导互联网金融的稳定健康发展;与此同时,还实施了多种措施在企业集聚、行业自律、信用体系建设、优化营商环境等方面,以达到促进互联网金融持续稳定发展的目标。

(1)积极争取先行先试政策,支持互联网金融企业申请各类金融业务许可,取得相关经营资质,并在工商登记等环节提供便利条件。

(2)充分整合各部门现有的专项资金和政策资源,加大对互联网金融企业的支持培育力度,将相关互联网金融业态和企业纳入政策重点支持的领域,对于有条件的互联网金融企业进行软件企业、高新技术企业、技术先进型服务企业等方面进行认定,可按规定享受相关财税优惠政策。互联网金融领域的新兴业态和创新模式将得到上海战略性新兴产业发展专项资金、服务业发展引导资金、高新技术成果转化专项资金等财政资金的重点支持。

(3) 在产业导向方面,充分发挥大学生科技创业基金、上海市创业投资引导基金等政策性基金的作用,逐步探索设立主要投向互联网金融领域早期创业企业的创业投资基金和天使投资基金,以引导、鼓励和支持社会资本投入互联网金融企业,拓宽互联网金融企业融资渠道,支持互联网金融企业在境内外多层次资本市场上市。

(4) 注重整合现有的财政、政策资源,对互联网金融企业进行有针对性的扶持。例如市金融办积极支持有条件的区县或园区结合自身产业定位,建设有特色的互联网金融产业基地(园区),制定有针对性的政策措施,引导互联网金融企业合理集聚;市发改委在组织开展上海市创新型新兴服务业示范企业评选过程中,将互联网金融作为三大主要领域之一;市经信委也对互联网金融产业进行重点支持。

(5) 鼓励、支持持牌金融机构向互联网金融领域拓展转型,在沪设立相关法人机构或功能性总部,着力吸引集聚重点机构。

(6) 支持上海资信公司等征信服务机构,加快互联网金融信用信息平台建设,促进公共信用信息、金融信用信息、社会信用信息互动共用,推动解决制约互联网金融发展中突出的信用信息不对称问题;支持互联网金融企业充分利用各类信用信息查询系统,规范信用信息的记录、查询和使用;支持信用服务机构建设互联网金融信用信息服务平台。

(7) 对于企业经营发展中显现出的困难和问题进行深入了解,并积极协调解决。如推动有关商业银行、第三方支付机构与P2P网络融资中介企业探索开展客户资金存管(监管)等方面的合作,协调支持部分规范经营、风险可控的企业申领增值电信业务经营许可证(ICP证)等。

(8) 着重发挥行业自律约束的作用,对于上海市互联网金融行业协会的筹备工作予以支持,对于上海网络借贷服务业企业联盟等自律组织出台行业准入标准,开展行业自律活动,以达到进一步发挥行业自律组织对会员企业及其从业人员的职业道德和职业纪律约束的作用。

2. 上海市互联网金融产业基地概况

为了落实上海市政府出台的《关于促进本市互联网金融产业健康发展的若干意见》的相关内容,从政策扶持、空间载体、孵化培育等多方面加大对互联网金融产业的支持力度,2014年12月17日上海市金融办联合上海市经信委共同举办上海市互联网金融产业基地合作共建推进会,对已具备一定条件、积累一定基础的互联网金融产业基地进行挂牌。位于浦东、黄浦、长宁、嘉定四区的五个产业基地分别是:浦东新区新兴金融启航基地、黄浦区宏慧·盟智园互联网金融产业园、长宁区虹桥互联网金融财富天地、嘉定区互联网金融产业基地、浦东新区张江互联网金融园。

(1) 新兴金融启航基地,位于浦东新区陆家嘴世纪金融广场,主要面向例如互联网金融、对冲基金等新兴业态,通过提供公共产品和公共服务,将综合孵化培训体系提供给各金融创业团队,完善发展有利于金融市场主题创业、创新的空间环境。2015年4月,浦东新区新兴金融启航基地正式启动运行,一批创业型的互联网金融企业与对冲基金机构入驻。

(2) 宏慧·盟智园互联网金融产业园(以下简称"盟智园"),坐落在黄浦区蒙自路,园区设计遵循创意与配套服务相结合,打造文化与科技相融合的产业园区理念,形成互联网金融、移动互联相关的企业聚集。盟智园入驻的企业已经涵盖了互联网金融行业中的大部分行业模式,蚂蚁金服更是集股权融资、小贷、金融信息服务、投资管理于一身;园区引进企业有效的错位经营理念,避免了园区内企业的同质性竞争,形成产业链,良性循环,共同发展。

(3) 虹桥互联网金融财富天地,位于长宁区虹桥临空经济园区内,是一个全新的集办公、酒店、会展、商业于一体的城市综合体项目。其所在的虹桥临空经济园区,本身已汇聚了一大批有影响力的企业,如携程旅行网、晨讯科技等。并且该区域毗邻世界最大的虹桥综合交通枢纽,交通十分便利,也为该基地的发展提供了良好的先天优势。虹桥互联网金融财富天地主要以金融大数据分析为核心,致力于建设成为互联网金融行业创新思维活跃、创新方式丰富、创新能力强劲的互联网金融产业生态圈。

(4) 嘉定互联网金融产业基地,位于嘉定工业区内,入驻企业涵盖金融BPO流程业务外包、金融ITO信息技术外包、金融风险管理、互联网金融(P2P、第三方支付)等领域。

(5) 张江互联网金融园,位于浦东新区中部,与陆家嘴金融城形成金融前后端发展格局。2014年,张江互联网金融园稳步发展,主要以金融中后台项目为主,已有交通银行、中国人寿、上海农商银行等24家金融机构的数据中心或中后台运营中心坐落在该基地。经过10年来的建设与发展,张江互联网金融园已初步形成了以区域聚焦、产业集群和技术集聚为特征,以国内外金融数据中心或信息中心为核心的金融信息服务产业主要业务链。

上海通过建设五大互联网金融基地,为在地理上聚合互联网金融资源、优化金融生态环境、集聚新型金融人才作出重大贡献,并且对互联网金融的健康发展和金融中心的建设拓展提供了更大的发展空间。

(二) 法治环境

1. 上海互联网金融的立法环境

上海互联网金融法治环境的立法实践如下:

(1) 上海国际金融中心建设的国家战略为上海互联网金融快速发展提供了立法环境。

2009年国务院正式发布《国务院关于推进上海加快发展现代服务业和先进制造业建设国际金融中心和国际航运中心的意见》,为上海金融市场的健康发展提供了立法保障。2009年6月25日,上海市十三届人大常委会第十二次会议表决通过《上海市推进国际金融中心建设条例》,该条例从地方立法的高度明确了政府在推进上海国际金融中心建设过程中的职能,完善了金融创新、金融人才、社会信用、法治建设等发展环境。随后,上海市相继出台了一批鼓励金融创新相关配套规则和政策措施,极大地推动了互联网金融行为的迅猛发展。2015年4月20日,国务院印发《进一步深化中国(上海)自由贸易试验区改革开放方案》,确认了"三化两广一定位",即以国际化、市场化和法治化为导向,在更广领域和更大空间推动全面深改,从加快政府职能转变、投资管理制度创新、贸易监管制度创新、金融制度创新、加强法制和政策保障五个方面共25条任务措施方面进一步深化改革,为上海金融制度创新提供了良好的法治环境。

(2) 上海对于本市互联网金融产业发展进行了积极的制度探索。

2014年8月4日,上海市人民政府出台的《关于促进本市互联网金融产业健康发展的若干意见》明确上海对互联网金融的态度,努力把上海市建成互联网金融产业发展的高地,进一步提升上海国际金融中心的影响力、辐射力、创新力和资源配置能力。优化法治环境,加大对互联网金融企业专利、软件、品牌等知识产权的保护力度,探索形成更有针对性、适应性的行业纠纷解决机制,充分发挥上海金融法治环境建设联席会议等工作机制的作用。优化互联网金融政务与法制环境,工商、税务等部门为互联网金融企业办理注册登记等事项提供优质高效政务服务。支持上海金融仲裁院充分利用仲裁方式解决互联网金融纠纷,研究出台互联网金融仲裁指导意见,形成专门的互联网金融仲裁员队伍。

2013年9月,上海市黄浦区出台《黄浦区关于建设外滩金融创新试验区的实施细则》,提出建设以互联网金融和民营金融为主体的外滩金融创新实验区,明确支持互联网金融发展。2014年12月,上海市黄浦区发布《黄浦区关于进一步促进互联网金融发展的若干意见》,被称为黄浦互联网金融发展政策2.0版。2014年9月,长宁区通过了《长宁区关于促进互联网金融产业发展的实施意见》。2014年10月,上海市浦东新区陆家嘴金融贸易区管理委员会正式发布《陆家嘴互联网新兴金融产业园暨创新孵化基地配套措施》。

2. 上海互联网金融的执法监督环境

(1) 我国互联网金融相关的法律法规。

2006年1月26日,中国银监会发布了《电子银行业务管理办法》。2010年6月4日,中国人民银行发布的《非金融机构支付服务管理办法》(〔2010〕第2号)是第三方支付的重要监管法规。2012年5月16日,中国保监会发布的《关于提示互联网保险业务风险的公告》(保监公告〔2012〕7号),对互联网保险业向广大投保人进行了风险提示。2013年3月15日,中国证监会发布了《证券投资基金销售机构通过第三方电子商务平台开展业务管理暂行规定》。2013年9月16日,中国证监会通报了淘宝网上有涉嫌擅自发行股票行为的部分公司并予以叫停,叫停依据为《国务院办公厅关于严厉打击非法发行股票和非法经营证券业务有关问题的通知》(国办发〔2006〕99号)。2013年11月25日,在九部委处置非法集资部际联席会议上,中国人民银行将三类情况,即资金池模式、不合格借款人导致的非法集资风险、庞氏骗局列为主要的P2P网络借贷行业非法集资行为。2013年12月3日,根据中国人民银行、工业和信息化部、银监会、证监会、保监会联合印发的《关于防范比特币风险的通知》(银发〔2013〕289号),指出各金融机构和支付机构不得以比特币为产品或服务定价,不得买卖或作为中央对手买卖比特币,不得承保与比特币相关的保险业务或将比特币纳入保险责任范围,不得直接或间接为客户提供其他与比特币相关的服务。2014年初,中国保监会草拟了《关于规范人身保险公司经营互联网保险有关问题的通知(征求意见稿)》并公开征求意见。2014年4月17日,《关于加强商业银行与第三方支付机构合作业务管理的通知》(银监发〔2014〕10号)对商业银行与第三方支付机构合作业务管理提出了具体要求。2014年12月9日,中国证券业协会发布了《私募股权众筹融资管理办法(试行)(征求意见稿)》。2015年2月10日,中国人民银行发布了《关于推进移动金融技术创新健康发展的指导意见》。2015年7月18日,中国人民银行、工业和信息化部、公安部、财政部、工商总局、法制办、银监会、证监会、保监会、国家互联网信息办公室联合发布了《关于促进互联网金融健康发展的指导意见》。2015年7月22日,中国保监会发布了《互联网保险业务监管暂行办法》。

除了上述专门监管法规与相关管理办法外,在我国现行法律规范体系中,互联网金融相关的法律法规可大致分为三类:第一类,旨在鼓励、扶持互联网金融发展的规范;第二类,与互联网金融消费者利益保护相关的零星规范;第三类,与互联网金融基础设施建设相关的零星规范。

(2) 国家驻沪机构推动上海金融法治环境举措。

中国人民银行上海总部

中国人民银行上海总部成立于2005年8月,同时,为了保持原有上海分行所办理业务的连续性,中国人民银行上海分行和国家外汇管理局上海市分局的牌子将继续保留。中国人民银行上海总部在2010年与上海市政府相关部门及各区县组成7+18联合维稳机制,清理上海市支付服务市场无牌机构的非法经营行为,维护了市场秩序;2011年,在全国率先出台支持第三方支付产业发展的地方性制度——《关于促进本市第三方支付产业发展若干意见的通知》并由市政府办公厅转发执行(沪府办发〔2011〕7号),不仅明确了对取得《支付业务许可证》的机构相关扶持政策,而且也强调了"规范发展、有序竞争"是促进本市第三方支付产业发展的一项重要原则,制定了维护支付秩序、加强风险管理等方面的具体措施;2012年,为进一步明确监管政策,规范上海市支付机构支付服务行为,强化风险防范意识,制定了《上海市支付机构支付业务监督管理暂行办法》和《上海市支付机构重大事项报告管理办法(试行)》(上海银发〔2012〕217号);2014年,制定并印发了金融支持上海自由贸易试验区建设出台的首项细则——《关于上海市支付机构开展跨境人民币支付业务的实施意见》,秉承试验区简化行政许可的改革思路,创新性地提出目标风险可控,无须事先备案,实行负面清单管理、事后备案、上海市支付机构无须在试验区设立实体公司等举措,做到该管的管住,该放的放开。

中国人民银行上海总部先行先试,不断完善地方性制度规范,加强金融消费者权益保护,强化支付机构监管有效性。

中国银行业监督管理委员会上海监管局

中国银行业监督管理委员会上海监管局(以下简称"上海银监局")自2003年成立以来,从制定规范性文件规范银行经营管理、增进与司法机关协作交流、加强金融消费者保护、促进金融法治专业人才队伍建设等方面着手协助推进上海金融法治环境建设。2007年11月,上海市打击非法金融活动联席会议制度建立,2010年7月,正式调整为上海市打击非法金融活动领导小组,办公室设在上海银监局。在上海银监局的主导下,打击和处置了一批大案要案,非法金融活动得到一定程度的遏制。

中国证券监督管理委员会上海监管局

2014年3月,上海证管办更名为中国证券监督管理委员会上海监管局(以下简称"上海证监局")。上海证监局积极推进上海国际金融中心法治环境建设、紧密依托地方政府联合公安工商等部门共同打击非法证券活动,净化市场法治环境。上海证监局通过市新闻办网宣办文广局等新闻主管部门,及时清理辖区媒体登载的不良证券信息,通过案例剖析、司法判例宣传、黑名单曝光、机构信用承诺、调查人员现身说法等警示教育手段,提醒广大投资者远离非法证券活动。

中国保险监督管理委员会上海监管局

中国保险监督管理委员会上海监管局(以下简称"上海保监局")于2000年4月成立。在上海国际金融中心法治环境建设中,上海保监局在监管实践中根据上海保险市场实际,积极探索上海保险市场监管工作规律,逐步形成了"以风险控制为核心,以服务发展为目标,以信息技术为手段,以行业自律为载体"的工作思路。上海保监局根据自身工作职责,制定并实施了一系列行业性规范措施,对促进上海保险业法治环境建设发挥了积极的作用。

(3)地方政府金融服务与管理。

上海市金融服务办公室(以下简称"上海市金融办")成立于2002年9月,是较早设立的地方政府金融服务协调和地方金融管理机构。对地方新型金融行业管理是上海市金融办承担的一项重要管理职能。上海市金融办围绕上海国际金融中心建设、金融服务地方经济、金融支持中小企业等中心任务开展各项工作,结合关于促进本市互联网金融产业健康发展的20条意见,加强新型金融行业协会建设,营造环境,多元推动新型金融行业发展。

(4) 金融监管协作机制的建立与完善。

上海金融法治环境建设联席会议于 2011 年 4 月 27 日正式成立,联席会议由市人大、市政府相关法制部门、司法机构、行政执法部门、在沪金融监管部门及相关行业协会等单位组成,中国人民银行、中国银监会、中国证监会和中国保监会的法律部门以及市委政法委、市委宣传部作为特邀成员单位,联席会议旨在根据上海国际金融中心建设的总体部署,共同落实上海金融法治环境建设的各项工作措施。继联席会议成立,上海市《关于促进本市互联网金融产业健康发展的若干意见》于 2014 年 8 月正式发布。该意见提出,由上海市相关部门、中央在沪监管单位参与,建立上海市互联网金融产业发展联席会议。引导互联网金融企业增强合规经营意识、提升风险防控能力,引导互联网金融企业明确经营"底线"、政策"红线",健全风险管理、信息披露、纠纷处理等方面的内控机制。

(5) 金融消费者权益保护机制的建立和完善。

上海国际金融中心建设需要良好的发展环境,而健全和完善金融消费者的保护机制则是其重要内容。上海高度重视保护金融消费者的合法权益,开展了一系列有针对性的工作。2012 年,中国人民银行成立金融消费权益保护局并落户上海,形成了"以上海为中心、统率全国"的金融消费权益保护整体格局。同时,上海地区"一行三局"也先后成立了金融消费者或投资者权益保护工作的专门处室,负责督促在沪金融机构强化消费者权益保护、接受消费者投诉和咨询、进行投诉调查、加强消费者教育等工作,完善了保护金融消费者权益的工作机制。在拓宽金融消费者宣传教育渠道方面,上海于 2013 年联合制作的"防范非法集资""打击地下炒金"等多集主题公益宣传短片在上海地铁、商业中心的户外屏幕滚动播放;2014 年联合开展上海 3·15"和谐金融、美好生活"金融消费者权益保护日宣传活动;在《新民晚报》开设"以案说法揭风险,金融消费保安全"专栏主题宣传教育活动等。此外,2014 年 11 月 20 日,上海还出台新修订版《上海市消费者权益保护条例》,该条例细化了消费者的权益,强化了经营者的义务,加强了个人信息保护,引入了公益诉讼制度,并首次将消费者保护范围扩展到金融领域[①]。

---

① 《做金融消费者权益的守护者 上海市金融办将着重推进三方面工作,有序开展金融消费者权益保护工作》,《上海金融报》,发布时间:2015-03-17, http://sjr.sh.gov.cn/ShjrbWeb/HTML./Shjrb/xwzx_xtxx/2015-03-17/Detail_103392.htm。

3. 上海互联网金融的司法和争端解决环境

(1) 刑事侦查。上海公安机关积极响应《上海市推进国际金融中心建设条例》的要求,针对金融违法犯罪行为积极配合国家金融管理部门打击非法金融活动的工作。公安机关完善工作机制,分别与检察机关建立了侦捕诉联动机制,与金融监管机构建立了信息沟通与共享机制,共同打击金融违法犯罪行为。近些年来,非法金融活动逐渐从内陆向沿海地区蔓延。为了配合上海国际金融中心的建设,上海公安机关加大了打击非法金融活动的力度。

(2) 金融检察。2009年,上海市人民检察院出台了《上海检察机关为加快国际金融中心和国际航运中心建设服务的意见》,确定今后一个时期上海市检察机关服务大局的中心工作[1]。上海市人民检察院相继建立和完善各项金融检察工作机制,包括有金融案件专项管理制度、常设性联络机制、专家型人才服务机制,搭建了"上海金融从业人员违纪违法案件防控联席会议""上海金融法治环境建议联席会议"等市级层面的工作平台,积极参与加强创新社会管理。上海市检察机关从2013年起,还连续三年发布了《上海金融检察白皮书》,向社会广泛宣传,进行金融风险提示预警。2015年5月5日,上海市人民检察院发布了《2014年度上海金融检察白皮书》,就预防金融犯罪、健全内控机制、完善法律法规、保护消费者权益等方面提出对策建议,并重点提示2014年度金融犯罪案件呈现出向金融新产品、新业务拓展的趋势,起到了及时预警与重点防范的作用。

(3) 金融审判。在商事审判方面,2009年6月,上海市高、中两级法院建立了金融审判合议庭。至2010年末,上海已经初步形成高院和第一、第二中院及浦东、黄浦、杨浦、闵行等区法院三级金融审判合议庭的金融商事审判体系[2]。2014年9月,黄浦区人民法院宣判全国P2P行业首例催收案,这对违约成本较低的中国网络借贷市场产生了较强的震慑力(详细内容见本节相关案例——P2P网贷行业催收第一案在沪宣判)。在刑事审判方面,上海法院在打击金融犯罪的同时,注意妥善做好金融犯罪尤其是涉众型金融犯罪赃款赃物的发还工作,将引发群体性事件的可能性降到最低。2013年11月5日,上海市浦东新

---

[1]《上海国际金融中心法治环境建设》(上海市国际金融中心建设工作推进小组编),上海人民出版社2012年版。

[2]《上海国际金融中心法治环境建设》(上海市国际金融中心建设工作推进小组编),上海人民出版社2012年版。

区人民法院成立自贸区法庭,受案范围根据上海自贸试验区建设和运行实际进行调整,主要是由浦东新区人民法院管辖的与上海自贸试验区相关联的投资、贸易、金融、知识产权及房地产等民商事案件。2014年12月8日,党中央、国务院决定,上海自贸试验区面积从28.78平方千米扩至120.72平方千米,扩展区域包括陆家嘴金融片区、金桥开发片区和张江高科技片区。随着上海自贸试验区扩区,上海市浦东新区人民法院自贸区法庭受案范围也进行相应调整,以确保相关案件的公正、高效、集约化、专业化审理,为上海自贸试验区扩区及运行营造良好的法治环境[①]。

(4) 仲裁与调解。上海形成了包括司法、仲裁、金融行业协会以及其他金融调解中心密切配合,共同探索解决金融纠纷的有效机制。近年来,中国国际经济贸易仲裁委员会上海分会及上海仲裁委员会,致力于推广金融仲裁业务,取得了良好的争端解决效果。同时,调解作为解决民事商事纠纷的方式之一,对于金融消费者与互联网金融从业机构的纠纷提供了非对抗性、费用低廉、程序灵活的争议解决路径。上海法院系统通过设立"诉调对接"中心,与"一行三会"全面建立诉调对接工作机制和联动化解机制,以最小的成本在最大限度内及时化解金融纠纷双方的矛盾,有效缓解了司法资源不足的现状,取得了良好的效果。中国人民银行金融消费权益保护局成立第三方金融纠纷调解中心,拓展了金融消费纠纷解决的新途径[②]。金融行业协会的服务与自律功能也在很大程度上弥补了市场机制和政府监管的不足,行业协会通过协调金融机构之间、金融机构与中介机构之间、中介机构与消费者之间的关系,为纠纷的有效化解提供了新的解决路径[③]。

4. 上海互联网金融法治文化环境

社会大众的金融法律意识水平是上海国际金融中心建设的一个重要条件,也是上海互联网金融发展的法治文化土壤。上海市各级政府利用媒体、网络、文艺作品等多种形式,引导市民在谨慎、规范、守约的民风民俗基础上,提高金融意识、理财意识、信用意识、契约意识、风险意识和金融法制意识。媒体通过正面报道和宣传,普及社会信用文化,在全社会营造诚信、契约、公平的氛围,创

---

① 《浦东法院自贸区法庭调整受案范围》,《法制日报》2015年5月11日。
② 《做金融消费者权益的守护者 上海市金融办将着重推进三方面工作,有序开展金融消费者权益保护工作》,《上海金融报》2015年3月17日。
③ 《吴焰:建议设立互联网金融投资者保障基金》,《中国证券报》,发布时间:2014年3月3日,http://sjr.sh.gov.cn/ShjrbWeb/HTML/Shjrb/xwzx_jryw/2014-03-03/Detail_98624.htm。

造良好发展的金融人文环境。上海市金融办与上海市法学会举办的"上海金融法治论坛"、上海市高级人民法院历年承办的"金融审判专业委员会年会"、上海市人民检察院承办的"金融检察论坛"、上海市律师协会与浦东司法局举办的"陆家嘴法制论坛"、上海证券交易所联合高校举办的年度"上证法制论坛"[①]，这些都大力推动了上海互联网金融法治环境的建设。

(三) 资本市场环境

上海始终处于我国资本市场的最前沿，促进着我国经济金融体制和社会资源配置方式的改革和提升，市场化、法治化、国际化导向的资本市场正迎合了互联网金融健康发展的需求。

上海的资本市场体系已基本形成。该体系适合国内外投资者一同参与，具备较强的交易、定价、信息功能，且有一定的国际影响力。人民币跨境投融资中心、人民币产品基准价格形成中心、大宗商品定价中心和金融资讯服务中心也在逐渐形成，培育出了一批规模较大、治理机制较健全、具有行业龙头地位的上市公司，营造了有利于促进资本市场创新发展和风险防范化解的机制和环境。上海证券交易所主要指数、中国金融期货交易所股指期货产品、上海大宗商品期货价格的国际影响力显著提升，上海资本市场的对外开放领域不断拓展。同时，上海张江高科技园区作为我国新三板前期试点地区之一，也在推动上海多层次资本市场体系建设、推动区域性场外市场与全国性市场的合作对接等方面发挥积极作用。

上海十分尊重企业的市场主体地位，鼓励各类资本公平参与并购重组，促进企业股权有序顺畅流转。上海股权托管交易市场综合金融服务平台建设已初见成效，其以服务本市科技型中小企业发展为重点，探索金融产品创新，增强市场资源集聚、整合和配置功能，与多层次资本市场进行对接。上海不仅十分鼓励发展多样化私募投资基金和各类私募投资产品、拓展投资范围，还积极推进合格境内有限合伙人（QDLP）和外商投资股权投资企业（QFLP）试点，以促进境内外私募投资基金在沪集聚发展，不断完善私募投资基金支持本市企业创新创业发展的产品、服务和途径。上海正充分发挥资本市场资源配置功能，在

---

① 《上海国际金融中心法治环境建设》（上海市国际金融中心建设工作推进小组编），上海人民出版社2012年版。

推动国有控股上市公司、非上市公司开放性市场化重组、支持国有资本与民营等其他各类资本相互融合、发展混合所有制经济上作出重要推动作用。不断鼓励民营企业利用资本市场的健康发展,迸发出内生动力,稳定可持续发展的基础。通过发挥资本市场服务实体经济,促进产业结构调整的作用,以支持新技术、新产业、新模式、新业态企业加快发展的举措,对互联网金融产业的健康发展起到积极作用。

(四) 基础设施环境

互联网金融的健康发展需要依靠先进信息技术的支撑与良好的信息化环境。上海在 2014 年中国信息化发展水平评估中再获综合排名全国第一,说明上海能够为互联网金融的发展提供良好的基础设施环境。据国家工信部官网发布的中国电子信息产业发展研究院(赛迪工业和信息化研究院)2014 年中国信息化发展水平评估报告,2014 年我国信息化发展指数为 66.56,其中网络就绪度指数为 60.94%,信息通信技术应用指数为 69.38,应用效益指数为 72.19。上海以综合指数 94.64 继续保持全国第一,并以网络就绪度指数 88.45 和信息通信技术应用指数 96.77,在这两个领域领跑全国。其中网络就绪度优势明显,体现了上海大力推动以宽带和无线城市为重点的下一代信息基础设施建设的成效,反映在网络就绪度的五个方面:智能终端普及指数、光纤发展指数、宽带速率指数均排名第一,有线电视发展指数排名第四,宽带普及指数排名第六。同时,上海信息化应用推进成效也在评估结果中充分体现,其中,以市民需求为导向的信息化应用在全国取得领先地位,电子政务、两化融合发展水平均位于中国前列,反映在信息通信技术应用的三个指标中,显示出居民应用指数具有较大优势位列第一,企业应用指数和政务应用指数均位于第四,且与前三名差距不大。

上海智慧城市建设为互联网金融产业的发展营造良好的基础设施服务环境。根据 2014 年 9 月 10 日发布的《上海市推进智慧城市建设 2014—2016 年行动计划》,上海在未来三年着力实施智慧化引领的"活力上海五大应用行动",强化"三大支撑体系"。将聚焦民生改善、产业创新、政务透明等深层次领域,五大应用行动具体为:

1. 城市宜居,营造普惠化的智慧生活

以"建设成果全民共享"为原则,构建"政府、企业、社会组织"三位一体的公共服务体系。

2. 产业创新,发展高端化的智慧经济

以信息化助推"四个中心"建设,加快培育发展新产业、新技术、新业态、新模式。

3. 运行可靠,完善精细化的智慧城管

围绕城市管理精细化、可视化、智能化的发展的需求,全面支撑上海城市功能提升和安全运行。

4. 透明高效,建设一体化的智慧政务

以政务信息资源开发利用为核心,以信息共享、系统集成、业务协同、渠道整合、资源集约为原则,充分利用云计算、大数据、移动互联网等新兴技术,实现政府资源整合、流程优化和业务协同,提升政府管理和公共服务水平和效率。

5. 区域示范,打造智慧城市"新地标"

围绕社区、村庄、商圈、园区、新城等五个空间区域,推进创新试点和应用示范。

在基础设施建设方面,根据计划,在将来,上海城市信息基础设施服务能级将得到明显提升。上海将全面建成与当前主流技术相匹配的宽带城市和无线城市,下一代城市信息基础设施服务能级显著提升。家庭光纤入户率达到60%,第三代、第四代移动通信用户普及率达到70%,公共场所无线局域网接入点(AP)突破20万个,国际和本地网络交换能力持续提升,全面完成下一代互联网在基础网络和数据中心的改造部署。

此外,上海网络安全综合保障能力显著提升,上海将加强与国家网络安全保障体系和城市安全与应急管理体系的对接,着力提升网络安全技术防范,基础支撑与综合治理能力,强化网络安全和互联网内容监管,完善安全可信的网络环境。

(五) 人才环境

互联网金融人才是指既懂互联网思维又懂金融专业知识的复合型人才。由于互联网金融的本质是金融,所以互联网金融人才的本质是金融人才。

上海作为国际金融中心,从全国范围来说,在金融人才集聚方面具有比较优势。上海有35万名左右的金融从业人员。随着上海金融业的不断开放、市场体系的不断完善和金融机构的快速集聚,金融人才的事业舞台也将不断扩大,良好的人才事业发展环境也将吸引大量优秀人才,为互联网金融的发展提供坚实的人才基础。

近年来,上海在金融人才政策上逐步进行了市场化改革。如为鼓励金融人才创新创业,上海在国内率先创设"金融人才奖"和"金融创新奖",对为上海国际金融中心建设作出突出贡献、得到市场认可的金融机构和金融人才及团队给予奖励。又如,在"上海千人计划""上海领军人才"等重大人才评选过程中,积极改革传统市场评价办法,将部分学历未完全"达标",但具有丰富从业经验、业绩得到市场认可的金融人才纳入评选范围,以体现重业绩、重市场认可的金融行业人才评价标准。同时,上海也在渐渐增强对金融人才公共政策、公共服务及产品的提供力度。如上海市金融办与浦东、黄浦、静安、宝山、普陀等签订合作备忘录,在推动建设金融人才公寓、完善城市配套设施、提供优质公共医疗和教育资源等方面形成市区联手推动合力。这些公共服务及产品,在上海商务成本不再具有优势、各地人才政策优惠趋同的背景下,形成了上海金融人才发展的新优势。

上海已经提出,到 2020 年金融人才数量将达到 50 万名左右,为此,争取用五年左右的时间,分步推进实施"3411 金才方案":三类人才就是与全市重大人才计划相配套衔接的"领军金才、海外金才、青年金才",这三类人才及其团队能引领行业发展,是聚集重点;四个平台就是"开发、交流、服务、宣传"平台,这是为人才特别是高端人才设计的服务载体;一个计划就是"集数据采集、挖掘和应用"三位一体的"金才云"计划,这是做好金融人才工作的大数据基础;一系列政策环境就是以"一城一带一区"(陆家嘴、外滩、自贸试验区)为重点打造金才政策环境。

另一方面,随着互联网金融的快速发展,互联网金融机构的人才缺口也正在加大。从行业整体情况看,2015 年 3 月智联招聘发布的《2015 春季人才流动分析报告》显示,就 2015 年春节后"跳槽季"的人员流动情况来看,全国互联网和金融行业的投递位居前三名。从岗位结构方面看,国内人力资源管理数据研究机构北京众达朴信管理咨询有限公司(简称众达朴信)发布的《2014 年互联网金融行业人才紧缺度报告》显示,全国互联网金融行业产品经理和运营经理稀缺度最高,作为新兴行业的互联网金融有 10 个岗位的稀缺度在 70% 以上。上海需要进一步营造良好的金融人才环境,大力培育互联网金融人才,以满足上海互联网金融迅猛发展的需求。

上海的高等院校云集,作为人才的发源地,也为互联网金融的发展作出了贡献。2013年6月,上海大学成立上海科技金融研究所,专注于互联网金融与新兴金融的研究及人才培养;2014年11月,上海交通大学联合行业协会、互联网金融企业成立了国内首家互联网金融研究所。2015年1月,"中国互联网金融百千万人才培养工程"由业内企业发起,并联合清华大学、上海交大等国内名校共同培养专业人才。2015年3月,业内企业联合上海财经大学设立了国内首个专注互联网金融的创新实验基地。可以预测,在上海,企业结合高校共同探索培养互联网金融人才的模式将成为常态。

互联网金融企业更看重人才发展环境。上海市政府发布的《关于促进本市互联网金融产业健康发展的若干意见》的相关内容显示,上海将不遗余力地助力互联网金融企业的人力资源建设。例如,支持互联网金融企业的高级管理人员和高级技术人才享受本市人才引进政策,在居住证入沪手续办理方面提供便利。

综上所述,上海在互联网金融的人才环境方面优势较为突出,政策上的扶持力度较大,教育环境良好。此外,上海互联网金融产业起步亦较早,优质互联网金融企业较多,这都对人才具有集聚效应,容易吸纳更多优秀的人才在本地参与互联网金融各行业的发展。

进入2015年后,上海市互联网金融发展环境得到进一步的完善,主要表现为市政府积极出台多项支持政策,金融环境总体支撑更为有力,行业基础设施建设较为完善等多个方面:

1. 积极响应国家部署,强调规范发展与创新平衡

继2015年7月,人民银行等十部委联合出台了《关于促进互联网金融健康发展的指导意见》之后,上海市政府积极响应国家整体战略,落实国家部委要求,充分结合上海本地各项资源优势和互联网金融行业发展需要,积极出台了多项支持政策,给予更多政策倾斜和资源投入,引导和促进互联网金融在上海本地的快速发展。2015年8月,上海市政府发布《关于促进金融服务创新支持上海科技创新中心建设的实施意见》(以下简称《实施意见》),明确要求"鼓励融合创新,支持互联网金融稳步发展",同时积极"支持符合条件的企业在上海发起设立以互联网为主要业务载体或以互联网业务为主要服务领域的各类持牌金融机构"。此外,上海市政府与人民银行等于10月联合发布了《进一步推进中国(上海)自由贸易试验区金融开放创新试点 加快上海国际金融中心建设方

案》,明确提及"在风险可控前提下支持互联网金融在自贸试验区创新发展",促进互联网金融与自贸区建设、国际金融中心建设的对接融合。

2. 环境支撑更为有力,行业资源更为丰富

上海地区的金融环境支撑越发有力,一是得益于上海在金融方面深厚的底蕴积累和长期的投入建设,截至2015年,上海的全国性金融市场体系已逐步形成,体系包括股票、债券、货币、外汇、商品期货、金融期货与场外衍生品、黄金等市场,且市场种类较为齐全,直接融资能力全国领先,2015年实现直接融资规模总计26 126.6亿元;二是各类金融机构数量持续快速增加,截至2015年末,全市各类金融单位已达1 430家;三是伴随国际金融中心和自贸区建设的加快推进,上海在跨境金融领域进一步建立了先发优势,包括人民币资本项目可兑换先行先试、合格境内个人投资者境外投资试点等。

具体表现在,一是人民币跨境支付系统(一期)已于2015年10月成功上线,进一步提升了境内外金融机构人民币跨境和离岸业务提供资金清结算服务能力,人民币跨境支付结算效率大大提高;二是国务院于2015年12月批复在上海筹建保险交易所,为财险、寿险、航运险以及保险公司之间、保险公司与再保险公司之间的重大再保险项目提供保险交易的场地与设施,进一步完善现代保险服务体系;三是银监会也已于2015年初批准在上海自贸区筹建中国信托登记中心,为信托受益权的高效转让流通提供平台服务。此外,全国唯一的银行卡清算中心——中国银联、人行下属的全国规模较大的征信服务机构——上海资信等功能平台也早已扎根上海。

同时在行业资源方面,为加快推动互联网金融发展,提升其普惠金融服务能力,上海出台了多项相对灵活且有针对性的扶持政策。一方面《实施意见》已提出鼓励开展股权众筹试点,"支持相关交易市场开展股权众筹投资企业股权挂牌及股权众筹投资份额登记、转让""提高工商登记便利化,方便股权众筹投资主体注册登记"。同时,明确将"支持大型电子商务平台等互联网企业在上海设立小额贷款、融资担保、融资租赁、商业保理等地方新型金融企业",在业务准入、工商注册、资源投入等多个方面给予支持。另一方面,上海作为全国乃至全球主要的经济中心、金融中心,在金融服务、商务支持、市场客户和底层基础设施等各个方面均已积累了较为明显的资源优势。

3. 长三角产业链协同创新,跨区域协作促进行业发展

2015年10月,长三角(上海、浙江、江苏、安徽)召开互联网金融高层对话

论坛,首次开展互联网金融跨区域合作,三省一市的八家互联网金融企业在论坛上共同签署了《长三角互联网金融企业自律倡议书》,就信息披露透明诚信、投资人资金安全保障、合规与风控等方面发出积极倡议。此外,国内首份《长三角互联网金融(P2P)产业地图》也正式启动编制,伴随数据采集的不断丰富和深入,将进一步纳入第三方支付、互联网众筹等行业数据,实现对互联网金融的全业态覆盖。作为我国经济创新发展的重要区域和互联网产业发展相对领先的地区,长三角将互联网金融纳入合作范畴,将为区域内部互联网金融企业开展业务合作和沟通交流提供丰富机会和高效平台,有望对长三角地区互联网金融的发展起到积极的推动作用。长三角区域的探索与实践,也将对全国互联网金融行业的创新合作带来样本借鉴。

二、基本情况

上海各级政府高度重视互联网金融产业的发展。2011年3月,上海市就出台了《关于促进本市第三方支付产业发展的若干意见》。

2014年8月,上海市政府又正式印发了《关于促进本市互联网金融产业健康发展的若干意见》,这也是国内省级政府出台的首个促进互联网金融发展的政策文件;2014年底,市金融办、市经信委与浦东新区、黄浦区、长宁区、嘉定区政府共同签署了"共建上海互联网金融产业基地务实合作备忘录",着力打造服务联盟,共同建设浦东新区新兴金融启航基地、黄浦区宏慧·盟智园互联网金融产业园、长宁区虹桥互联网金融财富天地、嘉定区互联网金融产业基地、浦东新区张江互联网金融园等五家市级互联网金融产业基地。上海互联网金融相关业态产生发展较早,呈现以下特点:

(一)业态门类相对齐全

第三方支付、网络融资中介、网上金融产品销售、金融资讯服务、信用信息服务等各类互联网金融业态在上海均有不同程度的发展;在沪银行、证券公司、保险公司、基金公司等持牌金融机构也纷纷向互联网金融、移动金融领域拓展并取得阶段性成效。

(二)发展水平总体较高

在上海市、区两级政府的积极引导、推动下,国内首家持牌互联网金融机构众安在线保险公司已落户上海;阿里、百度、万达、光大、京东、唯品会、携程、盛大、网易等国内知名企业已纷纷将其互联网金融相关业务板块落户上海,或在上海设立网络小贷公司等互联网金融企业;银联、支付宝、快钱、汇付天下等主要的第三方支付企业汇集上海,上海占有国内第三方支付领域半数以上的业务量;平安陆金所、拍拍贷、青橘&筹道股权、爱创业等国内知名的网络融资平台均创设在上海;东方财富、诺亚财富、好买基金等15家企业获第三方基金销售牌照并开展网上销售业务;万得信息、大智慧等国内领先的金融资讯企业集聚上海。

(三)部分领域相对薄弱

由于国内互联网领域领军企业多不在上海,上海在新型互联网金融领域缺少必要的平台优势和龙头企业,互联网专业人才较北京、深圳等地也相对短缺。同时,从事金融大数据处理、金融云平台服务、互联网金融信息安全服务等互联网金融领域基础业务的大型专业机构也相对较少。

(四)局部风险已有显现

互联网金融在极大提升金融服务广度、深度和效率的同时,也蕴藏较大风险隐患。特别是在与资金融通、支付相关的领域,非法集资等法律风险、恶意骗款等资金风险、集中违约等信用风险、客户信息被盗等信息安全风险不容忽视。特别是近两年来,上海P2P平台跑路、倒闭等风险事件也时有发生。

进入2015年后,上海市互联网金融行业发展整体呈现出交投活跃、业态分布较为全面,但局部风险事件开始显现,行业规范力度逐步加强、各类机构加快聚集等方面的特征:

(1)行业发展总体稳健,市场交投较为活跃。

2015年,上海互联网金融行业发展总体较为稳健,各业态总体实现均衡发展,市场规模稳步攀升,在全国范围内市场占比进一步增加。

第三方支付方面,在电子商务、移动支付等产业快速发展的带动下,辖内第三方支付机构交易规模继续攀升,全年累计超过35万亿元,其中移动支付交易规模增长迅速,并已在便利店、商超、交通、餐饮等多类小额、快消领域得到广泛应用。市场份额方面,全国规模排名前八的机构中,上海地区占据六席,分别为银联商务、支付宝、快钱、汇付天下、通联支付和环迅支付,合计份额占比高达 85%①。

网络借贷方面,上海整体交易规模增长与全国平均增速基本持平,2015 年全年交易量达到 1 126.63 亿元,较上年增长 3.75 倍。正常运营平台数量达到 213 家,同比增加 96 家。市场份额方面,上海地区网络借贷规模已占全国总量的 11.5%,居全国领先地位。

股权众筹融资方面,2015 年上海互联网众筹行业也取得了爆发式的增长,全年累计交易规模超过 13 亿元,超过历年交易总和的 25 倍,其中股权众筹是最主要形态,实现众筹 5.6 亿元,较上年增长 157 倍。从业机构数量快速增加至 37 家,增长 42.3%,仅次于北京和广东。

第三方金融产品销售方面,辖内机构交易总量保持快速增长,天天基金、陆金所、好买基金等领先机构代销基金产品数量均超过 1 000 只,累计交易规模超过 8 000 亿元。从业机构数量进一步增加 10 家,累计数量达到 25 家,占全国总量的 32%,居全国第二位。

金融资讯与门户方面,上海集聚了以万得信息为代表面向金融机构的一批本土金融信息提供商,同时随着互联网普及程度的提高,以及市场需求的增加,上海针对中小投资者的金融信息垂直门户也开始引领市场。

网络征信方面,相较个人征信,上海企业征信的发展更为快速。从业机构数量方面,截至 2015 年末,上海辖内已完成备案的企业征信机构达 22 家,仅次于北京,位列全国第二。

此外,行业整体交投较为活跃。以网络借贷为例,2015 年上海网贷用户规模和交易规模进一步增加,分别达到 72.4 万人和 1 126.63 亿元,其中交易规模占比已达全国市场的 11.47%,处于全国领先行列;而在第三方金融产品销售领域,上海用户相对较强的投资理财意识,为第三方金融产品销售提供了较好的发展环境,各类互联网理财、移动理财等应用快速渗透。2015 年,上海辖内第三方基金销售机构天天基金网的销售规模已达 7 433 亿元。

(2) 业态分布更为齐全,部分领域引领发展。

相比全国其他省市,上海地区互联网金融的业态分布较为全面,第三方支付、网络借贷、第三方金融产品销售、众筹、征信等业态均已成长出一批具有一

---

① 数据来源:易观智库。

定规模体量和行业知名度的从业机构,如第三方支付领域的银联商务、支付宝、网络借贷领域的拍拍贷,第三方金融产品销售领域的天天基金网、众筹领域的青橘众筹、征信领域的芝麻信用以及互联网保险领域的众安在线等,整体发展较为均衡,共同构成了上海互联网金融产业的"城市名片",推动上海互联网金融产业的综合发展。

在均衡分布、综合发展的同时,上海互联网金融部分业态的发展在全国处于领先位置,一定程度上引导着整个行业的发展趋势。如在移动支付领域,在政府资源支持下,同时得益于 iPhone、三星、华为等具备 NFC 功能的高端手机较高的普及率以及对便利店、商超、快餐及出租车等小额支付场景 POS 机非接改造的较高渗透率,上海移动支付交易规模、使用者数量、应用频次明显高于全国其他省份,已成为全国其他省市效仿的对象。在股权众筹融资领域,上海更是已经成为全国市场的标杆,一方面政府积极鼓励众筹,特别是股权众筹发展,在全国范围内率先推出了股权众筹试点政策,颁发首张股权众筹营业执照;另一方面,股权众筹从业机构创新意识突出,例如筹道股权在业务模式上率先成功引入 PE 投资项目,在服务空间上率先实现与跨境市场的对接,探索开展跨境众筹。在第三方金融产品销售领域,上海的平台规模领先且表现出较强的创新意识,例东方财富旗下天天基金 2015 年销售规模领先全国,同时在产品方面还联合数家基金公司推出业内第一个以基金公司为投顾的投资组合产品——组合宝。在网络征信领域,企业征信发展迅猛,截至 2015 年末,上海辖内已完成备案的企业征信机构已达 22 家,仅次于北京,位列全国第二。

(3) 局部风险事件显现,行业自律较为领先。

在互联网金融行业整体稳步发展的同时,上海地区的网络借贷领域也开始逐步出现一些风险事件。2015 年全年,上海地区出现经营风险的问题平台超过 60 家,主要体现为跑路、停业、提现困难等,而申彤集团旗下的大大财富平台倒闭对行业整体发展造成了相对较大的负面影响,行业局部风险逐步显现。

针对陆续出现的风险事件,上海各层级、各条线的监管部门不断优化监管模式、加强行业规范力度。如上海市副市长屠光绍明确要求"一方面要支持互联网金融的发展,另一方面也要规范互联网金融的发展,打击违法违规活动";上海金融办、市场监督管理局等部门也从 2015 年下半年开始着手互联网金融行业的规范治理工作,并于年末暂停了互联网金融企业的工商注册许可;同时,上海社会信用体系建设联席会议办公室、上海市征信管理办公室也联合发布了

《2015年上海市社会信用体系建设工作要点》,明确提出要进一步加强行业规范力度。

除监管层面的规范治理外,上海地区互联网金融行业积极开展行业自律管理。其中,上海市互联网金融协会在上海市政府的大力支持下于2015年8月成立,并在成立当日发布了《上海个体网络借贷行业(P2P)平台信息披露指引》,在融资企业主体、融资产品、业务经营、财务状况等多个方面提出了及时、有针对性的信息披露规范,对网贷机构的发展提供了积极有效的发展指引。此外,网络借贷领域多家平台已共同引入电子合同机制,主动与第三方法律服务机构开展对接合作,积极提升行业规范程度。总体而言,上海地区互联网金融领域的行业自律建设已走在全国前列。

(4) 传统转型创新突出,各类机构加快聚集。

以浦发银行、海通证券为代表的传统金融机构也持续加快转型创新步伐,积极引入互联网思维,加快拓展市场空间。如浦发银行推出"spdb+"互联网金融服务平台,促进整体的数字化金融转型,并打造了全新的移动客户端入口产品,实现整合个人、小微、直销银行入口整合。海通证券除大力推广旗下移动端产品"e海通财"外,继续通过资本运作方式加快市场布局,完成对91金融投资的布局。此外,上海本地大型房产企业绿地集团也积极加入互联网金融市场争夺,推出了"绿地地产宝"产品,同时探索开展对第三方支付持牌机构的投资,着力构建自己的互联网金融服务体系。

相较而言,无论是用户规模、交易规模方面,还是在发展增速、市场影响等其他方面,相比传统金融,互联网机构的发展仍占据较大的领先优势,部分机构甚至已成为全国范围的行业领军企业。如支付宝已连续多年持续保持全国第三方支付市场份额第一的位置,交易规模约占全行业的50%;东方财富旗下天天基金已与全国97家基金公司达成合作,代销基金产品数量高达2 889只,2015年全年实现销售规模7 433亿元,在全国所有基金代销机构中排名第一。同时,为进一步促进互联网金融行业健康有序发展及产业集聚,2014年12月17日,上海市金融服务办公室、上海市经济和信息化委员会与浦东新区、黄浦区、长宁区、嘉定区政府共同签署了《共建上海互联网金融产业基地务实合作备忘录》,努力构建服务联盟,共同建设浦东新区新兴金融启航基地、黄浦区"宏慧·盟智园"互联网金融产业园、长宁虹桥互联网金融财富天地、嘉定工业区互联网金融产业基地和张江互联网金融园等五家市级互联网金融产业基地。

2015年各园区发展迅速,吸引各类互联网金融机构入驻,加快产业集聚。

优厚的政策条件和丰富的行业资源,不断吸引全国各类互联网金融从业机构加快向上海地区聚集。最具代表性的包括,2015年全国最大的第三方支付机构——支付宝以及万达集团旗下金融板块总部——万达金融,纷纷将总部迁址至上海。截至2015年,上海已聚集了全国主要的金融基础设施平台,30%以上的第三方基金销售持牌机构,20%以上的第三方支付机构,10%以上的网贷机构,众筹平台的数量也位居全国前三,成为互联网金融机构集聚高地并在全国领先。

第五节　上海互联网金融发展展望及相关建议

一、发展展望与未来发展趋势

(一) 行业监管趋势

1. 互联网金融相关业态的监管政策逐步明确,行业开始进入规范发展阶段

2015年,《关于促进互联网金融健康发展的指导意见》对外公布,互联网金融的主要业态及监管职责分工得到明确,在互联网金融行业中进一步落实了监管责任,明确了管理制度,确认了行业监管以"依法监管、适度监管、分类监管、协同监管、创新监管"为基本原则。随后在2015年针对互联网保险、互联网支付等业态相继发布《互联网保险业务监管暂行办法》及《非银行支付机构网络支付业务管理办法》,针对网络借贷行业出台《网络借贷信息中介机构业务活动管理暂行办法(征求意见稿)》。但是对于股权众筹融资、互联网信托和互联网消费金融等业态,相关监管部门仍未公布相应的管理办法。

2. 技术型监管、穿透式监管成为趋势

国内金融监管主要采用分业监管、机构监管模式,更多强调持牌经营,主要采取现场检查和非现场检查的方式。而互联网金融具有跨地域、跨行业、跨市场及小规模、分散化的特点,导致业务结构设计可能更为复杂、风险扩散速度更为快速。因此,传统的金融监管方式并不完全适用于互联网金融业态发展,而

是需融入更多互联网思维及新型技术手段。如可以通过制定互联网金融机构的技术安全标准的方式限制准入,包括大数据分析技术、风险控制技术、数据基础设施及信息系统安全等方面,从而预防行业的技术型风险;建立风险评估和预警机制,借助大数据和云计算技术建立互联网金融产品登记制度,对互联网金融机构运营数据进行实时监管,对行业风险做出有效、准确的评估和预警。

针对部分互联网金融机构推出的结构设计较为复杂的产品,需通过对其产品核心进行研究和梳理,从而看清其业务实质,将资金来源、中间环节与最终投向穿透连接起来,按照"实质重于形式"的原则甄别机构业务性质,根据业务功能和法律属性明确监管规则的"穿透式监管"理念被提出和深化。"穿透式监管"要求:一是资金流向全流程的透明化,包含整个交易过程中的资产来源、资金来源、资金流向的真实性和公开透明;二是资金流过程中信息流的透明化,需要监管部门应用大数据分析技术、风险控制等技术全流程监管机构交易的信息流;三是针对互联网金融业务"跨地域"的特点,中央和地方监管部门需协调合作,在地域上、在业态上同时实现"穿透式监管"。

(二)行业融合趋势

1. 关于传统金融与互联网金融的融合

2015年互联网金融机构与传统金融机构之间加快渗透和融合,兼并收购、战略投资、深度合作越发频繁,如东方财富收购西藏同信证券股份有限公司100%股权,成为国内首家拥有券商牌照的互联网企业;众安在线和平安保险联合推出首个互联网车险品牌——保&车险等。同时,银行、证券、保险、基金等各类传统金融机构积极开展各项互联网金融业务,部分机构自建互联网金融平台开展业务下沉,如海通证券旗下的众筹平台海通众投、光大证券与网易旗下优佳电子商务有限公司、海航旅游集团有限公司合资设立了光大易创网络科技股份有限公司开展互联网金融业务;部分机构积极投资互联网金融平台,如海通证券先后投资了91金融等互联网金融平台。伴随传统金融机构互联网化转型的不断深入,与互联网金融机构的协同创新,将更加促进互联网金融行业的快速、规范化发展。

2. 关于实体产业与互联网金融的融合

2015年7月4日,国务院印发《关于积极推进"互联网+"行动的指导意见》,要求并推动实体产业积极运用互联网技术,进一步提升产业发展水平,构筑经济社会发展新优势和新动能。在这一大背景下,"产业＋互联网＋金融"的跨界融合模式在 2015 年快速发展,代表性的如海尔集团的"海融易"及红星美凯龙集团旗下"家金所"等 P2P 平台均积极融合产业、客户及合作伙伴等各项资源,加快业务布局与推广。实际上,产业与互联网及金融之间是从点到面的模式进行融合,在此种模式下,将能够从金融服务的角度出发,充分带动产业链相关各项资源进行整合,促进各实体产业发展的同时,推动互联网金融行业的进一步发展。

(三) 业务发展趋势

1. 综合化、开放化的趋势

互联网金融行业经过近几年的快速发展,各类机构均不同程度建立了自身资源优势,包括流量、征信数据、产品设计能力、资产资源等。此外,越来越多的机构在 2015 年尝试开展了业务调整,从单一业务到综合性、开放型的平台生态模式转变。2015 年,上海陆家嘴国际金融资产交易市场股份有限公司(陆金所)宣布实施战略优化调整,积极打造开放型金融资产交易平台模式,一方面为 P2P 等机构提供一站式的服务支持,另一方面积极开展基金、保险、债券等产品的销售。

2. 垂直化、精细化的趋势

伴随金融服务需求的不断深化、细化,互联网金融与传统金融的分工进一步明确,互联网金融需要在把握服务实体经济的本质要求的同时坚持贯彻普惠金融的原则和导向,在单一产业链上越发呈现出垂直化特征。部分传统产业集团积极发挥自身在产业链中的核心地位优势,通过对产业链上下游资源的整合,为相关参与方,如消费者、合作方、供应商等,提供更为灵活便捷的金融服务支持,典型产品如供应链金融和消费金融等。近年来,各类产业巨头,如房地产行业万达集团、恒大集团、绿地集团,传统零售行业的红星美凯龙集团、海尔集团、苏宁集团,以及多家上市公司纷纷出于金融转型及策应主营业务需要,通过不同方式,加快布局互联网金融领域,并依托各自产业资源开展垂直化、精细化的互联网金融业务。

3. 技术化、智能化的趋势

信息技术的进步是驱动传统金融和互联网金融发展的核心动力,也是互联网金融发展的重要特征。互联网金融是通过高科技运用来促进金融服务更加富有效率的商业模式。随着创新技术的发展及其在互联网金融领域的应用,未来以技术驱动的从业机构将越来越多,信息科技在金融领域的覆盖广度和应用深度都将大幅提升,并在金融服务实践中发挥更大作用。当前,虚拟现实、生物识别、智能语音交互、大数据、区块链、人工智能等已逐步成为金融科技的重点领域。

二、互联网金融发展面临的一些问题

(一)关于政策制定及执行方面

1. 针对互联网金融的政策制度尚不完善

2015年7月18日,中国人民银行等十部委联合发布《指导意见》,对互联网金融的主要业态及监管职责进行明确的分工,并落实了监管责任,明确了管理制度。随后互联网保险、互联网支付、网络借贷等业态的管理办法也相继发布。但股权众筹融资、互联网信托和互联网消费金融等业态的管理办法仍未出台,对上述业态的规范有序发展构成一定约束。

2. 分业监管与机构混业经营存在矛盾

出于满足用户一站式、多元化的金融服务需求及市场竞争需要,互联网金融机构充分发挥平台化优势,通过资本运作、产业合作、同业合作等方式加快综合化布局。但金融分业监管体制的应对能力和应对速度与综合化经营过程中复杂的产品结构体系可能产生的频繁、多样化的金融风险存在一定的现实差距。

3. 互联网金融创新迅猛给监管带来挑战

传统金融机构更注重合规理念,业务创新较为稳健,结合市场需要并依靠技术、产品等方面积累对业务开展有序的创新完善。相较而言互联网金融机构从创办开始所受的监管约束较少,在体制机制方面更为灵活,出于经营发展和市场竞争需要,更注重业务创新,为用户提供更好的服务体验,因而创新频次更快、创新力度更大,并且结合多样化的营销手段,往往能够形成"快速上量"的局面,导致监管滞后出现漏洞或监管套利。

(二)关于信息安全保护方面

信息安全作为保障和推动互联网金融业务有序发展的重要基础。从业机构虽然已普遍加强了对信息安全的保护,但是业内不同机构针对系统建设方面投入水平有差距,信息安全防护水平良莠不齐,部分机构尚未建立合理、有效的IT风险评估和控制机制,对突发事件的应急管理、评估与统筹能力较差。近年来,由于内控不足,互联网金融机构信息系统失效及外部遭受黑客攻击的现象时有发生,引发用户信息被泄露、账户被盗等问题,其中甚至包括某些行业大型机构,这对用户、平台、行业和社会都造成了一定的负面影响。互联网金融机构业内尚未制定统一的信息安全技术标准,缺乏行业技术安全依据,各机构之间的信息安全防护水平存在差距,同时整个行业内缺乏合理、健全的风险事件报送和信息共享机制,而个体风险事件发生也有可能导致整体的行业性风险。

(三) 关于投资人风险教育方面

互联网金融的客户群主要集中在长尾端,与高净值客群相比,这类客户群体对金融知识的理解及具体的风险防范意识等方面水平更低,较为容易被一些互联网金融机构向外发布的有失客观的市场宣传引诱。而相较传统金融机构,互联网金融机构的整体风险管理能力总体较弱,市场信用相对较低,对风险的处理经验和担负能力不足。因此,在客户本身缺乏必要的风险防范意识及从业机构缺乏足够的风险应对能力的情况下,互联网金融行业领域内一旦出现风险事件,容易引致较为严重的群体性社会风险事件。

(四) 关于持续创新的驱动力方面

互联网金融行业经过近几年的高速发展,之前需求驱动、产品驱动的互联网金融模式逐步发展成为技术创新驱动的模式,在需求逐步得到满足,产品逐步同质化的发展过程中,技术发展成为驱动模式创新加快的主要动力来源。区块链技术及人工智能的应用已经逐渐成为行业热点,新一轮的技术创新驱动行业发展已经受到业内人士的广泛关注。

(五) 关于基础设施和环境方面

国内互联网金融行业的基础设施尚不完善,一方面是服务和推动各项业务高效发展的行业性功能服务平台不足,如行业征信体系建设的滞后已在一定程度上对P2P行业的发展构成约束,同时也推高了P2P行业展业成本;适应互联网金融行业特点的便捷化金融权益(如受益权、收益权等)登记交易平台的缺失,也在一定程度上对互联网金融产品的流动性形成一定限制。另一方面是监督和保障行业规范发展的行业性风控体系建设仍有待加强,如对于P2P、股权众筹融资等具有融资功能特点的业务,相关监管部门或自律机构尚未建立有针对性的具备实时监控和预警能力的风险防范系统,以有效监测资金流动路径和信贷违约情况。

(六) 关于自律方面

中国互联网金融行业的可持续健康发展离不开行业内各相关机构及个人的高度自律,换言之,行业的健康、稳定发展必须建立在自律的基础上。行业自律的对象主要包括从业者、机构、消费者以及监管者几个方面,在互联网金融生态圈中,每个利益相关者都必须高度自律,才可能推动互联网金融生态区可持续地发展下去。2015年,国内互联网金融行业内所发生的一系列风险事件大致可分为两类。一是以e租宝为代表,其由于不良动机进入这个行业,从事非法集资诈骗活动,这一类企业道德缺失,没有做到从业者的自律;另一类是在成立之初坚守自律,只是出于能力与条件所限,没有找到可持续发展模式,或是做出了一些偏离轨道的行为,这一类有一定程度的自律,但仍显不足。

(七) 关于各业态具体业务方面

1. 关于互联网支付业务

《非银行支付机构互联网支付业务管理办法》对基于非银支付机构账户的交易规模做出了具体的限额规定,有望对此类账户交易的风险控制起到较为积极的作用。但互联网支付作为支撑互联网金融发展的重要基础,特别是在非银支付已逐步成为互联网支付主流账户,交易额度的限制或将对互联网金融行业的发展产生一定影响。

2. 关于网络借贷业务

2016年8月24日,中国银监会、工业和信息化部、公安部和国家互联网信息办公室四部委联合发布的《网络借贷信息中介机构业务活动管理暂行办法》中,明确规定了"网络借贷信息中介机构应当实行自身资金与出借人和借款人资金的隔离管理,选择符合条件的银行业金融机构作为出借人与借款人的资金存管机构",互联网金融平台应当选择银行作为资金存管机构。但从实际情况来看,受政策尚不明朗、存管对接技术较为复杂且周期较长、网贷机构存管成本相对较高以及银行机构为网贷机构提供存管服务的收益水平相对较低等因素影响,据统计全国仅有 184 家(不到 8%)平台对接了银行存管系统。

3. 关于股权众筹融资业务

一方面,当前国内尚未建立较为完善的互联网众筹平台业内众筹产品项目信息披露机制,众筹产品项目在信息全面性、及时性等方面的市场服务能力仍较为薄弱,导致投资人对众筹项目缺乏充分了解,盲目跟投的现象频繁出现。另一方面,现场签名并登记核实的工商登记制度对互联网股权众筹的快速发展形成了一定的制约,导致参与众筹的投资人难以便捷地对所投资股权及时确权。

4. 关于网络征信业务

一方面,个人信息安全保护机制仍有待完善。我国个人信息保护的相关规定分散于不同类别、不同层级的法律法规和部门规章中,尚未出台统一的个人信息保护规章,同时也尚未形成专注个人信息安全保护的监管和执法体系。大量商业数据公司游走于法律和监管的灰色地带,非法开展个人信息有偿交易,在一定程度上对公民大众的隐私权益造成侵害,对中国征信业发展也造成了一定程度的负面影响。另一方面,行业间数据开放程度有待提高。国内信用数据开放程度不高,行业内信用信息的条块分割和部门垄断的现象较为明显,许多信息相对封闭并在各个部门之间散落,信息透明度不足。网络征信企业大多凭借自身在某一领域的资源优势获取相关数据资源从而构建核心竞争力,与其他行业机构开展数据共享的意愿较弱,一定程度上导致网络征信机构数据全面性的弱化及社会整体征信系统的重复建设。此外,人民银行征信系统尚未向网络征信机构放开,也在一定程度上推高了网络征信业务的展业成本。

三、相关建议

(一) 关于政策制定及执行方面

1. 建议政策尽快完善

互联网股权众筹、互联网信托及互联网消费金融等业态的管理规章尚未出台,已对上述业务的快速有序发展构成一定制约,建议相关监管部门在充分结合业务发展实际及规范化建设需要的基础上,尽快出台有针对性的管理办法。

2. 建议研究实行混业监管

国内分业监管体制越发难以适应互联网金融从业机构日趋明显的混业经

营趋势,建议"一行三会"等金融监管部门积极探索建立有效且可操作的监督管理协作机制,各部门间积极开展联合监管、合作监管。同时,在条件成熟的情况下,及时创新并优化监管机制和管理模式,一方面探索从机构监管向业务监管转型,另一方面探索建立统一的金融管理局。

3. 建议监管调整紧随业务创新

从近几年的发展情况来看,互联网金融催生的新业务、新模式对监管部门带来了一定挑战,传统的监管制度及管理方式已逐步落后于互联网金融的发展特征与节奏。因此,建议监管部门及行业自律组织加强与互联网金融从业机构的沟通交流,特别是要在新兴业务、新兴产品和新兴模式的早期发展阶段,进行充分的研究和指导。一方面要及时对潜在的风险隐患予以防范,另一方面要有针对性地对既有的管理制度进行优化完善,实现业务发展与监管制度的良性互动。

(二)关于信息安全保护方面

针对信息安全的问题,建议从政策上确定互联网金融机构的信息安全技术标准,建立安全依据。同时在监管部门和行业自律组织共同作用下推动辖内机构不断强化内部审核和管理,同时加大对信息安全事件的惩处力度。

(三)关于投资人风险教育方面

在加大对互联网金融从业机构规范化管理的同时,建议进一步推动社会各方加强市场培育力度。具体而言,可通过开办宣介会及讲座等多种形式,近距离地向社会大众充分、有效地普及互联网金融专业知识,提升用户的风险识别能力,另一方面,积极推动用户形成风险自担意识。

(四)关于持续创新的驱动力方面

针对行业可能出现的持续创新的驱动力除去技术之外稍显不足的问题,建议从业机构在利用新技术进行创新的同时,也应考虑可以带动行业持续创新的其他驱动因素,确保行业具有持续创新的能力。

(五)关于基础设施和环境方面

针对国内互联网金融行业的基础设施尚不完善的问题,建议相关监管部门及行业自律组织推动行业性功能服务平台的建立和完善。另外建议由相关监管部门及行业自律组织针对不同的融资功能业态建立行业性风控体系,通过建立实时监控和预警能力的风险防范系统,对于机构的资金流动及违约情况进行有效实时监测,提高监管效率。

(六) 关于自律方面

针对互联网金融生态圈中的每个利益相关群体的自律仍稍显不足的问题,建议不同相关群体均应加强自律。

1. 从业者

(1) 严于律己,敬畏法律,敬畏道德。敬畏之心是法律具有至高无上权威的原动力,敬畏道德准则是互联网金融行业发展中相关从业机构及个人必须坚守的底线。从业者必须具备良好的道德水准,对金融、法律、投资者利益保持敬畏之心,拒绝触碰非法集资、吸收公众存款及诈骗等非法活动的红线。

(2) 充分理解金融的本质,敬畏风险。与传统金融相比,互联网金融在渠道、数据和风险识别等方面具有较大优势,但实际上,互联网金融的本质仍与金融本身一致,即风险的管理。互联网不但没有消除传统风险,而且产生了新的风险形式。很多P2P平台基于快速扩大规模的动机,以"重推广,轻合规"作为企业发展准则,缺少对金融产品的基本理解和对金融风险的敬畏之心,致使系统建设和风险管理体系建设严重滞后。也有部分平台为了提高用户的极致体验,利用所谓"金融产品创新"的营销手段,在短时间为企业带来大量用户和交易量,但同时该操作也导致了流动性风险、投资者教育缺失等严重的问题。因此从业者应对金融的本质有一深刻的理解,对行业认真研究,清晰地判断自身的能力,不盲目创新,不从事超出能力范围之外的行业相关业务。

(3) 遵循互联网金融的普惠性质,克制欲望。互联网金融已经在一定程度上被寄予改进传统金融机构服务效率、降低融资成本等厚望,导致整个互联网金融行业正陷入"野蛮生长"的传统套路之中,实际上,这一问题正是因整个行业过多强调颠覆传统、缺乏敬畏之心导致的。互联网金融的本质是普惠金融,行业应该以切实服务小微企业、服务尾部客户为己任。行业相关从业者应心系普惠,不忘初衷,不忘宗旨,切不可身在普惠,却一心系在颠覆传统的"高大上";反之,互联网金融应坚持与传统金融相互补充,和谐共处,实现共享共赢。

(4) 拥抱自律,引导监管,承担起社会责任。互联网金融从业者要将行业自律放在互联网金融企业立身之本的高度,在监管政策未出台的背景下,高度自律、及时积极履行企业社会责任是互联网金融行业实现健康发展的重要方向。可以说,谁能率先做好自律,谁就能在合规化发展的大环境中占得发展的先机。另一方面,企业在高度自律、坚持创新的同时,应该积极、主动与监管部门沟通交流,让他们了解自身企业及产品,深入了解企业创新点,为政府考察自身企业是否合法合规提供真实、有效的参考内容。只要政府和企业相互了解,就能避免彼此不必要的猜测,对监管和创新均有裨益。

2. 消费者

(1) 对市场要有敬畏之心。从业者要对市场有敬畏之心,消费者亦如此。所有的投资都具有风险,互联网金融行业中的消费者都应自觉、主动地学习与互联网金融相关的知识,充分培养风险意识,充分了解风险。

(2) 克制欲望,理性投资。消费者首先要对互联网金融的产品、对收益率有正确的认识,不要盲目追求过高收益,天上不会掉馅饼,对于高息理财产品一定要保持警惕;其次,在投资中要进行风险管理,根据自身的风险承受能力选择相应的项目。

(3) 自我约束,加强"买者自负"的金融消费观。"买者自负"说的就是消费者的自我约束。"买者自负"是市场经济的一个基本准则,买者要从购买行为中获得利益,也要自己承担购买的风险。消费者应有"买者自负"的意识,建立诚信的金融消费观。

3. 行业自律组织

(1) 充分发挥桥梁作用。行业自律组织是政府与企业之间的桥梁、纽带,通过行业自律组织,可以反映行业的合理诉求,维护成员的利益,推动监管政策的不断完善,促进行业健康发展。行业自律组织可以推动机构之间的业务交流和信息共享,加强行业基础设施建设,加快业务模式和技术标准的设计、推广和应用。

(2) 建立行业标准,促进互联网金融行业规范发展。自律组织可以通过明确自律机制,提高行业规则和标准的约束力,推动确立行业底线、规范市场秩序。行业自律组织通过发布自律条款并组织相互监督约束,如签署自律公约、加强信息披露制度建设等,能够充分调动行业自觉自发的自律行为,保障互联网金融行业规范、健康发展。

(3) 发挥监督作用和自律作用。在建立行业标准之后,应监督会员遵守行业标准,促进全行业按照行业标准来规范发展。要注重互联网金融企业、平台信息的强制定期披露,站在保护金融消费者,促进行业长远发展的角度,确定信息披露的内容和程度,包括日常的事项公示、平台的交易状况、公司财务状况、经营状况等。同时,也要注意保护信息安全,在信息采集、信息处理、信息利用的全过程中保证公平、公开、规范、透明。

(4) 充分发挥服务会员的作用。企业是市场的主体,互联网金融行业的健康发展,离不开互联网金融企业的稳定与创新。行业自律组织可以通过为会员单位,特别是中小会员单位提供资源对接、业务培训、政策咨询等服务,降低企业经营成本,引导企业合理创新,增强企业的抗风险能力。

4. 监管部门自律

(1) 积极探索有预见性的监管。互联网金融的业务监管部门要主动出击,以"互联网精神"创新监管,及时颁布法律法规,有预见性地引导行业发展。一方面,应对已发生的问题进行梳理,加速出台适合国情和民情的法律法规,成熟一个执行一个。另一方面,应对行业深入研究,主动作为,对行业进行有预见性的监管。现阶段,我国实施的分业监管模式已经很难适应混业经营的发展趋势,监管模式对互联网金融规制的适用性上受到了挑战。因此建立适应互联网金融规制的金融业综合监管框架成为发展趋势,进一步加强监管协调,机构监管、功能监管和行为监管并重,积极探索互联网金融的新监管范式。

(2) 严厉打击已出现的违法现象。金融行业具有内生脆弱性和较强的负外部性,违法后果和成本极大,因此需要金融监管者主动执法,通过日常执法的实践完善相关法律制度,弥补法律的不完备性。相关部门对已经出现的违法现象要严厉打击,起到威慑作用。总体而言,只有互联网金融从业机构及个人、消费者、行业协会及监管部门等多方共担责任,共同付出,才能推动构建完善的互联网金融行业自律体系。同时,只有行业内各部门及个人主动自律,拥抱监管,构建秩序,整个行业才能实现良性发展,更好地为实体经济提供服务。

(七) 关于业务发展方面

1. 关于互联网支付业务

针对非银支付账户交易限额管理问题,建议以从业机构的风险管理能力作为交易限额管理的主要依据。

2. 关于网络借贷业务

针对网贷机构资金存管工作进展缓慢的问题，建议监管部门和行业自律组织进一步加强宣传，同步推动网贷机构和商业银行开展账户、资金托管方面的合作。同时探究在地方金融办主导下，建立由地方行业协会牵头搭建统一的资金托管平台，待条件成熟后，推广全国后统一并网，形成独立的P2P资金托管体系。

3. 关于股权众筹融资业务

对于互联网股权众筹平台信息披露机制尚不完善问题，建议监管部门和行业自律组织尽快出台符合行业发展需要的信息披露规则指引，引导和推动互联网股权众筹平台加强信息披露工作。另一方面，就互联网股权众筹平台尚不能适应商事登记制度的相关问题，建议工商部门加快推进业务全流程无纸化，推动建立网上商事登记制度。

4. 关于网络征信业务

针对个人信息保护的问题，一方面建议监管部门加快出台关于个人信息保护的专项立法，完善个人信息保护法律体系。严格规范各类数据经营主体的义务和责任，充分保护用户各项权利，并根据不同行业的特点，出台相关管理细则，促进包括征信、公共领域的信息依法合规流转，为大数据作为基础性战略资源政策的落地提供法律依据。另一方面建议个人信息保护的主管机构加强执法力度，严格落实个人信息保护相关法律法规。统筹协调公检法及其他监管机构开展个人信息违法交易及使用的专项整治行动。严厉打击包括商业数据公司的各类违法违规行为，并追究相关当事人的刑事责任。

针对数据开放度不高的问题，一方面建议推动各类政务及公共数据整合，消除数据孤岛，建立政务及公共数据统一管理平台。另一方面建议推进政务及公共数据统一管理平台向合法优质的民营征信机构开放。同时，推动人行征信中心向合法优质的民营征信机构开放数据，实现存量数据效能最大化。

参考文献

[1] Anjan V. Thakor. Fintech and banking: What do we know? [J]. Journal of Financial Intermediation, 2019.

[2] Carney M. The promise of Fintech-something new under the sun [C]. Speech at Deutsche Bundesbank G20 Conference, by Bank of England Governor Mark Carney, 2017.

[3] Das, S. Opportunities and challenges of FinTech. keynote address at FinTech Conclave, New Delhi, 25. 2019.

[4] Friedrich H. The Impact of Blockchain Technology on Business Models in the Payments Industry[R]. International Conference on Wirtschaftsinformatik, 2017.

[5] Geranio M. Fintech in the exchange industry: Potential for disruption[J]. Masaryk UJL & Tech., 2017, 11: 245.

[6] Gomber P, Kauffman R J, Parker C, et al. On the Fintech Revolution: Interpreting the Forces of Innovation, Disruption, and Transformation in Financial Services [J]. Journal of management information systems, 2018, 35(1): 220-265.

[7] He, Mr Dong, et al. Fintech and financial services: initial considerations [J]. International Monetary Fund, 2017.

[8] Moon W Y, Kim S D. A Payment Mediation Platform for heterogeneous FinTech schemes[C]. Advanced Information Management, Communicates, Electronic & Automation Control Conference. IEEE, 2016.

[9] Nakamoto S. Bitcoin: A Peer-to-Peer Electronic Cash System[M].2009.

[10] Nicoletti B, Nicoletti, Weis. Future of FinTech[J]. Palgrave Macmillan, 2017.

[11] Nilsson N J. Principle of artificial intelligence[J]. Intelligent Systems IEEE, 1982, 29(2): 2-4.

[12] Robert H, Robert L, Annika M. Transforming agribusiness in developing countries: SDGs and the role of FinTech[J]. Current Opinion in Environmental Sustainability, 2019,41.

[13] R. McKinnon. Money and Capital in Economic Development [M]. Brookings Institution, Washington DC, 1973.

[14] Schatt D, Laplanche R. Virtual Banking: A Guide to Innovation and Partnering [J]. Book Reviews, 2014.

[15] Schueffel P. The Concise Fintech Compendium[M]. 2017.
[16] Shaw E S. Financial deepening in economic development[J]. 1973.
[17] Stuart J R, Peter N. Artificial Intelligence: A Modern Approach[M]. Upper Saddle River, NJ: Pearson Education, Inc, 2009: 4-5.
[18] Swan M. Blockchain: Blueprint for a New Economy[M]. O'Reilly Media, 2015.
[19] Vives X. The impact of FinTech on banking[J]. European Economy, 2017(2): 97-105.
[20] 才华.云计算在金融支付领域应用的设想[J].软件产业与工程,2015(2):43-46.
[21] 蔡俊杰.长三角地区金融发展与经济增长关系的实证研究[D].浙江财经大学,2017.
[22] 蔡敏容,阮坚,王小燕.金融科技人才内涵、特征及能力体系[J].金融科技时代,2020(7):40-44.
[23] 蔡然.人工智能对金融创新的影响与挑战[J].企业管理,2018(4):114-117.
[24] 曹晔华,周荣庭.新媒体环境下科技传播人才的素质模型建构研究[J].科普研究,2015,10(6):21-32.
[25] 曾刚.金融科技勾勒银行业未来生态图景[J].现代商业银行,2018(5):26-31.
[26] 曾宪文.全流程智能自助登机系统应用分析[J].现代信息科技,2020,4(13):120-123.
[27] 陈晨.商业银行开展第三方支付业务面临的风险及对策[J].银行家,2016(2):115-117.
[28] 陈德余,汤勇刚,张绍合.产业结构转型升级、金融科技创新与区域经济发展实证分析[J].科技管理研究,2018,38(15):105-110.
[29] 陈洪转,舒亮亮.科技人才溢出对区域经济的影响[J].扬州大学学报(人文社会科学版),2012,16(2):29-33.
[30] 陈权,王晓燕,温亚,等.基于AHP的拔尖创新人才素质模型建构与权重研究[J].科学管理研究,2017,35(3):87-90.
[31] 陈婷.基于区块链技术的金融大数据认证模型研究[J].现代电子技术,2020,43(6):171-174.
[32] 陈雄川,程传录,蒋光伟,等.云计算技术在大规模基准站网中的应用[J].导航定位学报,2020,8(2):26-30.
[33] 陈志.我国大数据征信发展现状及对征信监管体系的影响[J].征信,2016(8):47-50.
[34] 崔跃华.云计算时代高校图书馆移动信息技术优化研究:评《云计算时代信息技术在图书馆中的应用研究》[J].中国科技论文,2020,15(7):863.
[35] 邓建鹏,李雪宁.监管沙盒的国际实践及其启示[J].陕西师范大学学报(哲学社会科学版),2019,48(5):62-76.
[36] 邓舒仁.关于互联网征信发展与监管的思考[J].征信,2015(1).
[37] 丁华明.金融科技助推支付清算行业升级[J].中国金融,2018(16):59-61.
[38] 董俊峰.高效支付保障金融安全[J].中国金融,2019(21):40-42.
[39] 董昀,李鑫.中国金融科技思想的发展脉络与前沿动态:文献述评[J].金融经济学研究,2019,34(5):38-52.
[40] 杜宁.迎接物联网金融时代[J].中国金融,2018(1):68-70.

[41] 杜文才,顾剑,周晓谊.解决电子商务中大众支付的安全问题关键方案[J].电子科技大学学报,2009,38(S1):34-36,44.

[42] 樊春良.新科技革命和产业变革趋势下中国科技强国建设之路[J].科技导报,2018(21):63-68.

[43] 范云朋,尹振涛.FinTech背景下的金融监管变革:基于监管科技的分析维度[J].技术经济与管理研究,2020(9):63-69.

[44] 方浩文.量化投资发展趋势及其对中国的启示[J].管理现代化,2012(5):3-5.

[45] 方雨嘉.金融支付风险防控体系的发展与挑战[J].中国信用卡,2014(12):53-55.

[46] 房汉廷.科技金融本质探析[J].中国科技论坛,2015(5):5-10.

[47] 傅晓阳.区块链技术应用探索[J].中国金融,2018(2):73-74.

[48] 高春明,于潇,陈世坤.人工智能对中国未来劳动力就业的影响:基于劳动力供给视角的分析[J].社会科学战线,2020(10):249-254.

[49] 高奇琦,张结斌.社会补偿与个人适应:人工智能时代失业问题的两种解决[J].江西社会科学,2017,37(10):25-34.

[50] 关德君.人脸识别技术在考试系统中的应用研究[J].电脑知识与技术,2020,16(20):179-180.

[51] 郭福春,潘锡泉.融合与重构:大资管时代金融人才培养机制创新:基于互联网思维的视角[J].高等工程教育研究,2016(5):156-160,165.

[52] 郭凯明.人工智能发展、产业结构转型升级与劳动收入份额变动[J].管理世界,2019,35(7):60-77,202-203.

[53] 郭喜才.量化投资的发展及其监管[J].江西社会科学,2014,34(3):58-62.

[54] 韩涵.中国金融科技产业生态分析书[J].信息安全与通讯保密,2018(4):108-122.

[55] 韩俊华,周全,王宏昌.大数据时代科技与金融融合风险及区块链技术监管[J].科学管理研究,2019,37(1):90-93.

[56] 韩梅.FinTech的创新与变革分析[J].创新科技,2016(6):57-60.

[57] 韩鑫韬,刘晓,郝成磊.个人敏感数据保护的国际经验[J].中国金融,2019(5):78-79.

[58] 郝晓龙,白鹤峰,熊春晖,等.人工智能技术在航天工程领域的应用体系研究[J].航天器工程,2020,29(5):26-31.

[59] 何飞,张兵.金融科技的发展:大数据驱动与模式衍变[J].财经科学,2016(6):12-22.

[60] 何峰,耿欣.基于区块链的金融基础设施变革与创新[J].金融理论与实践,2016(10):58-61.

[61] 何宪,熊亮.加强中国金融人才培养[J].中国金融,2018(12):90-92.

[62] 贺建清.金融科技:发展、影响与监管[J].金融发展研究,2017(6):54-61.

[63] 贺岚.协同创新模式下科技创新人才发展探究[J].科技管理研究,2015,35(14):94-99.

[64] 侯建林.金融云计算在金融行业应用前瞻[J].金融科技时代,2013,21(2):53-55.

[65] 侯维栋.充分利用互联网技术助力银行财富管理[J].清华金融评论,2014(6):89-91.

[66] "互联网金融风险防范、监管理论与经验的跨国比较研究"课题组.互联网金融风险防

范：问题与建议：以上海为例的分析[J].上海经济,2017(3)：100-107.

[67] 胡婷婷,许娇,洪伊荣,等.云计算平台在糖尿病延续护理中的应用进展[J].护理学杂志,2019,34(24)：103-105.

[68] 胡霞娥.金融科技人才培养状况的研究[D].西南交通大学,2018.

[69] 黄佳.从心理契约违背透视保险公司人才流失[J].品牌,2015(2)：177-178.

[70] 黄勋敬,黄聪,赵曙明.互联网金融时代商业银行人才管理战略研究[J].金融论坛,2015,20(5)：62-70.

[71] 黄余送.金融科技发展分析[J].中国金融,2017(5)：53-54.

[72] 黄钰洁,王田田,王乙男,等.浅析人工智能对银行业发展对策研究[J].现代商业,2018(28)：71-72.

[73] 季晶,刘璞,陈正军.发达国家科技人才战略对我国相关工作的启示[J].人力资源管理,2016(10)：19-20.

[74] 贾拓.大数据对征信体系的影响与实践研究[J].征信,2018(4)：17-25.

[75] 姜海燕,吴长凤.智能投顾的发展现状及监管建议[J].证券市场导报,2016(12)：4-10.

[76] 姜建清.互联网金融与信息化银行建设[J].金融监管研究,2014(10)：1-9.

[77] 姜增明,陈剑锋,张超.金融科技赋能商业银行风险管理转型[J].当代经济管理,2019,41(1)：85-90.

[78] 靳景玉,赵瑞.区块链技术在绿色金融中的研究动态[J].财会月刊,2019(13)：172-176.

[79] 景欣.互联网征信中个人信息保护制度的比较与借鉴[J].西南金融,2020(9)：74-85.

[80] 鞠卫华.大数据征信特点及其风险探析[J].金融科技时代,2017(2).

[81] 亢保元,颉明明,司林.基于生物识别技术的多云服务器认证方案研究[J].信息网络安全,2019(6)：45-52.

[82] 寇明婷,陈凯华,穆荣平.科技金融若干重要问题研究评析[J].科学学研究,2018,36(12)：2170-2178,2232.

[83] 雷祯孝,蒲克.立当建立一门"人才学"[J].人民教育,1979(7)：21-26.

[84] 李保东,叶春明.基于区块链的汽车供应链产品追溯系统[J/OL].计算机工程与应用：1-13[2020-10-12].

[85] 李佳,靳向宇.智慧物流在我国对外贸易中的应用模式构建与展望[J].中国流通经济,2019,33(8)：11-21.

[86] 李麟,冯军政,薛求知.商业银行国际化的市场拉动与监管助推[J].金融论坛,2014,19(5)：58-65.

[87] 李淼.FinTech来袭：重塑金融格局[J].中国战略新兴产业,2016(14)：18-19.

[88] 李璞.高校高层次人才素质评价模型研究[J].经济体制改革,2009(5)：182-184.

[89] 李文红,蒋则沈.金融科技发展与监管：一个监管者的视角[J].金融监管研究,2017(3)：1-13.

[90] 李欣亮,魏力.第三方网络支付的风险分析与法律思考[J].商业经济研究,2018(13)：99-101.

[91] 李雪梅.我国政府数据开放的困境及对策：基于大数据征信视角[J].征信,2020(9)：30-35.

[92] 李燕,马海英,王占君.区块链关键技术的研究进展[J].计算机工程与应用,2019,55(20):13-23,100.

[93] 李真.中国互联网征信发展与监管问题研究[J].征信,2015(7):9-15.

[94] 梁丽雯.人工智能新用途:面部识别技术帮客户投资[J].金融科技时代,2016(10):85-85.

[95] 梁伟亮.金融征信数据共享:现实困境与未来图景[J].征信,2019(6):14-19.

[96] 梁正,李代天.中国科技政策与产业协同演化40年[J].科学学研究,2018(12):36-40.

[97] 廖理.金融科技任重道远[J].清华金融评论,2016(10):2.

[98] 廖岷.全球金融科技监管的现状与未来走向[J].新金融,2016(10):12-16.

[99] 廖志豪.创新型科技人才素质模型构建研究:基于对87名创新型科技人才的实证调查[J].科技进步与对策,2010,27(17):149-152.

[100] 林平.大数据背景下加快我国征信市场发展的思考[J].南方金融,2014(11):7-11,17.

[101] 林深,郑哲.分析面部图片预测冠心病:人工智能开启疾病筛查新时代[J/OL].中国胸心血管外科临床杂志:1-3[2020-10-19].

[102] 林泽炎.我国人才激励和保障的战略思考与制度设计[J].中国人力资源开发,2013(7):6-9,16.

[103] 林忠伟.广西少数民族山区人才制度改革的几点思考[J].社科与经济信息,1994(11):11-13,17.

[104] 刘光仿.破旧立新,重构金融科技人才体系[J].金融电子化,2018(1):46-47.

[105] 刘桂荣.金融创新、金融科技与互联网金融征信[J].征信,2018(2):16-21.

[106] 刘晶晶.基于嵌入式人脸识别的高校图书馆借阅系统设计[J].现代电子技术,2020,43(20):37-41.

[107] 刘培欣,唐五湘.科技金融人才队伍建设机制研究[J].科技管理研究,2014,34(9):106-110.

[108] 刘思璐,李华民.嵌入区块链技术的供应链金融征信系统优化[J].征信,2019(8):16-20.

[109] 刘新海,丁伟.美国ZestFinance公司大数据征信实践[J].征信,2015(8):27-32.

[110] 刘新海,宫建华.基于征信大数据分析的担保圈风险管理[J].征信,2018(8):17-20.

[111] 刘新海.阿里巴巴集团的大数据战略与征信实践[J].征信,2014(10):10-14,69.

[112] 刘颖,李强强.从蚂蚁金服看大数据背景下互联网金融征信的兴起[J].河北金融,2016(2):14-16.

[113] 卢芮欣.大数据时代中国征信的机遇与挑战[J].金融理论与实践,2015(2):103-107.

[114] 卢小宾,王建亚.云计算采纳行为研究现状分析[J].中国图书馆学报,2015,41(1):92-111.

[115] 卢志强,葛新锋.区块链在跨境支付中的应用研究[J].西南金融,2018(2):23-28.

[116] 陆岷峰,葛和平.金融科技创新与金融科技监管的适度平衡研究[J].农村金融研究,2018(9):7-12.

[117] 陆岷峰,黄百卉.互联网金融下一站:金融科技[J].企业研究,2019(3):16-18.

[118] 陆岷峰,徐阳洋.关于金融科技产业发展战略研究:以江苏省为例[J/OL].金融理论与实践,2019(4):32-41[2019-04-03].

[119] 罗建雄,封玉莲.大数据时代我国征信业发展及安全思考[J].征信,2019(6):27-33.

[120] 罗瑾琏,李思宏.科技人才价值观认同及结构研究[J].科学学研究,2008(1):73-77,161.

[121] 罗明雄.互联网金融六大模式解析[J].高科技与产业化,2014(3):56-59.

[122] 吕家进.金融科技推动支付清算产业加速融合发展[J].清华金融评论,2017(12):75-76.

[123] 麻斯亮,魏福义.人工智能技术在金融领域的应用:主要难点与对策建议[J].南方金融,2018(3):78-84.

[124] 麻文奇.大数据征信在企业融资中的应用:以广东省中小微企业信用信息和融资对接平台为例[J].金融科技时代,2016(12):15-20.

[125] 梅海涛,刘洁.区块链的产业现状、存在问题和政策建议[J].电信科学,2016,32(11):134-138.

[126] 孟添,祝波.长三角科技金融的融合发展与协同创新思路研究[J].上海大学学报(社会科学版),2020,37(4):58-73.

[127] 潘琦敏.生物识别技术在支付领域应用安全研究[J].金融科技时代,2016(7):53-56.

[128] 庞灵,吴红乐.云计算技术在金融统计信息化平台的应用研究[J].科学技术创新,2018(10):66-67.

[129] 彭积春.论非现金支付对银行、企业和民众经济活动的影响及应对之策[J].云南社会科学,2019(6):79-84.

[130] 彭璟玮.互联网金融的理论渊源探析与现实策略研究[J].金融与经济,2016(6):17-20.

[131] 彭文晋.现代社会的人才问题就是知识分子问题[J].学术交流,1985(1):36-42.

[132] 普华永道全球金融科技团队.跨越行业界线:金融科技重塑金融服务新格局[J].金融市场研究,2016(5):51-63.

[133] 乔海曙,谢姗珊.区块链驱动金融创新的理论与实践分析[J].新金融,2017(1):45-50.

[134] 乔政.科技创新投资模式:量化投资在金融市场上的应用[J].中国商论,2019(6):26-28.

[135] 邱晗,黄益平,纪洋.金融科技对传统银行行为的影响:基于互联网理财的视角[J].金融研究,2018(11):17-29.

[136] 屈宇飞,叶子晟,周超.双轮驱动框架下我国个人征信行业发展对策研究:基于百行征信的观察[J].征信,2019(4):16-20,27.

[137] 商希雪.生物特征识别信息商业应用的中国立场与制度进路:鉴于欧美法律模式的比较评价[J].江西社会科学,2020,40(2):192-203,256.

[138] 邵腾伟,吕秀梅.新常态下我国互联网消费金融的表现、作用与前景[J].西部论坛,2017,27(1):95-106.

[139] 沈翔宇,陈思捷,严正,等.区块链在能源领域的价值、应用场景与适用性分析.电力系统自动化,2020-09-12[网络首发].

[140] 师博.人工智能促进新时代中国经济结构转型升级的路径选择[J].西北大学学报(哲学社会科学版),2019,49(5):14-20.

[141] 史济鸿.浅论金融人才的开发与培养[J].上海金融研究,1983(1):26-28.

[142] 司江伟,陈晶晶."五位一体"人才发展环境评价指标体系研究[J].科技管理研究,2015,35(2):27-30,57.

[143] 宋立志.云计算在金融业应用的思考[J].金融科技时代,2011,19(11):60-61.

[144] 苏宇,高文英.个人信息的身份识别标准:源流、实践与反思[J].交大法学,2019(4):54-71.

[145] 孙冬梅,裘正定.生物特征识别技术综述[J].电子学报,2001(S1):1744-1748.

[146] 孙健,丁雪萌.金融集聚对科技人才开发效率提升的空间溢出效应研究[J].企业经济,2019(1):118-126.

[147] 孙娜.新形势下金融科技对商业银行的影响及对策[J].宏观经济管理,2018(4):72-79.

[148] 谭书卿.金融科技背景下的监管转型:以"监管沙盒"本土化进路为视角[J].西南金融,2019(10):90-96.

[149] 唐金成,刘鲁.保险科技时代"AI+保险"模式应用研究[J].西南金融,2019(5):63-71.

[150] 陶俊.生物识别在自助机具上的应用探析[J].金融科技时代,2016(10):37-38.

[151] 田文佳.基于国家自创区的科技金融工具和模式探讨[J].现代管理科学,2018(5):18-20.

[152] 万建华.点评:互联网金融模式创新与未来金融业变局[J].新金融评论,2012(1):53-55.

[153] 王聪聪,党超,徐峰,等.互联网金融背景下的金融创新和财富管理研究[J].管理世界,2018,34(12):168-170.

[154] 王刚,牛维麟,杨伟国.文化产业创意人才素质模型研究[J].国家行政学院学报,2016(2):117-121.

[155] 王广宇,何俊妮.金融科技的未来与责任[J].南方金融,2017(3):14-17.

[156] 王昊.我国金融科技发展状况分析[J].中国国际财经(中英文),2017(7):218.

[157] 王辉耀.浅析我国高层次人才困境,探索更加开放的人才制度[C]//中国国际人才交流与开发研究会.新时期引智实践与理论创新.中国国际人才交流与开发研究会:中国国际人才交流与开发研究会,2013:13.

[158] 王见敏,康峻晖,王杰.基于AHP模型的人才发展环境评价分析:以贵州省为例[J].贵州财经大学学报,2019(1):103-110.

[159] 王磊,赵晓永.基于区块链机制的云计算环境下服务组合策略的研究[J].计算机应用研究,2019,36(1):81-86,90.

[160] 王明杰.发达国家人才战略的比较[J].中国行政管理,2005(8):77-79.

[161] 王通讯,雷祯孝.试论人才成功的内在因素[J].人民教育,1979(9):16-23.

[162] 王通讯.现代伯乐通鉴[J].管理世界,1985(2):239-245.

[163] 王文,刘玉书.区块链发展思考[J].中国金融,2018(11):71-73.

[164] 王先玉,刘展.银行现代人才战略的思考[J].财贸研究,1995(6):56-57.

[165] 王新华,肖波.人工智能及其在金融领域的应用[J].银行家,2017(12):126-128.

[166] 王彦琦,张海,吴立刚,等.人工智能视域下终身教育网络"金课"建设研究[J/OL].现代远距离教育:1-10[2020-10-19].

[167] 王彦琦,张海,吴立刚,等.人工智能视域下终身教育网络"金课"建设研究[J/OL].现代远距离教育:1-10[2020-10-31].

[168] 王仰东,张敏,张劲菊."千人计划"创业人才研究[J].科技进步与对策,2014,31(23):161-165.

[169] 王莹.区块链对金融业的影响与展望[J].吉林金融研究,2016(12):6-10.

[170] 王应贵,刘浩博,娄世艳.数字金融、业务转型与未来银行探讨[J].新金融,2020(9):47-52.

[171] 王志芳,甄佳奇,朱福珍,等.特征层双模态生物识别算法容侵能力评测方法[J].系统工程与电子技术,2018,40(8):1889-1896.

[172] 魏巍.长三角、珠三角经济发展格局研究:基于要素生产率三重分解的视角[J].技术经济与管理研究,2017(4):111-115.

[173] 翁晓泳.基于区块链的云计算数据共享系统研究[J/OL].计算机工程与应用:1-8[2020-10-12].

[174] 吴彩霞.金融领域生物识别技术应用探析[J].金融理论与实践,2018(12):61-66.

[175] 吴晖,韩海庭,屈秀伟,等.大数据征信算法的可解释性研究[J].征信,2020,38(5):44-51.

[176] 吴晶妹.我国征信业的几点认识[J].中国金融,2015(21):50-51.

[177] 吴俊,陈亮,高勇.国外人工智能在金融投资顾问领域的应用及对我国启示[J].金融纵横,2016(6):88-92.

[178] 吴晓光,王振.金融科技转型的着力点[J].中国金融,2017(5):57-58.

[179] 吴烨.论金融科技监管权的本质及展开[J].社会科学研究,2019(5):110-118.

[180] 伍爱群.形成共识、整合资源:加快推进长三角地区区域创新体系建设[J].城市 2016(1):3-8.

[181] 夏诗园,汤柳.监管科技的理论框架与完善路径研究[J/OL].西南金融:1-11[2020-10-13].

[182] 谢平,邹传伟.互联网金融模式研究[J].金融研究,2012(12):11-22.

[183] 谢平.互联网金融的现实与未来[J].新金融,2014(4):4-8.

[184] 谢治春,赵兴庐,刘媛.金融科技发展与商业银行的数字化战略转型[J].中国软科学,2018(8):184-192.

[185] 徐晓莉,杜青雨.我国金融科技监管体系研究:来自国外的启示[J].新金融,2019(6):42-46.

[186] 许多奇.金融科技的"破坏性创新"本质与监管科技新思路[J].东方法学,2018(2):4-13.

[187] 薛莹,胡坚.金融科技助推经济高质量发展:理论逻辑、实践基础与路径选择[J].改革,2020(3):53-62.

[188] 严圣阳.我国金融科技发展状况浅析[J].金融经济(理论版),2016(11):156-158.

[189] 杨春雨.金融科技的发展与监管创新[J].金融发展评论,2017(9):29-35.

[190] 杨东.防范金融科技带来的金融风险[J].红旗文稿,2017(16):23-25.

[191] 杨晓丽,孙凌杉.基于金融产业链的金融科技发展研究:苏州模式的借鉴与启示[J].科学管理研究,2015,33(2):52-55.

[192] 杨亚仙,庞文静.我国大数据征信行业的发展现状、问题与对策[J].征信,2020(2):49-52.

[193] 姚可.生物识别技术在支付领域应用现状及问题研究:基于浙江省应用情况的调查[J].浙江金融,2018(6):69-74.

[194] 叶纯青.蚂蚁金服瞄上虚拟支付欲发布VRPay[J].金融科技时代,2016(9):85-85.

[195] 叶纯青.人工智能与金融服务的演变[J].金融科技时代,2017(1):92-93.

[196] 叶纯青.淘宝智能开户将引入"人脸识别"技术[J].金融科技时代,2015(5):18-18.

[197] 叶国文.社会转型与资源整合:从党管干部到党管人才制度变迁研究[J].中共浙江省委党校学报,2005(2):70-75.

[198] 叶望春.探索金融科技人才发展之道[J].银行家,2018(5):132-133.

[199] 叶文辉.大数据征信机构的运作模式及监管对策:以阿里巴巴芝麻信用为例[J].国际金融,2015(8):18-22.

[200] 叶忠海.人才学概论[M]长沙:湖南人民出版社,1983.

[201] 易宪容,郑丽雅,何人可.金融科技合约关系的实质、运行机理及风险防范:基于现代金融理论的一般分析[J].社会科学,2019(5):40-49.

[202] 易宪容.金融科技的内涵、实质及未来发展:基于金融理论的一般性分析[J].江海学刊,2017(2):13-20.

[203] 易信.新一轮科技革命和产业变革对经济增长的影响研究:基于多部门熊彼特内生增长理论的定量分析[J].宏观经济管理,2018(11):79-93.

[204] 益智.打造国家级金融科技产业区,构建金融风险防火墙[J].中国发展,2018(4):60-62.

[205] 尹璐.人才制度创新的几个关键问题[J].红旗文稿,2004(19):18-20.

[206] 於勇成,赵阳.金融科技风险防范路径研究[J].金融经济,2019(16):60-63.

[207] 余丽霞,郑洁.大数据背景下我国互联网征信问题研究:以芝麻信用为例[J].金融发展研究,2017(9):46-52.

[208] 俞勇.金融科技与金融机构风险管理[J].上海金融,2019(7):73-78.

[209] 袁野,马彦超,陶于祥,等.基于内容分析法的中国人工智能产业政策分析:供给、需求、环境框架的视角[J/OL].重庆大学学报(社会科学版):1-13[2020-10-31].

[210] 袁勇,王飞跃.区块链技术发展现状与展望[J].自动化学报,2016,42(4):481-494.

[211] 翟晨曦,徐伟,徐坤,等.区块链在我国证券市场的应用与监管研究[J].金融监管研究,

2018(7):33-54.
- [212] 翟玲,沈思,程时星.云计算平台下电子信息资源均衡分配优化仿真[J].计算机仿真,2019,36(7):397-400,440.
- [213] 翟烨.国内网络金融信息服务现状研究[J].图书馆学研究,2009(2):65-68.
- [214] 赵昌文,陈春发,唐英凯.科技金融[M].北京:科技出版社,2009.
- [215] 张成虎,胡啸兵,孙林娜.复合型金融人才及其培养模式探析[J].金融教学与研究,2011(5):59-62.
- [216] 张德茂,蒋亮.金融科技在传统商业银行转型中的赋能作用与路径[J].西南金融,2018(11):23-30.
- [217] 张豪,张向前.日本适应驱动创新科技人才发展机制分析[J].现代日本经济,2016(1):76-85.
- [218] 张宏娜,程艳丽.人工智能在消化内镜检查中的应用进展[J].疑难病杂志,2020,19(10):1077-1080.
- [219] 张虎,韩爱华.金融集聚、创新空间效应与区域协调机制研究:基于省级面板数据的空间计量分析[J].中南财经政法大学学报,2017(1):10-17.
- [220] 张家林.监管科技(RegTech)发展及应用研究:以智能投顾监管为例[J].金融监管研究,2018(6):76-93.
- [221] 张健.区块链:定义未来金融与经济新格局[M].北京:机械工业出版社,2016.
- [222] 张健.美国金融科技监管及其对中国的启示[J].金融发展研究,2019(9):49-53.
- [223] 张健华.互联网征信发展与监管[C]//中国人民大学国际货币研究所.2015年国际货币金融每日综述选编.中国人民大学国际货币研究所,2015:3.
- [224] 张金波.应收账款风险管理及征信服务[J].企业管理,2017(8):98-99.
- [225] 张锦伟.金融科技与银行融合对金融人才需求研究:从深圳银行业人才需求视角探讨[J].金融经济,2019(12):45-47.
- [226] 张明喜,魏世杰,朱欣乐.科技金融:从概念到理论体系构建[J].中国软科学,2018(4):31-42.
- [227] 张向前,刘明杞,张怡曼,等.人才战略与中国区域经济发展研究[J].经济问题探索,2006(4):22-28.
- [228] 张晓娟,黄春铭,王彦博.FinTech时代商业银行供应链金融发展与展望[J].银行家,2018(6):131-133.
- [229] 张增山,王庆书.试论现代金融人才的素质与培养[J].金融教学与研究,1992(4):49-51.
- [230] 赵超.区块链+粤港澳大湾区协同创新共同体构建分析[J/OL].学术论坛,2020(4):1-8[2020-10-12].
- [231] 赵大伟.大数据技术驱动下的互联网消费金融研究[J].金融与经济,2017(1):41-45,92.
- [232] 赵洋.基于区块链的金融业发展研究[J].财讯,2016(28):58-58.
- [233] 赵鹞.Fintech的特征、兴起、功能及风险研究[J].金融监管研究,2016(9):57-70.
- [234] 郑英姿,刘源,赵鹏.云计算中大数据的快速数据审计算法[J].重庆理工大学学报(自然科学),2019,33(6): 199-206.

[235] 中国人民银行广州分行课题组,李思敏.中美金融科技发展的比较与启示[J].南方金融,2017(5): 3-9.

[236] 中国人民银行武汉分行办公室课题组.人工智能在金融领域的应用及应对[J].武汉金融,2016(7): 46-47.

[237] 钟润涛,胥爱欢.美、英、日三国互联网保险发展比较及对我国的启示[J].南方金融,2016(9): 77-82.

[238] 周俊文,党建伟,高明.第三方支付监管的目标与制度安排: 国际比较与政策建议[J].金融监管研究,2019(3): 79-97.

[239] 周昆平.如何通过发展金融科技优化金融服务?[J].银行家,2017(1): 116-117.

[240] 周雷,邱勋,刘婧,等.金融科技创新服务小微企业融资研究: 基于金融科技试点地区840家小微企业的调查[J/OL].西南金融: 1-12[2020-10-13].

[241] 周亮,应欢,戴波,等.安全高效的生物识别外包计算方案研究[J].计算机工程与应用,2020,56(1): 127-135.

[242] 周嫣然.浅析金融科技浪潮下商业银行转型发展策略[J].福建金融,2019(2): 62-65.

[243] 周延礼.保险科技的应用现状和未来展望[J].清华金融评论,2017(12): 16-18.

[244] 周钰.区块链的思考与创新[J].中国金融,2018(2): 68-70.

[245] 朱春玲,刘永平.企业创新型人才素质模型的构建: 基于中国移动通信集团调研数据的质性研究[J].管理学报,2014,11(12): 1737-1744.

[246] 朱火弟.构建企业高层次人才管理新模式: 以重庆某汽车公司为例[J].中国人力资源开发,2010(10): 61-64.

[247] 朱俊杰,王彦西,张泽义.金融科技发展对我国产业结构升级的影响[J].科技管理研究,2017(19): 31-37.

[248] 朱太辉,陈璐.Fintech的潜在风险与监管应对研究[J].金融监管研究,2016(7): 18-32.

[249] 朱岩,张艺,王迪,等.网络安全等级保护下的区块链评估方法[J].工程科学学报,2020,42(10): 1267-1285.

[250] 朱永跃,胡蓓,杨辉.产业集群创业人才素质模型构建[J].企业经济,2012,31(4): 83-86.

[251] 庄雷.金融科技创新下数字信用共治模式研究[J].社会科学,2019(2): 48-57.

[252] 卓玲,陈晶瑛.创新型人才激励机制研究[J].中国人力资源开发,2011(5): 99-102.

[253] 邹凤华.浅议中小国有企业青年人才发展战略中的问题和对策[J].中国市场,2009(14): 53-54.

附录　中央及上海关于金融科技、互联网金融发展的相关政策汇编

(2014年8月4日,上海市人民政府印发《关于促进本市互联网金融产业健康发展的若干意见》)

1. 关于促进本市互联网金融产业健康发展的若干意见

(沪府发〔2014〕47号)

互联网金融是基于互联网及移动通信、大数据、云计算、社交平台、搜索引擎等信息技术,实现资金融通、支付、结算等金融相关服务的金融业态,是现有金融体系的进一步完善和普惠金融的重要内容。其表现形式既包括以互联网为主要业务载体的第三方支付,金融产品销售与财富管理,金融资讯与金融门户,金融大数据采掘加工,网络融资与网络融资中介等新兴、新型金融业态;也包括持牌互联网金融机构,以及各类持牌金融机构设立的主要从事互联网金融相关业务的法人机构或功能性总部。为把本市建成互联网金融发展的高地,进一步提升上海国际金融中心的影响力、辐射力、创新力和资源配置能力,推动中国(上海)自由贸易试验区金融改革创新,助力上海打造具有全球影响力的科技创新中心,现就促进本市互联网金融产业健康发展提出如下若干意见:

一、明确指导思想,突出"四个坚持"

(一)坚持服务实体经济,促进产业转型升级。鼓励互联网金融为符合国家及本市产业导向领域的中小微企业和家庭居民提供多样、灵活的金融服务;支持互联网金融与电子商务、现代物流、信息服务、跨境贸易等领域融合发展,

促进相关行业转型升级。

（二）坚持鼓励金融创新，形成竞争发展格局。切实转变观念、创新政府管理模式，以更加包容的态度支持互联网金融企业与持牌金融机构在互联网金融领域进行产品创新、技术创新、服务创新、管理创新和模式创新，在细分领域和行业解决方案方面做专、做深、做精、做细，错位竞争、特色发展，持续提升核心技术水平和综合竞争力。

（三）坚持营造发展环境，完善行业基础设施。立足当前、着眼长远，整合现有政策资源，加强人才培育、研究创新、信用体系、法治环境等方面的基础设施建设，着力营造有利于行业健康发展的良好环境。

（四）坚持规范健康发展，切实防范金融风险。坚持底线思维，妥善处理互联网金融创新发展和风险防范的关系，切实加强投资者教育与金融消费者权益保护，引导互联网金融企业合理有序竞争、规范健康发展。

二、加强政策支持，促进集聚发展

（五）鼓励有条件的企业发展互联网金融业务、申请有关业务许可或经营资质。鼓励有条件的企业在本市发起设立以互联网为主要业务载体或以互联网业务为主要服务领域的各类持牌金融机构。支持电子商务平台等大型互联网企业在本市设立小额贷款、融资担保、融资租赁、商业保理等新型金融企业。支持有条件的互联网金融企业依法申请有关金融业务许可或进行有关金融业务备案，申领增值电信业务经营许可等经营资质。允许主要从事互联网金融业务的企业在名称中使用"互联网金融"或"网络金融"字样，并在工商登记等环节提供便利。

（六）加大对互联网金融企业的支持培育力度。对互联网金融领域的新兴业态和创新模式，本市战略性新兴产业发展专项资金、服务业发展引导资金、高新技术成果转化专项资金等财政资金予以重点支持。支持有条件的互联网金融企业进行软件企业、高新技术企业、技术先进型服务企业等方面认定，按照规定享受相关财税优惠政策。

（七）拓宽互联网金融企业融资渠道。充分发挥上海市大学生科技创业基金、上海市创业投资引导基金等政策性基金的助推作用，探索设立主要投向互联网金融领域早期创业企业的创业投资基金和天使投资基金。支持社会资本发起设立互联网金融产业投资基金、并购基金，鼓励各类机构投资有发展潜力的互联网金融企业。支持互联网金融企业在境内外多层次资本市场上市(挂牌)。

（八）支持持牌金融机构向互联网金融领域拓展转型。支持银行业、证券业、保险业持牌金融机构积极开展互联网金融领域的产品和服务创新，提升金融服务广度、深度和能级。对持牌金融机构在沪设立的主要从事互联网金融相关业务的法人机构或功能性总部，市、区县两级政府可根据相关政策给予支持。

（九）鼓励互联网金融企业合理集聚。积极支持有条件的区县、园区结合自身产业定位，建设有特色的互联网金融产业基地(园区)，制定有针对性的政策措施，引导互联网金融企业合理集聚。对优秀互联网金融产业基地(园区)，市、区县两级政府可给予一定支持。

三、加强基础建设，营造发展环境

（十）吸引集聚互联网金融人才。支持互联网金融企业的高级管理人员和高级技术人才享受本市人才引进政策，在居住证等入沪手续办理方面提供便利。支持作出突出贡献的互联网金融企业高级管理人才和技术人才申报本市有关高级人才项目。支持高等院校、专业机构加强互联网金融领域人才培训，探索开展从业人员资质认证，对有关培训认证费用可给予适当补贴。

（十一）鼓励互联网金融领域研究创新。鼓励互联网金融企业、持牌金融机构、高等院校等开展互联网金融产业理论、标准、技术和产品等方面的研究。支持设立专业化的互联网金融研究机构，打造具有国际、国内影响力的互联网金融论坛。对互联网金融领域的重要创新成果，支持申报本市金融创新奖。

（十二）加强互联网金融领域信用体系建设。支持互联网金融企业充分利用各类信用信息查询系统，规范信用信息的记录、查询和使用。支持信用服务机构面向互联网金融领域加强信用产品研发和服务创新，建设互联网金融信用信息服务平台。对为互联网金融企业提供专业信用服务的机构，可按照规定给予一定支持。支持市公共信用信息服务平台与互联网金融企业加强合作，促进公共信用信息、金融信用信息、社会信用信息互动共用。

（十三）完善配套支持体系。鼓励持牌金融机构与互联网金融企业在客户资金存管(监管)、渠道营销、风控外包等方面开展深度合作，构建互联网金融产业联盟，促进信息技术手段与金融业务的融合运用。支持设立、发展提供数据存储及备份、云计算共享、大数据挖掘、信息系统及数据中心外包、信息安全维护等基础服务的机构，支持建立互联网金融数据共享交换平台。

（十四）营造良好法治环境。探索开展互联网金融相关领域地方立法研究，加大对互联网金融企业专利、软件、品牌等知识产权的保护力度。充分发挥上海金融法治环境建设联席会议等工作机制的作用，针对互联网金融行业特点，着力营造良好法治环境。

四、强化风险防控，引导规范发展

（十五）严厉打击互联网金融领域各类违法犯罪行为。充分发挥本市金融稳定例会、打击非法金融活动领导小组等工作机制的作用，积极配合中央金融监管部门开展工作，严厉打击互联网金融领域的非法集资、洗钱犯罪、恶意欺诈、虚假广告、违规交易、买卖客户信息等违法犯罪行为。

（十六）引导互联网金融企业增强合规经营意识、提升风险防控能力。引导互联网金融企业明确经营"底线"、政策"红线"，健全风险管理、信息披露、纠纷处理等方面的内控机制。推动互联网金融企业开展客户资金存管（监管）、做实各类准备金账户，切实提升自身风险防控能力。推动互联网金融企业提升信息技术水平与信息安全防护能力，强化对企业金融数据和客户信息的安全保护。

（十七）支持开展行业自律与第三方监测评估。支持建立互联网金融行业协会、联盟，制定自律公约、行业标准，加强对会员企业及其从业人员的职业道德和职业纪律约束。充分发挥第三方机构作用，探索对有关领域互联网金融活动开展监测评估，建立社会力量参与市场监督的工作机制。

（十八）健全互联网金融风险防控与安全保障机制。针对互联网金融特点，探索建立行业风险监测、预警和应急处置机制。配合国家相关部门健全互联网金融领域支付安全、信息安全等方面的监管制度、技术规范及标准体系。加强相关政府部门间的信息共享，完善本市互联网金融企业及其从业人员诚信体系。

（十九）加强投资者教育和金融消费者权益保护。通过电视、广播、报刊、网络等多种形式，加强互联网金融适当性教育，提高投资者风险意识及产品认知、风险识别能力。畅通互联网金融消费投诉渠道，加强金融消费者权益保护。

五、健全工作机制，完善部门协同

（二十）健全促进本市互联网金融产业健康发展的工作机制。由本市相关部门、中央在沪监管单位参与,建立本市互联网金融产业发展联席会议(以下简称"联席会议")。联席会议主要职责是跟踪分析互联网金融产业发展的新情况、新问题,积极向国家有关部门争取先行先试政策,研究确定本市互联网金融产业发展的重点领域和政策措施,协调解决互联网金融产业发展中遇到的困难和问题,推动完善互联网金融领域风险防控和应急处置机制。联席会议召集人由市政府分管领导担任,日常事务由市金融办会同市经济信息化委承担。

(2015年7月18日,为鼓励金融创新,促进互联网金融健康发展,明确监管责任,规范市场秩序,经党中央、国务院同意,中国人民银行、工业和信息化部、公安部、财政部、国家工商总局、国务院法制办、中国银行业监督管理委员会、中国证券监督管理委员会、中国保险监督管理委员会、国家互联网信息办公室日前联合印发了《关于促进互联网金融健康发展的指导意见》)

2. 关于促进互联网金融健康发展的指导意见

(银发〔2015〕221号)

近年来,互联网技术、信息通信技术不断取得突破,推动互联网与金融快速融合,促进了金融创新,提高了金融资源配置效率,但也存在一些问题和风险隐患。为全面贯彻落实党的十八大和十八届二中、三中、四中全会精神,按照党中央、国务院决策部署,遵循"鼓励创新、防范风险、趋利避害、健康发展"的总体要求,从金融业健康发展全局出发,进一步推进金融改革创新和对外开放,促进互联网金融健康发展,经党中央、国务院同意,现提出以下意见。

一、鼓励创新,支持互联网金融稳步发展

互联网金融是传统金融机构与互联网企业(以下统称从业机构)利用互联网技术和信息通信技术实现资金融通、支付、投资和信息中介服务的新型金融业务模式。互联网与金融深度融合是大势所趋,将对金融产品、业务、组织和服务等方面产生更加深刻的影响。互联网金融对促进小微企业发展和扩大就业发挥了现有金融机构难以替代的积极作用,为大众创业、万众创新打开了大门。促进互联网金融健康发展,有利于提升金融服务质量和效率,深化金融改革,促

进金融创新发展,扩大金融业对内对外开放,构建多层次金融体系。作为新生事物,互联网金融既需要市场驱动,鼓励创新,也需要政策助力,促进发展。

(一)积极鼓励互联网金融平台、产品和服务创新,激发市场活力。鼓励银行、证券、保险、基金、信托和消费金融等金融机构依托互联网技术,实现传统金融业务与服务转型升级,积极开发基于互联网技术的新产品和新服务。支持有条件的金融机构建设创新型互联网平台开展网络银行、网络证券、网络保险、网络基金销售和网络消费金融等业务。支持互联网企业依法合规设立互联网支付机构、网络借贷平台、股权众筹融资平台、网络金融产品销售平台,建立服务实体经济的多层次金融服务体系,更好地满足中小微企业和个人投融资需求,进一步拓展普惠金融的广度和深度。鼓励电子商务企业在符合金融法律法规规定的条件下自建和完善线上金融服务体系,有效拓展电商供应链业务。鼓励从业机构积极开展产品、服务、技术和管理创新,提升从业机构核心竞争力。

(二)鼓励从业机构相互合作,实现优势互补。支持各类金融机构与互联网企业开展合作,建立良好的互联网金融生态环境和产业链。鼓励银行业金融机构开展业务创新,为第三方支付机构和网络贷款平台等提供资金存管、支付清算等配套服务。支持小微金融服务机构与互联网企业开展业务合作,实现商业模式创新。支持证券、基金、信托、消费金融、期货机构与互联网企业开展合作,拓宽金融产品销售渠道,创新财富管理模式。鼓励保险公司与互联网企业合作,提升互联网金融企业风险抵御能力。

(三)拓宽从业机构融资渠道,改善融资环境。支持社会资本发起设立互联网金融产业投资基金,推动从业机构与创业投资机构、产业投资基金深度合作。鼓励符合条件的优质从业机构在主板、创业板等境内资本市场上市融资。鼓励银行业金融机构按照支持小微企业发展的各项金融政策,对处于初创期的从业机构予以支持。针对互联网企业特点,创新金融产品和服务。

(四)坚持简政放权,提供优质服务。各金融监管部门要积极支持金融机构开展互联网金融业务。按照法律法规规定,对符合条件的互联网企业开展相关金融业务实施高效管理。工商行政管理部门要支持互联网企业依法办理工商注册登记。电信主管部门、国家互联网信息管理部门要积极支持互联网金融业务,电信主管部门对互联网金融业务涉及的电信业务进行监管,国家互联网信息管理部门负责对金融信息服务、互联网信息内容等业务进行监管。积极开展互联网金融领域立法研究,适时出台相关管理规章,营造有利于互联网金融发展的良好制度环境。加大对从业机构专利、商标等知识产权的保护力度。鼓励省级人民政府加大对互联网金融的政策支持。支持设立专业化互联网金融研究机构,鼓励建设互联网金融信息交流平台,积极开展互联网金融研究。

（五）落实和完善有关财税政策。按照税收公平原则,对于业务规模较小、处于初创期的从业机构,符合我国现行对中小企业特别是小微企业税收政策条件的,可按规定享受税收优惠政策。结合金融业营业税改征增值税改革,统筹完善互联网金融税收政策。落实从业机构新技术、新产品研发费用税前加计扣除政策。

（六）推动信用基础设施建设,培育互联网金融配套服务体系。支持大数据存储、网络与信息安全维护等技术领域基础设施建设。鼓励从业机构依法建立信用信息共享平台。推动符合条件的相关从业机构接入金融信用信息基础数据库。允许有条件的从业机构依法申请征信业务许可。支持具备资质的信用中介组织开展互联网企业信用评级,增强市场信息透明度。鼓励会计、审计、法律、咨询等中介服务机构为互联网企业提供相关专业服务。

二、分类指导,明确互联网金融监管责任

互联网金融本质仍属于金融,没有改变金融风险隐蔽性、传染性、广泛性和突发性的特点。加强互联网金融监管,是促进互联网金融健康发展的内在要求。同时,互联网金融是新生事物和新兴业态,要制定适度宽松的监管政策,为互联网金融创新留有余地和空间。通过鼓励创新和加强监管相互支撑,促进互联网金融健康发展,更好地服务实体经济。互联网金融监管应遵循"依法监管、适度监管、分类监管、协同监管、创新监管"的原则,科学合理界定各业态的业务边界及准入条件,落实监管责任,明确风险底线,保护合法经营,坚决打击违法和违规行为。

（七）互联网支付。互联网支付是指通过计算机、手机等设备,依托互联网发起支付指令、转移货币资金的服务。互联网支付应始终坚持服务电子商务发展和为社会提供小额、快捷、便民小微支付服务的宗旨。银行业金融机构和第三方支付机构从事互联网支付,应遵守现行法律法规和监管规定。第三方支付机构与其他机构开展合作的,应清晰界定各方的权利义务关系,建立有效的风险隔离机制和客户权益保障机制。要向客户充分披露服务信息,清晰地提示业务风险,不得夸大支付服务中介的性质和职能。互联网支付业务由人民银行负

责监管。

（八）网络借贷。网络借贷包括个体网络借贷（即 P2P 网络借贷）和网络小额贷款。个体网络借贷是指个体和个体之间通过互联网平台实现的直接借贷。在个体网络借贷平台上发生的直接借贷行为属于民间借贷范畴，受合同法、民法通则等法律法规以及最高人民法院相关司法解释规范。个体网络借贷要坚持平台功能，为投资方和融资方提供信息交互、撮合、资信评估等中介服务。个体网络借贷机构要明确信息中介性质，主要为借贷双方的直接借贷提供信息服务，不得提供增信服务，不得非法集资。网络小额贷款是指互联网企业通过其控制的小额贷款公司，利用互联网向客户提供的小额贷款。网络小额贷款应遵守现有小额贷款公司监管规定，发挥网络贷款优势，努力降低客户融资成本。网络借贷业务由银监会负责监管。

（九）股权众筹融资。股权众筹融资主要是指通过互联网形式进行公开小额股权融资的活动。股权众筹融资必须通过股权众筹融资中介机构平台（互联网网站或其他类似的电子媒介）进行。股权众筹融资中介机构可以在符合法律法规规定前提下，对业务模式进行创新探索，发挥股权众筹融资作为多层次资本市场有机组成部分的作用，更好服务创新创业企业。股权众筹融资方应为小微企业，应通过股权众筹融资中介机构向投资人如实披露企业的商业模式、经营管理、财务、资金使用等关键信息，不得误导或欺诈投资者。投资者应当充分了解股权众筹融资活动风险，具备相应风险承受能力，进行小额投资。股权众筹融资业务由证监会负责监管。

（十）互联网基金销售。基金销售机构与其他机构通过互联网合作销售基金等理财产品的，要切实履行风险披露义务，不得通过违规承诺收益方式吸引客户；基金管理人应当采取有效措施防范资产配置中的期限错配和流动性风险；基金销售机构及其合作机构通过其他活动为投资人提供收益的，应当对收益构成、先决条件、适用情形等进行全面、真实、准确表述和列示，不得与基金产品收益混同。第三方支付机构在开展基金互联网销售支付服务过程中，应当遵守人民银行、证监会关于客户备付金及基金销售结算资金的相关监管要求。第三方支付机构的客户备付金只能用于办理客户委托的支付业务，不得用于垫付基金和其他理财产品的资金赎回。互联网基金销售业务由证监会负责监管。

（十一）互联网保险。保险公司开展互联网保险业务，应遵循安全性、保密性和稳定性原则，加强风险管理，完善内控系统，确保交易安全、信息安全和资金安全。专业互联网保险公司应当坚持服务互联网经济活动的基本定位,提供有针对性的保险服务。保险公司应建立对所属电子商务公司等非保险类子公司的管理制度,建立必要的防火墙。保险公司通过互联网销售保险产品,不得进行不实陈述、片面或夸大宣传过往业绩、违规承诺收益或者承担损失等误导性描述。互联网保险业务由保监会负责监管。

(十二)互联网信托和互联网消费金融。信托公司、消费金融公司通过互联网开展业务的,要严格遵循监管规定,加强风险管理,确保交易合法合规,并保守客户信息。信托公司通过互联网进行产品销售及开展其他信托业务的,要遵守合格投资者等监管规定,审慎甄别客户身份和评估客户风险承受能力,不能将产品销售给与风险承受能力不相匹配的客户。信托公司与消费金融公司要制定完善产品文件签署制度,保证交易过程合法合规,安全规范。互联网信托业务、互联网消费金融业务由银监会负责监管。

三、健全制度,规范互联网金融市场秩序

发展互联网金融要以市场为导向,遵循服务实体经济、服从宏观调控和维护金融稳定的总体目标,切实保障消费者合法权益,维护公平竞争的市场秩序。要细化管理制度,为互联网金融健康发展营造良好环境。

(十三)互联网行业管理。任何组织和个人开设网站从事互联网金融业务的,除应按规定履行相关金融监管程序外,还应依法向电信主管部门履行网站备案手续,否则不得开展互联网金融业务。工业和信息化部负责对互联网金融业务涉及的电信业务进行监管,国家互联网信息办公室负责对金融信息服务、互联网信息内容等业务进行监管,两部门按职责制定相关监管细则。

(十四)客户资金第三方存管制度。除另有规定外,从业机构应当选择符合条件的银行业金融机构作为资金存管机构,对客户资金进行管理和监督,实现客户资金与从业机构自身资金分账管理。客户资金存管账户应接受独立审计并向客户公开审计结果。人民银行会同金融监管部门按照职责分工实施监管,并制定相关监管细则。

(十五)信息披露、风险提示和合格投资者制度。从业机构应当对客户进行充分的信息披露,及时向投资者公布其经营活动和财务状况的相关信息,以便投资者充分了解从业机构运作状况,促使从业机构稳健经营和控制风险。从业机构应当向各参与方详细说明交易模式、参与方的权利和义务,并进行充分

的风险提示。要研究建立互联网金融的合格投资者制度,提升投资者保护水平。有关部门按照职责分工负责监管。

(十六)消费者权益保护。研究制定互联网金融消费者教育规划,及时发布维权提示。加强互联网金融产品合同内容、免责条款规定等与消费者利益相关的信息披露工作,依法监督处理经营者利用合同格式条款侵害消费者合法权益的违法、违规行为。构建在线争议解决、现场接待受理、监管部门受理投诉、第三方调解以及仲裁、诉讼等多元化纠纷解决机制。细化完善互联网金融个人信息保护的原则、标准和操作流程。严禁网络销售金融产品过程中的不实宣传、强制捆绑销售。人民银行、银监会、证监会、保监会会同有关行政执法部门,根据职责分工依法开展互联网金融领域消费者和投资者权益保护工作。

(十七)网络与信息安全。从业机构应当切实提升技术安全水平,妥善保管客户资料和交易信息,不得非法买卖、泄露客户个人信息。人民银行、银监会、证监会、保监会、工业和信息化部、公安部、国家互联网信息办公室分别负责对相关从业机构的网络与信息安全保障进行监管,并制定相关监管细则和技术安全标准。

(十八)反洗钱和防范金融犯罪。从业机构应当采取有效措施识别客户身份,主动监测并报告可疑交易,妥善保存客户资料和交易记录。从业机构有义务按照有关规定,建立健全有关协助查询、冻结的规章制度,协助公安机关和司法机关依法、及时查询、冻结涉案财产,配合公安机关和司法机关做好取证和执行工作。坚决打击涉及非法集资等互联网金融犯罪,防范金融风险,维护金融秩序。金融机构在和互联网企业开展合作、代理时应根据有关法律和规定签订包括反洗钱和防范金融犯罪要求的合作、代理协议,并确保不因合作、代理关系而降低反洗钱和金融犯罪执行标准。人民银行牵头负责对从业机构履行反洗钱义务进行监管,并制定相关监管细则。打击互联网金融犯罪工作由公安部牵头负责。

(十九)加强互联网金融行业自律。充分发挥行业自律机制在规范从业机构市场行为和保护行业合法权益等方面的积极作用。人民银行会同有关部门,组建中国互联网金融协会。协会要按业务类型,制订经营管理规则和行业标准,推动机构之间的业务交流和信息共享。协会要明确自律惩戒机制,提高行业规则和标准的约束力。强化守法、诚信、自律意识,树立从业机构服务经济社会发展的正面形象,营造诚信规范发展的良好氛围。

(二十)监管协调与数据统计监测。各监管部门要相互协作、形成合力,充分发挥金融监管协调部际联席会议制度的作用。人民银行、银监会、证监会、保监会应当密切关注互联网金融业务发展及相关风险,对监管政策进行跟踪评估,适时提出调整建议,不断总结监管经验。财政部负责互联网金融从业机构财务监管政策。人民银行会同有关部门,负责建立和完善互联网金融数据统计监测体系,相关部门按照监管职责分工负责相关互联网金融数据统计和监测工作,并实现统计数据和信息共享。

(2019年8月,中国人民银行印发《金融科技(FinTech)发展规划(2019—2021年)》)

3. 金融科技(FinTech)发展规划(2019—2021年)

(银发〔2019〕209号)

前言

金融是现代经济的核心,是实体经济的血脉。持牌金融机构在依法合规前提下发展金融科技,有利于提升金融服务质量和效率,优化金融发展方式,筑牢金融安全防线,进一步增强金融核心竞争力。为全面贯彻党中央、国务院决策部署,促进我国金融科技健康可持续发展,根据《中共中央办公厅国务院办公厅关于加强金融服务民营企业的若干意见》、《国务院关于促进云计算创新发展培育信息产业新业态的意见》(国发〔2015〕5号)、《促进大数据发展行动纲要》(国发〔2015〕50号文印发)、《新一代人工智能发展规划》(国发〔2017〕35号文印发)、《国务院办公厅关于全面推进金融业综合统计工作的意见》(国办发〔2018〕18号)、《"十三五"现代金融体系规划》(银发〔2018〕114号文印发)、《关于进一步深化小微企业金融服务的意见》(银发〔2018〕162号文)等文件,特编制本规划,明确2019年至2021年我国金融科技发展的指导思想、基本原则、发展目标、重点任务和保障措施。

第一章 发展形势

第一节 重要意义

金融科技是技术驱动的金融创新(该定义由金融稳定理事会(FSB)于2016

年提出,目前已成为全球共识),旨在运用现代科技成果改造或创新金融产品、经营模式、业务流程等,推动金融发展提质增效。在新一轮科技革命和产业变革的背景下,金融科技蓬勃发展,人工智能、大数据、云计算、物联网等信息技术与金融业务深度融合,为金融发展提供源源不断的创新活力。坚持创新驱动发展,加快金融科技战略部署与安全应用,已成为深化金融供给侧结构性改革、增强金融服务实体经济能力、打好防范化解金融风险攻坚战的内在需要和重要选择。

金融科技成为推动金融转型升级的新引擎。金融科技的核心是利用现代科技成果优化或创新金融产品、经营模式和业务流程。借助机器学习、数据挖掘、智能合约等技术,金融科技能简化供需双方交易环节,降低资金融通边际成本,开辟触达客户全新途径,推动金融机构在盈利模式、业务形态、资产负债、信贷关系、渠道拓展等方面持续优化,不断增强核心竞争力,为金融业转型升级持续赋能。

金融科技成为金融服务实体经济的新途径。发展金融科技能够快速捕捉数字经济时代市场需求变化,有效增加和完善金融产品供给,助力供给侧结构性改革。运用先进科技手段对企业经营运行数据进行建模分析,实时监测资金流、信息流和物流,为资源合理配置提供科学依据,引导资金从高污染、高能耗的产能过剩产业流向高科技、高附加值的新兴产业,推动实体经济健康可持续发展。

金融科技成为促进普惠金融发展的新机遇。通过金融科技不断缩小数字鸿沟,解决普惠金融发展面临的成本较高、收益不足、效率和安全难以兼顾等问题,助力金融机构降低服务门槛和成本,将金融服务融入民生应用场景。运用金融科技手段实现滴灌式精准扶持,缓解小微企业融资难融资贵、金融支农力度需要加大等问题,为打赢精准脱贫攻坚战、实施乡村振兴战略和区域协调发展战略提供金融支持。

金融科技成为防范化解金融风险的新利器。运用大数据、人工智能等技术建立金融风控模型,有效甄别高风险交易,智能感知异常交易,实现风险早识别、早预警、早处置,提升金融风险技防能力。运用数字化监管协议、智能风控平台等监管科技手段,推动金融监管模式由事后监管向事前、事中监管转变,有效解决信息不对称问题,消除信息壁垒,缓解监管时滞,提升金融监管效率。

第二章 发展目标

到2021年,建立健全我国金融科技发展的"四梁八柱",进一步增强金融业科技应用能力,实现金融与科技深度融合、协调发展,明显增强人民群众对数字化、网络化、智能化金融产品和服务的满意度,使我国金融科技发展居于国际领先水平。

——金融科技应用先进可控。金融与行业数据规范融合应用水平大幅提升,金融创新活力不断激发,安全、可控、先进、高效的金融科技应用体系全面建成。

——金融服务能力稳步增强。金融服务覆盖面逐步扩大,优质金融产品供给不断丰富,金融业务质效显著提升,金融服务民营企业、小微企业等实体经济水平取得新突破。

——金融风控水平明显提高。金融安全管理制度基本形成,金融风险技防能力大幅提高,金融风险防范长效机制逐步健全,金融风险管控水平再上新台阶。

——金融监管效能持续提升。金融科技监管基本规则体系逐步完善,金融科技创新产品全生命周期管理机制基本形成,金融监管效能和金融机构合规水平持续提升。

——金融科技支撑不断完善。金融科技法律和标准体系日益健全,消费者金融素养显著提升,与金融科技发展相适应的基础设施逐步健全。

——金融科技产业繁荣发展。培育一批具有国际知名度和影响力的金融科技市场主体,社会组织和专业服务机构对金融科技发展支撑作用不断强化,开放、合作、共赢的金融科技产业生态体系基本形成。

第三章 重点任务

第一节 加强金融科技战略部署

从长远视角加强顶层设计,把握金融科技发展态势,强化统筹规划、体制机制、人才队伍建设等方面的战略部署,为金融科技发展提供保障。

(一)加强统筹规划。

深刻认识发展金融科技的紧迫性、必要性和重要性,深入贯彻新发展理念,明确发展方向、转变发展方式、制定发展战略,结合市场需求及自身禀赋谋求差异当、特色化发展。从战略全局高度谋划,加强顶层设计与总体规划,加快在运营模式、产品服务、风险管控等方面的改革步伐,制定金融科技应用的时间表和路线图,加大科技投入力度,重塑业务价值链,补齐传统金融短板,巩固和扩大竞争优势,打造新的增长点。金融机构要在年报及其他正式渠道中真实、准确、完整地披露用于创新性研究与应用。

(二)优化体制机制。

着力解决利用金融科技实现转型升级过程中的体制机制问题,积极稳妥推进治理结构、管理模式、组织方式的调整优化,理顺职责关系,打破部门间壁垒,突破部门利益固化藩篱,提高跨条线、跨部门协同协作能力,加快制定组织架构重塑计划,依法合规探索设立金融科技子公司等创新模式,切实发挥科技引领驱动作用,构建系统完备、科学规范、运行有效的制度体系。加强管理制度创新,推动内部孵化与外部合作并举,增强组织与管理的灵活性、适应性,提升对市场需求的反应速度和能力,探索优化有利于科技成果应用、产品服务创新的轻型化、敏捷化组织架构,加强金融与科技产业对接,集中内外部优势资源,提升新技术自主掌控能力,更好地促进金融科技转化为现实生产力。

(三)加强人才队伍建设。

围绕金融科技发展战略规划与实际需要,研究制定人才需求目录、团队建设规划、人才激励保障政策等,合理增加金融科技人员占比。金融机构要在年报及其他正式渠道中真实、准确、完整地披露科技人员数量与占比。建立健全与金融市场相适应、有利于吸引和留住人才、激励和发展人才的薪酬和考核制度,激发人才创新创造活力。拓宽人才引进渠道,通过社会招聘吸纳成熟人才,通过校园招聘构建后备力量,通过顾问、特聘等形式引进行业尖端智慧。制定金融科技人才培养计划,深化校企合作,注重从业人员科技创新意识与创新能力培养,造就既懂金融又懂科技的专业人才,优化金融业人员结构,为金融科技发展提供智力支持。

第二节 强化金融科技合理应用

以重点突破带动全局,规范关键共性技术的选型、能力建设、应用场景和安全管控,探索新兴技术在金融领域安全应用,加快扭转关键核心技术和产品受制于人的局面,全面提升金融科技应用水平,将金融科技打造成为金融高质量发展的"新引擎"。

(四)科学规划运用大数据。

加强大数据战略规划和统筹部署,加快完善数据治理机制,推广数据管理能力的国家标准,明确内部数据管理职责,突破部门障碍,促进跨部门信息规范共享,形成统一数据字典,再造数据使用流程,建立健全企业级大数据平台,进一步提升数据洞察能力和基于场景的数据挖掘能力,充分释放大数据作为基础性战略资源的核心价值。打通金融业数据融合应用通道,破除不同金融业态的数据壁垒,化解信息孤岛,制定数据融合应用标准规范,发挥金融大数据的集聚和增值作用,推动形成金融业数据融合应用新格局,助推全国一体化大数据中心体系建设。在切实保障个人隐私、商业秘密与敏感数据前提下,强化金融与新法、社保、工商、税务、海关、电力、电信等行业的数据静源融合应用,加快推进服务系统互联互通,建立健全跨地区、跨部门、跨层级的数据融合应用机制,实现数据资源有肢整合与深度利用。

(五)合理布局云计算。

统筹规划云计算在金融领域的应用,引导金融机构探索与互联网交易特征相适应、与金融信息安全要求相匹配的云计算解决方案,搭建安全可控的金融行业云服务平台,构建集中式与分布式协调发展的信息基础设施架构,力争云计算服务能力达到国际先进水平。加快云计算金融应用规范落地实施,充分发挥云计算在资源整合、弹性伸缩等方面的优势,探索利用分布式计算、分布式存储等技术实现根据业务需求自动配置资源、快速部署应用,更好地适应互联网渠道交易瞬时高并发、多频次、大流量的新型金融业务特征,提升金融服务质量。强化云计算安全技术研究与应用,加强服务外包风险管控,防范云计算环境下的金融风险,确保金融领域云服务安全可控。

(六)稳步应用人工智能。

深入把握新一代人工智能发展的特点,统筹优化数据资源、算法模型、算力支持等人工智能核心资产,稳妥推动人工智能技术与金融业务深度融合。根据不同场景的业务特征创新智能金融产品与服务,探索相对成熟的人工智能技术在资产管理、授信融资、客户服务、精准营销、身份识别、风险防控等领域的应用路径和方法,构建全流程智能金融服务模式,推动金融服务向主动化、个性化、智慧化发展,助力构建数据驱动、人机协同、跨界融合、共创分享的智能经济形态。加强金融领域人工智能应用潜在风险研判和防范,完善人工智能金融应用的政策评估、风险防控、应急处置等配套措施,健全人工智能金融应用安全监测预警机制，研究制定人工智能金融应用监管规则，强化智能化金融工具安全认证，确保把人工智能金融应用规制在安全可控范围内。围绕运用人工智能开展金融业务的复杂性、风险性、不确定性等特点，研究提出基础性、前瞻性管理要求，整合多学科力量加强人工智能金融应用相关法律、伦理、社会问题研究，推动建立人工智能金融应用法律法规、伦理规范和政策体系。

（七）加强分布式数据库研发应用。

做好分布式数据库金融应用的长期规划，加大研发与应用投入力度，妥善解决分布式数据库产品在数据一致性、实际场景验证、迁移保障规范、新型运维体系等方面的问题。探索产用联合新模式，发挥科技公司的技术与创新能力，共同研发新产品、发展新产业、凝聚新动能。有计划、分步骤地稳妥推动分布式数据库产品先行先试，形成可借鉴、能推广的典型案例和解决方案，为分布式数据库在金融领域的全面应用探明路径。建立健全产学结合、校企协同的人才培养机制，持续加强分布式数据库领域底层和前沿技术研究，制定分布式数据库金融应用标准规范，从技术架构、安全防护、灾难恢复等方面明确管理要求，确保分布式数据库在金融领域稳妥应用。

（八）健全网络身份认证体系。

构建适应互联网时代的移动终端可信环境，充分利用可信计算、安全多方计算、密码算法、生物识别等信息技术，建立健全兼顾安全与便捷的多元化身份认证体系，不断丰富金融交易验证手段，保障移动互联环境下金融交易安全，提升金融服务的可得性、满意度与安全水平。综合运用数字签名技术、共识机制等手段，强化金融交易报文规范管理，保障金融交易过程的可追溯和不可抵赖，提升金融交易信息的真实性、保密性和完整性。积极探索新兴技术在优化金融交易可信环境方面的应用，稳妥推进分布式账本等技术验证试点和研发运用。

第三节 赋能金融服务提质增效

合理运用金融科技手段丰富服务渠道、完善产品供给、降低服务成本、优化融资服务，提升金融服务质量与效率，使金融科技创新成果更好地惠及百姓民生，推动实体经济健康可持续发展。

（九）拓宽金融服务渠道。

充分运用信息技术与互联网资源做强线上服务，丰富完善金融产品和业务模式，为客户提供全方位、多层次的线上金融服务。进一步发挥线下资源优势，构筑线上线下一体化的经营发展模式，加快制定线上线下渠道布局规划和全渠道服务实施方案,实现电子渠道与实体网点、自助设备等的信息共享和服务整合,增强交叉营销、跨渠道服务水平,解决线上线下发展不平衡不充分的问题。借助应用程序编程接口(API)、软件开发工具包(SDK)等手段深化跨界合作,在依法合规前提下将金融业务整合解构和模块封装,支持合作方在不同应用场景中自行组合与应用,借助各行业优质渠道资源打造新型商业范式,实现资源最大化利用,构建开放、合作、共赢的金融服务生态体系。

(十) 完善金融产品供给。

强化需求引领作用,主动适应数字经济环境下市场需求的快速变化,在保障客户信息安全的前提下,利用大数据、物联网等技术分析客户金融需求,借助机器学习、生物识别、自然语言处理等新一代人工智能技术,提升金融多媒体数据处理与理解能力,打造"看懂文字"、"听懂语言"的智能金融产品与服务。结合客户个性化需求和差异化风险偏好,构建以产品为中心的金融科技设计研发体系,探索运用敏捷开发、灰度发布、开发运维一体化等方法提升创新研发质量与效率,打造差异化、场景化、智能化的金融服务产品。加强客户服务持续跟踪,借助互联网等渠道改进营销策略、改善用户体验、提升营销效果,提高产品易用性与获客留客能力。

(十一) 提升金融服务效率。

积极利用移动互联网、人工智能、大数据、影像识别等技术推动传统实体网点向营销型、体验型智慧网点转变,优化改进网点布局和服务流程,缩减业务办理时间,提升网点营业效率。探索基于跨行业数据资源开展多渠道身份核验,提升金融服务客户识别效率。探索轻型化金融服务模式,打造对内聚合产品与服务、对外连接合作机构与客户的综合性金融与民生服务平台,发挥客户集聚效应,降低金融服务边际成本,提升金融服务与社会公共服务效率。利用云计算等技术实现资源高度复用、灵活调度和有效供给,探索构建跨层级、跨区域的自动化、智能化业务处理中心,提升金融服务运营效率。

(十二) 增强金融惠民服务能力。

强化金融服务意识,下沉经营重心,加大对零售客户的服务力度,使金融科技发展成果更多地惠及民生。依托电信基础设施,发挥移动互联网泛在优势,面向"三农"和偏远地区尤其是深度贫困地区提供安全、便捷、高效的特色化金融科技服务,延伸金融服半径,突破金融服务"最后一公里"制约,推动数字普惠金融发展。积极探索金融惠民创新服务模式,借助移动金融、情景感知等手段将金融服务深度融入民生领域,进一步拓展金融服务在衣食住行、医疗教育、电子商务等方面的应用场景,实现主要民生领域的金融便捷服务广覆盖,提升社会保障、诊疗、公用事业缴费等公共服务便利化水平。

(十三)优化企业信贷融资服务。

加大金融科技产品服务创新力度,加强人工智能、移动互联网、大数据、云计算等科技成果运用,加快完善小微企业、民营企业、科创企业等重点领域的信贷流程和信用评价模型,引导企业征信机构利用替代数据评估企业信用状况,降低运营管理成本,提高贷款发放效率和服务便利度,纾解企业融资难融资贵的困局,促进经济转型升级和新旧动能转换。基于海量数据处理和智能审计等技术,综合分析企业类型、财务状况、偿债能力等,降低信息不对称,加强风险侦测和预警,及时调整融资主体信用评级,防止资金流向经营状况差、清偿难度大的高风险企业,为解决脱实向虚、资金空转等问题提供决策支持。加强供应链大数据分析应用,确保借贷资金基于真实交易,通过跨界融合、搭建供应链金融服务平台、建立产业链生态等,为供应链上下游企业提供高效便捷的融资渠道,解决供应链资金配置失衡等问题,合理引导金融资源配置到经济社会发展的关键领域和薄弱环节。

(十四)加大科技赋能支付服务力度。

利用人工智能、支付标记化、云计算、大数据等技术优化移动支付技术架构体系,实现账户统一标记、手机客户端软件(APP)规范接口、交易集中路由。推动条码支付互联互通,研究制定条码支付互联互通技术标准,统一条码支付编码规则、构建条码支付互联互通技术体系,打通条码支付服务壁垒,实现不同APP和商户条码标识互认互扫。探索人脸识别线下支付安全应用,借助密码识别、隐私计算、数据标签、模式识别等技术,利用专用口令、"无感"活体检测等实现交易验证,突破1∶N人脸辨识支付应用性能瓶颈,由持牌金融机构构建以人脸特征为路由标识的转接清算模式,实现支付工具安全与便捷的统一。

第四节 增强金融风险技防能力

正确处理安全与发展的关系,运用金融科技提升跨市场、跨业态、跨区域金融风险的识别、预警和处置能力,加强网络安全风险管控和金融信息保护,做好新技术应用风险防范,坚决守住不发生系统性金融风险的底线。

(十五)提升金融业务风险防范能力。

完善金融业务风险防控体系,运用数据挖掘、机器学习等技术优化风险防控数据指标、分析模型,精准刻画客户风险特征,有效甄别高风险交易,提高金融业务风险识别和处置的准确性。健全风险监测预警和早期干预机制,合理构建动态风险计量评分体系、制定分级分类风控规则,将智能风控嵌入业务流程,实现可疑交易自动化拦截与风险应急处置,提升风险防控的及时性。组织建设统一的金融风险监控平台,引导金融机构加强金融领域APP与门户网站实名制和安全管理,增强网上银行、手机银行、直销银行等业务系统的安全监测防护水平,提升对仿冒APP、钓鱼网站的识别处置能力。构建跨行业、跨部门的风险联防联控机制,加强风险信息披露和共享,加大联合惩戒力度,防止风险交叉传染,实现风险早识别、早预警、早处置,提升金融风险整体防控水平。

(十六)加强金融网络安全风险管控。

严格落实《网络安全法》等国家网络安全法律法规及相关制度标准,持续加大网络安全管理力度,健全全流程、全链条的网络安全技术防护体系,加快制定并组织实施金融业关键软硬信息基础设施安全规划,增强与网信、公安、工信等部门的协调联动,切实提高金融业关键软硬信息基础设施安全保障能力。完善网络安全技术体系建设,健全金融网络安全应急管理体系,优化金融业灾难备份系统布局,提升金融业信息系统业务连续性。加强网络安全态势感知,动态监测分析网络流量和网络实体行为,绘制金融网络安全整体态势图,准确把握网络威胁的规律和趋势,实现风险全局感知和预判预警,提升重大网络威胁、重大灾害和突发事件的应对能力。加强顶层设计和统筹协调,建设跨业态、统一的金融网络安全态势感知平台,支撑金融业网络攻击溯源和精确应对,提升重大网络攻击的全面掌控和联合处置能力。

(十七)加大金融信息保护力度。

建立金融信息安全风险防控长效机制,研究制定金融信息全生命周期管理制度和标准规范,定期组织对易发生金融信息泄露的环节进行排查,保障身份、财产、账户、信用、交易等数据资产安全。加强金融信息安全防护,遵循合法、合理原则,选择符合国家及金融行业标准的安全控件、终端设备、APP等产品进行金融信息采集和处理,利用通道加密、双向认证等技术保障金融信息传输的安全性,运用加密存储、信息摘要等手段保证重要金融信息机密性与完整性,通过身份认证、日志完整性保护等措施确保金融信息使用过程有授权、有记录,防范金融信息集中泄露风险。强化金融信息保护内部控制管理,健全金融信息安全管理制度,明确相关岗位和人员的管理责任,定期开展金融信息安全内部审计与外部安全评估,防止金融信息泄露和滥用。

(十八) 做好新技术金融应用风险防范。

正确把握金融科技创新与安全的关系,加强新技术基础性、前瞻性研究,在安全合规的前提下,合理应用新技术赋能金融产品与服务创新。综合实际业务场景、交易规模等深入研判新技术的适用性、安全性和供应链稳定性,科学选择应用相对成熟可控、稳定高效的技术。充分评估新技术与业务融合的潜在风险,建立健全试错容错机制,完善风险拨备资金、保险计划、应急处置等风险补偿措施,在风险可控范围内开展新技术试点验证,做好用户反馈与舆情信息收集,不断提升金融产品安全与质量水平。强化新技术应用保障机制,明确新技术应用的运行监控和风险应急处置策略,防范新技术自身风险与应用风险。

第五节 加大金融审慎监管力度

加强金融科技审慎监管,建立健全监管基本规则体系,加大监管基本规则拟订、监测分析和评估工作力度,运用现代科技手段适时动态监管线上线下、国际国内的资金流向流向,探索金融科技创新管理机制,服务金融业综合统计,增强金融监管的专业性、统一性和穿透性。

(十九) 建立金融科技监管基本规则体系。

充分借鉴国际先进经验,系统梳理现行监管规则,结合我国金融科技发展趋势,加强金融科技监管顶层设计,围绕基础通用、技术应用、安全风控等方面,逐步建成纲目并举、完整严密、互为支撑的金融科技监管基本规则体系。针对不同业务、不同技术、不同机构的共性特点,明确金融科技创新应用应遵循的基础性、通用性、普适性监管要求,划定金融科技产品和服务的门槛和底线。针对专项技术的本质特征和风险特性,提出专业性、针对性的监管要求,制定差异化的金融监管措施,提升监管精细度和匹配度。针对金融科技创新应用在信息保护、交易安全、业务连续性等方面的共性风险,从敏感信息全生命周期管理、安全可控身份认证、金融交易智能风控等通用安全要求入手,明确不可逾越的安全红线。

(二十) 加强监管协调性。

建立健全金融协调性监管框架,充分发挥金融业综合统计对货币政策和宏观审慎政策双支柱调控框架的支撑作用,在国家金融基础数据库框架内搭建金融机构资产管理产品报告平台,将金融科技新产品纳入金融业综合统计体系,通过统计信息标准化、数据挖掘算法嵌入、数据多维提取、核心指标可视化呈现等手段,助力"统一、全面、共享"的金融业综合统计体系建设,覆盖所有金融机构、金融基础设施和金融活动,确保统计信息的完整性和权威性。

(二十一)提升穿透式监管能力。

加强监管科技应用,建立健全数字化监管规则库,研究制定风险管理模型,完善监管数据采集机制,通过系统嵌入、API等手段,实时获取风险信息、自动抓取业务特征数据,保证监管信息的真实性和时效性。综合全流程监管信息建立监测分析模型,把资金来源、中间环节与最终投向穿透联接起来,透过金融创新表象全方位、自动化分析金融业务本质和法律关系,精准识别、防范和化解金融风险,强化监管渗透的深度和广度。引导金融机构积极配合实施穿透式监管,通过系统接口准确上送经营数据,合理应用信息技术加强合规风险监测,提升智能化、自动化合规能力和水平,持续有效满足金融监管要求。

(二十二)建立健全创新管理机制。

加强金融科技创新产品规范管理,出台基础性、通用性监管要求,明确不可逾越的监管红线和底线,运用信息公开、产品公示、公众参与、共同监督的柔性监管方式,划定金融科技守正创新边界,使金融科技创新有章可循、有规可依,确保金融科技产品业务合规、技术安全、风险可控。事前抓好源头管控,落实主体责任,强化内部管控和外部评估,严把金融科技创新产品入口关。事中加强协同共治,以金融科技创新产品声明管理为抓手,充分调动社会各方积极性,扩大参与度,构建行业监管、社会监督、协会自律、机构自治的多位一体治理体系,共同打造全社会协同共治的治理格局,及时发现金融科技创新产品风险隐患,杜绝存在安全隐患的产品"带病上线",筑牢金融科技创新安全防火墙。事后强化监督惩戒,畅通投诉举报渠道,建立联合惩戒机制,加强违规惩戒,确保创新产品不突破监管要求和法律法规,不引发系统性金融风险。

第六节 夯实金融科技基础支撑

持续完善金融科技产业生态,优化产业治理体系,从技术攻关、法规建设、信用服务、标准规范、消费者保护等方面有力支撑金融科技健康有序发展。

(二十三)加强金融科技联合攻关。

合理布局金融科技产业生态,促进产学研用协同联动、形成合力。聚焦重大科学前沿问题和基础理论瓶颈,开展前瞻性、基础性研究,支持高校和科研院所研究建立金融科技相关学科体系,推动经济金融、计算机科学、数理科学等多学科交叉融合,把握金融科技发展深层规律,夯实金融科技应用理论基础。针对金融科技发展面临的共性技术难题，推动产业部门加大支持力度，鼓励科技企业加强研究攻关，为金融科技发展与应用提供技术支撑。通过孵化平台、专项合作、试点推广等手段，促进技术成果及时转化和共享，提升我国金融科技产业链整体竞争力。

（二十四）推动强化法律法规建设。

针对现代科技成果金融应用新特点，推动健全符合我国国情的金融法治体系，研究调整完善不适应金融科技发展要求的现行法律法规及政策规定，推动出台金融业新技术应用的相关法律法规，在条件成熟时将原有立法层次较低的部门规章等及时上升为法律法规。厘清法律边界，明确金融监管部门的职能和金融机构的权利、义务，破除信息共享等方面的政策壁垒，营造公平规范市场环境，为金融与科技融合发展提供法治保障。

（二十五）增强信用服务支撑作用。

完善金融信用信息基础数据库，引导市场化征信机构依法合规开展征信业务，扩大征信覆盖范围，打造具有较高公信力和较大影响力的信用评级机构，满足社会多层次、全方位和专业化的征信需求，促进信用信息共享与应用。加强信用信息主体权益保护，防范信用信息泄露风险，完善信用信息主体的异议、投诉及责任处理机制，切实保障个人信用信息安全，提升征信市场有效供给和征信服务水平。

（二十六）推进标准化工作。

针对金融科技发展新情况、新趋势，完善金融科技标准体系，培育满足市场和创新需要的国家及金融行业标准，加强标准间协调，从基础通用、产品服务、运营管理、信息技术和行业管理等方面规范引导金融创新。加快制定完善人工智能、大数据、云计算等在金融业应用的技术与安全规范。针对金融业信息技术应用建立健全国家统一推行的认证机制，进一步加强金融科技创新产品的安全管理，促进金融标准的实施落地，有效提升金融服务质量与安全水平。持续推进金融业信息技术创新应用标准的国际化，积极参与国际标准制定，推动国内优秀标准转换为国际标准，促进我国金融科技创新全球化发展。

（二十七）强化金融消费者权益保护。

建立健全适应金融科技发展的消费者权益保护机制，规范和引导金融机构提供金融科技产品与服务，依法加强监督检查，及时查处侵害金融消费者合法权益的行为，维护金融科技市场有序运行。引导金融机构将保护金融消费者合法权益纳入公司治理、企业文化建设和经营发展战略中统筹规划，建立完善重大突发事件应急处置机制，认真落实投资者适当性制度，制定先行赔付、保险补偿等保护金融消费者合法权益的具体措施。督促和指导金融机构切实履行金融消费者投诉处理主体责任，完善投诉处理程序，提升投诉处理质量与效率，接受社会监督，切实保护金融消费者合法权益。

第四章　保障措施

第一节　加强组织统筹

金融科技发展规划是关系我国金融业高质量发展的前瞻谋划，必须高度重视，加强组织领导，结合实际、科学谋划、统筹协调，以钉钉子的精神切实抓好落实，一张蓝图干到底。根据职能定位和任务分工研究制定具体实施办法、完善配套政策措施、健全正向激励机制，提高相关单位推进金融科技发展的积极性，形成金融管理部门、金融机构、产业部门、社会团体等密切配合、协同推进的工作格局，确保各项措施和要求落实到位。

第二节　加大政策支持

加大中央、地方预算内资金投入力度，发挥国家科技计划（专项、基金等）作用，重点支持金融科技领域基础、共性和关键技术研发以及重大应用试点示范、公共服务平台建设等。探索引导性资金支持方式，对需求明确的金融科技创新活动，发挥好市场配置资源的决定性作用、金融机构的创新主体作用和财政资金的杠杆作用。落实国家支持科技创新与应用的税收政策，降低金融科技创新的税收负担。

第三节　完善配套服务

充分发挥各地区资源、技术、人才、环境等优势，加大金融科技相关配套服务支持力度，全面做好软硬件方面的统筹布局。加大金融科技载体建设力度，科学设立产业园区、孵化器、加速器、特色小镇、众创空间等金融科技示范区，集中承载金融科技业态，激发金融机构、科技公司等的内生发展动力。探索金融资源与科技资源对接的新机制，发展法律咨询、知识产权、风险投资、股权融资、创业孵化、市场推广等专业服务，构建全链条、全方位的金融科技产业生态。

第四节　强化国际交流

坚持金融业改革开放，进一步深化与其他国家、地区、国际组织的紧密联系与沟通，在人才、技术、标准、知识产权等方面加强多形式、多层次、多领域的平等磋商与务实合作,完善金融科技全球治理体系,推动建立有利于金融科技发展的国际新规则,实现互惠共赢、共同发展。结合共建"一带一路"倡议,积极对外输出我国金融科技发展催生的技术、标准、产品和服务等,探索双边、多边的示范性项目合作,不断提升我国金融业利用信息技术的能力和水平。

第五节 做好宣传贯彻

主动做好政策解读,推进相关政策措施公开透明,正面引导社会舆情,确保政策准确传导并有效实施。金融机构、行业自律组织等要积极运用多种形式广泛开展宣传工作,普及金融科技应用与发展相关知识,提升消费者金融素养,培等现代金融理念,增强消费者风险防范能力,为发展实施创造良好的社会环境和舆论氛围。

(2019年10月30日,中国人民银行上海总部发布《关于促进金融科技发展 支持上海建设金融科技中心的指导意见》)

4. 关于促进金融科技发展 支持上海建设金融科技中心的指导意见

(〔2019〕67号)

为充分发挥上海金融和科技资源优势,推动上海国际金融中心建设与科技创新中心建设联动发展,把上海建设成为国内领先、具有国际竞争力的金融科技中心,根据《金融科技(FinTech)发展规划(2019—2021年)》(银发〔2019〕209号)、《上海国际金融中心建设行动计划(2018—2020)》等文件精神,提出如下意见:

一、打造具有全球影响力的金融科技生态圈,形成金融科技集聚效应

(一)支持金融机构强化战略部署,激发科技创新活力。金融机构应加强金融科技工作顶层设计,制定金融科技发展规划及实施路线图,并建立适当的组织架构及创新激励机制。鼓励金融机构创新思维与经营理念、顺应智能发展态势,借助云计算、区块链、人工智能、生物识别等技术,依托金融大数据平台,找准突破口和主攻方向,在智慧网点、智能客服、智能投顾、智能风控等金融产品和服务方面进行创新。

（二）鼓励金融机构和金融科技资源集聚。鼓励国内外金融机构充分利用上海自贸试验区及临港新片区的优惠政策，在上海设立赋能平台、金融科技事业部、特色支行或金融科技公司等。支持全国性金融基础设施运营机构落户上海，并做强做大。

（三）支持科技研发机构发展。支持科技企业在沪设立金融科技研发中心、开放式创新平台、企业技术研究院等研发机构。配合上海市政府，通过资金引入等方式支持最新金融科技在金融领域的应用与创新。

（四）探索设立金融科技创新实验室。鼓励金融机构设立创新实验室，并在监管部门指导下，在实验室对新技术、新服务、新理念进行小规模应用测试，探索创新性金融业务。充分评估后，在确保技术安全、风险可控前提下，依法依规进行复制推广。

（五）支持金融科技研究中心建设。支持高校、科研院所及其他机构开展金融科技研究，强化金融科技智库咨询力量。同时持续完善金融科技产业的生态，优化产业的治理体系，从技术攻关、法规建设、信用服务、标准规范以及消费者保护等方面加强研究，支撑金融科技健康有序发展。

二、深化金融科技成果应用，提升金融服务效能

（六）在上海市重点区域先行先试。鼓励金融机构在上海自贸试验区及临港新片区开展金融科技创新应用试点，并在风险可控的前提下进行复制推广。

（七）提升金融服务效率并扩大创新性金融产品供给。鼓励金融机构利用金融科技推动产业变革，推进金融服务向移动化、智能化、场景化、电子化方向发展，增强客户服务的便利性和满意度。探索轻型化金融服务模式，发挥客户集聚效应，降低金融服务成本，提升金融服务效率。鼓励金融机构充分运用新技术做强线上服务，丰富完善金融产品和业务模式，为客户提供全方位、多层次的线上金融服务。结合客户个性化需求和差异化偏好，构建以产品为中心的金融科技设计研发体系，提升创新研发质量与效率，打造差异化、场景化、智能化的金融服务产品。

（八）提升企业融资精准化服务水平。引导金融机构使用金融科技手段加快完善中小微企业、民营企业、科创企业等重点领域的信贷流程和信用评级模型，通过数据融合、替代数据等方式提升数据洞察能力，降低运营成本，提高对

重点领域企业的贷款发放效率和服务便利度。鼓励银行、供应链核心企业有效运用区块链等新技术,建立供应链金融服务平台,为上下游中小微企业提供高效便捷的融资服务,解决中小企业融资难、融资贵的问题。

(九)增强金融科技普惠民生应用场景。支持金融机构积极探索金融惠民创新服务模式,借助区块链、移动支付、情景感知等手段,将金融服务融入民生领域,拓展金融服务在衣食住行、医疗教育、电子商务等方面应用场景,提升社会保障、诊疗、公用事业缴费、社会救助等公共服务便利化水平。

(十)优化支付清算服务的应用场景。运用金融科技优化人民币国际化的金融基础设施,探索突破外籍用户应用第三方支付工具的障碍,在风险可控的前提下继续鼓励开展非接触式支付、生物识别技术支付、智能穿戴设备支付等支付方式创新。充分发挥支付机构在支持小微企业、"三农"等方面的优势,利用可信执行环境技术优化金融服务受理环境,逐步丰富业务范围和应用场景。

(十一)提升金融业务风险防范能力。支持金融机构积极探索运用大数据、机器学习等技术优化风控模型,加强风险态势感知,实现可疑交易自动化拦截与风险应急处置,增强金融业务风险预防和处理能力。

(十二)支持金融机构业务模式和管理机制转型。借助机器学习、数据挖掘、智能合约等技术,简化供需双方交易流程、降低融资边际成本,推动金融机构在盈利模式、业务形态等方面持续优化,不断增强核心竞争力。以促进金融开放为基调,加强数据资源融合应用,打破服务门槛和壁垒,拓宽生态边界。

(十三)逐步扩大金融科技试点在银行、证券、保险等领域的覆盖面。加强协作沟通,鼓励金融机构参与金融科技试点项目的建设,借助现代科技手段提升金融服务效能和管理水平,逐步将金融科技试点范围扩展到各种类型的金融机构,充分发挥上海金融科技中心的"领头羊"作用。

三、加大新兴技术研发,夯实金融科技基础

(十四)支持金融科技基础设施建设。充分调动社会资源,支持金融机构、企业、中介机构等创新主体围绕金融科技关键环节,充分利用最新技术发展成果,建设软硬件配套齐全的金融科技基础设施。

(十五)加强前沿基础研究、关键共性技术攻关,抢占关键领域技术制高点。支持金融科技企业开展基础技术、底层关键技术及前沿技术研究,增强科

技创新基础能力。推动关键领域技术理论取得突破,推进技术融合研发。推动有共性问题的企业进行技术联合攻关,在人工智能、云计算等领域尽快形成知识产权和专利,打造金融科技前沿创新高地。

(十六)坚持技术中立,金融为民。在新技术研发中,秉持技术中立原则,不偏离金融创新本质和正确应用方向,保障各社会群体对适当、有效、合理金融服务的平等享有权。通过技术提升金融服务的可达性和包容性,让技术创新的成果切实应用到民生领域。

四、持续优化金融服务,支持金融科技产业做优做强

(十七)加大银行信贷支持。运用再贷款、再贴现,引导金融机构加大对民营、小微金融科技企业的信贷支持,适当降低信贷门槛,对金融科技产业园区、金融科技核心环节研发平台以及配套服务企业提供更为有效的信贷支持。

(十八)加大对金融科技产业的资本投入。鼓励各类相关主体投资设立金融科技相关的产业基金、风投基金等,促进多层次资本市场健康发展,加大对金融科技的资本投入。支持银行为金融科技类主体开展金融科技贸易和金融科技合作,提供便利化的跨境金融服务。

(十九)加大金融产品和服务创新力度。深化应收账款融资服务平台推广应用,促进上海金融科技中小微企业融资。鼓励商业银行对科技创新企业签发的商业汇票提供保贴服务,加大小额商业汇票的推广。鼓励金融机构积极运用商业汇票发展供应链金融,发展定向可转票据等创新产品,推动融资工具含权化和结构化试点,为不同类型、规模、发展阶段的金融科技企业提供差异化融资产品和融资便利。稳步推进投贷联动试点,发展股权质押、知识产权质押、商标权质押、专利质押等金融业务。

(二十)利用自由贸易账户体系优化金融服务。支持金融机构为符合条件的金融科技企业开立自由贸易账户,针对金融科技企业的特点和需求,创新特色金融产品,为金融科技企业提供全生命周期的各项跨境金融服务。在风险可控的前提下,按照法律法规规定,借鉴国际通行规则,进一步便利金融科技企业开展跨境贸易和投资,充分利用国际国内两个市场、两种资源。

(二十一)加强信用体系建设助力金融科技融资。推动完善征信市场体系,支持已经备案的企业征信机构和信用评级机构规范健康发展。加强信用信

息的共享,支持政府部门、行业协会、互联网平台、大型企业将掌握的企业行政管理信息、资质资格信息、交易信息、上下游供应链等信息向企业征信机构开放,为金融科技企业融资提供有力支持。

五、加强合作共享,形成长三角金融科技发展合力

(二十二)建立数据融合机制促进数据共享。探索建立跨地区、跨系统、跨部门、跨业务、跨市场的数据融合应用机制,依据数据治理的框架,以确保数据安全为底线,逐步实现更大范围数据共享及数据的深度应用。

(二十三)整合资源促进金融科技成果转化。引导和组织金融科技机构,建设长三角金融科技成果交流平台,推动研究成果与有应用场景需求的企业有效对接,提高金融科技成果的转化效率和使用范围,促进上海金融科技成果对内深度应用,对外辐射扩散。

(二十四)引导上海金融科技向外辐射。充分发挥长三角三省一市在金融科技领域的各自优势,支持金融机构立足上海,构建长三角一体化金融服务体系或平台,借助G60科创走廊、长三角一体化发展示范区等,强化协同发展,优化金融科技产业集群布局。

六、坚持安全和创新并重,提升金融科技风险管理水平

(二十五)深入推动安全技术的创新与应用。推动以密码技术、量子技术、生物识别技术为代表的安全技术自主创新及研发。大力支持基础密码技术、进阶密码技术等底层密码技术的研究,推动密码技术的应用与发展。

(二十六)提升安全产品的自主研发能力。鼓励金融机构在基础设施、应用系统及业务模型上加大投入,开展自主研发。运用最新技术发展成果探索安全可控的金融科技产品,不断提升自主研发能力和核心竞争力。

(二十七)推动安全可控领域技术标准的制定及实施。鼓励金融机构积极参与金融行业安全可控技术标准的研究、制定及落地。开展金融行业安全可控技术交流,推广已有的成功实践及解决方案,大力培育人工智能、物联网、下一代通信网络等新技术新应用,积极利用标准规范引导新技术应用。

(二十八)做好新技术金融应用的风险防范。金融机构应充分评估新技术与业务融合的潜在风险,建立健全试错容错机制,完善应急措施、风险拨备资金等风险补偿措施,明确新技术应用的运行监控和风险应急处置策略,防范新技

术自身风险与应用风险。

（二十九）加大金融信息保护力度。金融机构应选择符合国家及金融行业标准的安全控件、终端设备等产品进行金融信息的采集和处理,利用通道加密、双向认证等技术手段保证重要金融信息的机密性与完整性。同时,金融机构应当建立个人金融信息保护风险防控机制和内控制度,定期组织对易发生金融信息泄露的环节进行排查,保障用户身份、财产、账户、信用、交易等数据资产安全。

（三十）推动金融科技技术和业务标准化建设。围绕国家金融业标准化体系建设总体思路,鼓励金融机构及金融科技企业积极开展金融科技核心标准研究与探索,以团体标准和企业标准为重点,创新标准服务模式提升服务质量,努力形成一批有影响力的金融科技行业标准。

七、有效提升金融科技监管效能

（三十一）加强组织领导,建立支持上海金融科技中心建设工作机制。成立人民银行上海总部金融科技工作领导小组。组建金融科技专家委员会。加强与上海市有关管理部门和其他金融监管部门的沟通协调,建立起多部门联动、金融机构广泛参与的上海市金融科技中心建设工作机制。

（三十二）加快建设金融科技业务评价体系。研究建立金融科技发展、应用评价指标体系。密切关注大数据、分布式账本、人工智能等金融科技技术标准的发展和应用,积极推动行业评估、第三方评估、公众评估等评价体系的建立健全,鼓励金融机构参与评估认证,通过对金融科技工作的客观公正评价,降低信息不对称风险,规范金融科技的应用与发展。

（三十三）建立健全金融科技创新规范及监管规则。在符合监管规则的前提下,加强监管科技应用及金融科技创新规范管理,探索建立健全上海地区基础性、通用性监管规则,明确监管红线和底线,确保创新产品不突破监管要求和法律法规。

（三十四）探索建立数字化监管体系。研究探索制定统一标准的监管规则和报送数据要求,借助区块链和应用程序编程接口等技术,实现数据信息互联互通,降低机构运营成本,减少多头报送,提高监管机构监管时效性,推动风险防控从事后向事前事中转变。

（三十五）研究探索监管沙箱机制。借鉴国际实践,在风险可控和有效保护消费者权益的前提下,按照特定简化的审批程序,从事金融创新的企业提交申请并取得有限授权,在一定范围的实景环境中向客户提供产品和服务,探索金融科技监管沙箱机制。

(三十六)强化金融消费权益保护。金融机构应将保护与金融科技相关的金融消费者合法权益纳入公司治理、企业文化建设和经营战略中统筹规划,接受社会监督,切实保护金融消费权益。

八、加强人才培养和合作交流

(三十七)推动上海地区产学研联动。鼓励金融机构与上海地区高校、科研院所联合技术攻关,发挥各自优势,形成多主体共同协作、相互补充的格局,实现产学研联动。支持组建金融科技协会和联盟相关组织,吸引各类金融机构、科技企业、科研院所加入,共同推动金融科技应用场景对接、落地与推广建设。

(三十八)加强人才队伍规划和引进。鼓励金融机构围绕金融科技发展战略规划,制定金融科技人才和团队建设规划。拓宽人才引进渠道,加强人才引进,合理增加金融科技人员比例,优化金融从业人员结构。

(三十九)完善人才管理、培养和激励机制。鼓励金融机构积极推动金融科技人才管理,加强基础教育和应用培训,努力形成多层次金融科技人才涌现的格局,形成金融科技人才规模效应,建立更加符合创新规律的人才激励机制。

(四十)加强交流合作。加强与国际组织和有关机构在金融科技发展上的交流与合作。建立金融科技工作沟通机制,鼓励各金融机构分享经验,推进项目资源共享,提升金融科技工作整体水平与效率。同时,引导和鼓励机构加强与金融科技发达国家(地区)的交流、学习,提高金融科技国际化水平。鼓励金融机构组织举办高水平的金融科技论坛和金融科技大赛等活动,营造良好的金融科技生态环境。

(2019年12月9日,上海市政府常务会议决定,加快建设上海金融科技中心,会议通过《关于加快推进上海金融科技中心建设的实施方案》,将打造金融科技的技术研发高地、创新应用高地、产业集聚高地、人才汇集高地、行业标准形成高地和监管创新试验区。2020年1月8日,上海市人民政府办公厅正式对外印发《加快推进上海金融科技中心建设实施方案》)

5. 加快推进上海金融科技中心建设实施方案

(沪府办规〔2020〕1号)

建设上海金融科技中心作为新时代深入推进上海国际金融中心建设的新内涵,是贯彻落实国家战略、推动上海国际金融中心和科技创新中心联动发展的重要着力点。为加快推进上海金融科技中心建设,根据《上海国际金融中心建设行动计划(2018—2020年)》《金融科技发展规划(2019—2021年)》等精神,制定本实施方案。

一、指导思想

以习近平新时代中国特色社会主义思想为指导,全面贯彻党的十九大和十九届二中、三中、四中全会精神,按照上海加快建设"五个中心"、全力打响"四大品牌"、努力强化"四大功能"的要求,牢牢把握新一轮科技革命契机,充分发挥上海金融市场体系完备、金融机构体系健全、科研基础雄厚等优势,加快推进上海金融科技中心建设,为将上海建设成为社会主义现代化国际大都市提供有力支撑。

二、基本原则

(一)坚持科技赋能,联动发展。依靠科技创新提高金融服务效率,提升金融服务能级,增强金融企业核心竞争力。以金融应用为引领,以需求为导向,促进科学技术创新,推动金融与科技联动发展。

(二)坚持普惠包容,服务实体。明确金融科技发展方向,提升金融的普惠性和包容性,切实保障不同群体平等享有安全、便利、优质、高效的金融服务,持续加大金融创新对实体经济和民生领域的支持力度。

(三)坚持市场运作,政府引导。激发市场主体创新活力,形成市场驱动内生动力,发挥政府引导服务职能,营造良好创新发展环境。鼓励多元合作,增加有效金融供给。

(四)坚持守正创新,安全可控。树立稳健发展理念,坚守科技伦理底线,平衡好创新发展与安全可控的关系。加强监管科技运用,创新监管方式,强化金融消费者权益保护,维护金融稳定。

三、发展目标

力争用 5 年时间,把上海打造成为金融科技的技术研发高地、创新应用高地、产业集聚高地、人才汇集高地、标准形成高地和监管创新试验区,将上海建设成为具有全球竞争力的金融科技中心。

——技术研发成果不断涌现。加强大数据、人工智能、区块链、5G、量子计算等领域新兴技术研发攻关,支持芯片、算法、云计算等领域基础技术理论研究,推动前沿技术开发利用走在世界前列,为驱动金融创新提供不竭动力。

——金融科技应用国际领先。发挥上海金融产业基础雄厚、应用场景和数据资源丰富等优势,推动 20 家左右金融市场和总部型金融机构科技应用水平国际领先,使金融科技成为服务实体经济和推动金融业高质量发展的"新引擎"。

——金融科技产业集聚发展。通过政策引导、完善配套、优化布局,培育集聚 20 家左右具有国际知名度和影响力的金融科技龙头企业,打造良好金融科技生态圈,助推国际金融中心建设和科创中心建设联动发展。

——金融科技人才向往汇集。加大金融科技人才培养引进力度,完善创新创业配套机制,优化人才居住生活环境,将上海打造成为全球金融科技人才的"向往之城"和交流交汇的"首选之地"之一。

——金融科技标准培育卓有成效。加强金融科技在金融行业的应用,培育 50 个左右创新性强、应用性广、示范性好的创新项目,推动形成一批技术和业务创新的"上海标准",为全球金融科技发展贡献"上海力量"。

——监管创新试点走在前列。按照金融科技监管顶层设计,在沪开展创新监管试点。进一步完善长三角监管协同,逐步推动长三角地区金融科技监管标准统一。建立健全金融科技风险防范机制,强化消费者(投资者)权益保护。

四、重点任务

(一)全速推进金融科技关键技术研发

1. 加强新兴技术研发创新。紧密围绕金融创新需求,积极推动大数据、人工智能、区块链、5G 等新兴技术深入研发攻关。支持人工智能企业面向金融领域开展场景应用和关键技术突破。推动拥有自主知识产权的区块链底层、前沿技术研究和性能测试,带动适合金融领域的区块链关键技术创新。积极支持人民银行数字货币研究所在沪设立金融科技公司。鼓励服务于资产管理、授信融资、供应链金融等领域的智能合约、分布式存储、生物识别等技术研发。

2. 深化基础技术研发攻关。围绕芯片、算法、服务器、网络通信、云计算等关键环节，支持科研机构和金融科技领军企业持续推动相关基础技术和产品的开发。重点支持新兴移动互联网技术、虚拟化技术、加密技术、高密度低功耗新型服务器、安全可靠操作系统和平台软件的攻关，提升金融产品、金融服务、金融监管创新的基础技术支撑能力。

3. 构建高效可靠的基础设施。统筹布局安全、稳定、高效的信息基础设施，为金融科技核心业务系统运行提供稳定充足的计算和存储资源。积极争取国家级金融科技重大项目和平台在沪落地。大力推动金融数据中心和云服务平台建设，更好适应高并发、多频次、大流量等新型金融业务需求。

（二）全面提升金融科技应用水平

4. 提升金融科技服务实体经济能力。利用科技创新进一步丰富金融供给，提升金融资源配置效率，助力实体经济健康可持续发展，增强民生领域金融服务的获得感和满意度。全面推广金融科技应用试点，推动智慧小微纳税快捷贷、贸易融资智慧审核系统、长护险智慧结算服务、大数据绿色农业等综合金融服务创新。探索新技术在渠道拓展、运营模式、产品服务、风险管控、普惠金融等方面的应用新路径，推广具有行业性、全局性的经验做法。

5. 持续深化金融市场科技应用。围绕资产交易、支付清算、登记托管、交易监管等关键环节，实施金融科技应用升级。运用科技手段，提升交易所标准仓单交易平台效率，深化期货市场服务实体经济功能。运用区块链技术，加快票据交易全流程数字化建设。运用数据估值、高性能计算等技术，推进民营企业债券融资支持工具发行和清算结算。建立新一代证券登记结算业务批量处理平台。发挥监管科技作用，提升科创板上市审核、市场监察、上市公司监管效能。

6. 不断优化各类支付结算服务。持续提升人民币跨境支付系统（CIPS）科技应用水平，完善人民币国际化基础设施。鼓励开展生物识别支付、智能穿戴设备支付及银行卡综合服务等创新，促进金融支付与城市产业链、服务链深度融合。探索突破外籍人士使用移动支付工具的障碍。

7. 着力推动智慧银行建设。以生物识别、智能语音交互、情景感知等技术为支撑，推进智慧银行建设。强化金融科技赋能社会信用体系建设，不断完善企业信贷流程和信用评价模型,缓解银企信息不对称问题。鼓励银行机构基于新技术开展民生领域金融创新,运用密码识别、隐私计算、远程开户等科技手段,提升金融服务可得性、便利性和安全性。

8. 大力发展智能投资管理服务。支持资产管理机构探索人工智能、大数据、知识图谱等技术运用,对投资者风险承受能力、收益目标等进行精准识别与分析,满足差异化资产配置需求。鼓励资产管理机构加大投入力度,推动智能合约、数据标签、自然语言处理等技术在交易、风控、客服等方面的应用,进一步完善服务流程,提高服务效率。

9. 深入推进保险产品服务创新。支持保险机构运用物联网、机器学习等技术,提高保险深度和密度,提升保险普惠水平。利用大数据,助力保险业务发展,建设"互联网+医疗健康+保险"的一体化健康保险服务业发展平台。鼓励探索区块链技术在保险行业的创新应用,推动承保、核保、定损、理赔等环节的服务流程和模式创新。

(三) 全要素促进金融科技产业集聚

10. 加快形成金融科技企业集群。大力吸引金融机构和大型科技企业在沪设立金融科技子公司、金融科技研发中心、开放式创新平台。支持多方共建各类金融科技实验室、孵化器、加速器。开展跨界金融科技创新合作,针对关键共性技术难题联合攻关。吸引不同细分领域的金融科技企业来沪集聚发展,健全丰富本市金融科技机构体系。

11. 推动金融科技产业联盟和专业智库发展。发挥产业联盟在产业生态链中的作用,推动各类成员之间的长期、全面、深度合作,实现资源共享、优势互补。研究建立金融科技产业专家咨询委员会,为本市金融科技产业发展的战略规划、重大方针政策和改革举措提供智力支持。

12. 培养引进金融科技高端人才。支持在沪高校金融科技相关学科和专业建设,加大高素质、复合型人才培养力度。建立健全产学研结合、校企协同的人才培养机制。吸引国内外金融科技高端人才来沪发展,对高管和核心骨干在居住证办理、人才公寓申请等方面给予便利。对注册在自贸试验区临港新片区的金融科技企业,经相关部门推荐后,纳入人才引进重点机构,其紧缺急需人才符合条件的可直接落户,其境外高端、紧缺人才个人所得税税负差额部分给予补贴。

13. 构建金融科技产业配套服务体系。加强对本市金融科技企业的综合公共服务,为金融科技企业各类资质认定、专利申请和商标注册等提供便捷服务。引导各类服务机构为金融科技企业的财务审计、信用评估、法律咨询、融资对接、创业辅导、市场推广等提供专业服务。

14.优化金融科技战略空间布局。发挥本市重点区域金融资源和科技资源集聚的优势,着力优化"两城、一带、一港"的空间布局,形成点上引领突破,由点及面、联动发展的上海金融科技产业集聚态势。"两城",是指分别依托陆家嘴金融城和张江科学城,建设金融科技应用示范城和核心技术创新城。"一带",是指以杨浦滨江、北外滩、外滩金融集聚带、徐汇滨江为依托,建设金融科技应用示范带。"一港",是指依托自贸试验区临港新片区,建设金融科技创新试验港。

(四)全力推进金融科技监管创新试点

15.积极探索金融科技监管创新。发挥自贸试验区及临港新片区先行先试优势,开展金融科技监管创新试点。支持人民银行在上海组织开展提高支付结算监管能力的试点,推动全国支付领域非现场监管系统上海中心建设,支持金融科技研究中心进一步做大做强。

16.进一步完善长三角监管协同。在国家金融科技监管基本规则框架下,逐步推动长三角地区金融科技监管标准统一。研究建立长三角金融科技监管协作机制,推动区域协作常态化、制度化。推动长三角地区金融科技监管信息共享,加强对跨地域金融科技风险的联合监管和协调处置。

17.建立金融科技风险防范机制。在上海设立中国金融市场交易报告库,集中整合各金融市场交易信息,提升金融市场监测水平。落实金融信息安全保护制度,强化金融信息全生命周期安全防护。建立新技术金融领域应用的风险防范机制,充分评估新技术与业务融合的潜在风险,完善风险拨备资金、保险计划等风险补偿机制。

18.强化金融消费者(投资者)权益保护。建立健全适应金融科技发展的消费者权益保护机制,认真落实投资者适当性制度,引导市场主体规范提供金融科技产品与服务,完善消费者(投资者)投诉处理程序,依法加强监督检查,切实保护金融消费者(投资者)合法权益。

(五)全方位营造一流金融科技发展环境

19.打响上海金融科技国际化品牌。进一步深化上海与国内外金融科技中心的交流与合作。每年在沪举办全球金融科技峰会和展会,在陆家嘴金融城设立金融科技展示平台。鼓励"银行间市场金融科技创新大赛"等活动在沪举办。发挥上海城创金融科技国际产业园的引领带动效应,鼓励张江高新区、紫竹科技园的企业积极拓展国际化布局,探索国际金融科技创新合作新模式。

20. 培育金融科技标准。在"上海金融创新奖"中,增设"金融科技类"项目评选,加大对优秀金融科技项目的表彰和宣传力度。鼓励本市金融科技企业深度参与全国金融标准化技术委员会相关工作,加强与国际标准化组织金融服务技术委员会等国际组织的交流,提升上海在国际、国内金融科技标准形成、修订、推广中的影响力。引导各类金融科技标准在金融机构落地运用,发挥标准的规范引领作用。

21. 推动公共数据资源共享开放。落实《上海市公共数据开放暂行办法》,推进跨部门数据共享,在充分保障数据安全的前提下,依法有序丰富金融科技数据资源。推动跨领域、跨行业的数据融合与协同创新,带动金融产品研发、业务管理、商业模式的变革与创新。积极审慎、稳步有序开展公共数据普惠金融应用项目试点,促进数据安全可控开放应用。

22. 打造多层次融资服务体系。积极推动优质金融科技企业在国内上市。探索设立长三角金融科技指数 ETF 产品,提升本市和长三角金融科技上市公司整体发展水平。发挥创业投资引导基金作用,吸引更多社会资本投资金融科技项目。推动知识产权在金融科技企业融资过程中发挥更大作用。支持本市政策性担保基金扩大对金融科技企业的担保规模。

23. 加大财税政策支持力度。支持符合高新技术企业、技术先进型服务企业、软件企业等资格条件的金融科技企业,享受相关税收优惠政策。支持金融科技企业申请本市信息化发展专项资金。将符合条件的金融机构在本市设立的金融科技子公司,纳入本市金融发展资金支持范围。

24. 加大对金融科技人才的支持力度。支持金融科技企业人员享受本市软件和集成电路企业设计人员、核心团队专项奖励。鼓励金融科技人才申报本市各类人才计划。商业银行可按照规定为海外引进人才提供经常项下个人收支及汇兑便利。鼓励金融机构建立与金融科技市场相适应、有利于激励金融科技人才的薪酬体系和考核制度,激发人才创新和创造活力。

25. 完善市场环境和法治保障。营造公平竞争、有序规范的市场环境,进一步完善金融科技企业的市场准入机制,坚持包容审慎监管,支持金融科技企业创新发展。不断加大对金融科技知识产权的保护力度,妥善应对涉金融科技企业纠纷中的新情况、新问题,防范化解金融风险,为新兴金融科技产业发展提供法治保障。

本实施方案自 2020 年 2 月 1 日起施行。